⊙本书获得国家社科基金项目经费资助

京师同文馆输入的
国际法术语研究

万齐洲 ■著

A Study of
International Law
Terminology Introduced
by Jingshi tongwenguan

中国社会科学出版社

图书在版编目(CIP)数据

京师同文馆输入的国际法术语研究 / 万齐洲著. —北京：中国社会科学出版社，2021.6
ISBN 978 – 7 – 5203 – 8044 – 7

Ⅰ.①京… Ⅱ.①万… Ⅲ.①国际法—翻译—文化研究—中国—清代 Ⅳ.①D99 – 092

中国版本图书馆 CIP 数据核字 (2021) 第 041643 号

出 版 人	赵剑英
责任编辑	宋燕鹏
责任校对	夏慧萍
责任印制	李寡寡

出　　版	中国社会科学出版社
社　　址	北京鼓楼西大街甲 158 号
邮　　编	100720
网　　址	http://www.csspw.cn
发 行 部	010 – 84083685
门 市 部	010 – 84029450
经　　销	新华书店及其他书店
印　　刷	北京明恒达印务有限公司
装　　订	廊坊市广阳区广增装订厂
版　　次	2021 年 6 月第 1 版
印　　次	2021 年 6 月第 1 次印刷
开　　本	710 × 1000　1/16
印　　张	20
插　　页	2
字　　数	316 千字
定　　价	98.00 元

凡购买中国社会科学出版社图书，如有质量问题请与本社营销中心联系调换
电话：010 – 84083683
版权所有　侵权必究

序

《京师同文馆输入的国际法术语研究》是万齐洲多年研究的成果。该书以博士学位论文为基础，后来获得国家社会科学基金资助，历时多年，系作者用力之作。相信本书会成为概念史研究的重要参考书之一，也将进一步激发学界同人对这一学术领域的兴趣。

"每一领域内的现代化进程都是用各该学科的术语加以界说的。"（费正清《剑桥中国晚清史》）法律术语有其专门的含义，对于同一法律现象，东西方各有不同的表述，两者相遇就会产生诸多歧义，轻者词不达意，重者南辕北辙。历史上因为误译而引起的案例不胜枚举，Asylum是一个世界通用的法律术语，意为"政治庇护权"。可是，我国1954年、1975年、1978年、1982年宪法中，均将其译为"居留权"，直到1985年才得以改正。中美"入世"谈判多次陷入僵局，也与双方因为不同的法律体系及术语而产生分歧有关。至于商业合同中由于误用法律术语而引起法律纠纷的案例也不在少数。由此可见，法律术语的翻译不仅是一个学术问题，也具有现实意义。

其实，横亘于今人面前的难题，早在150多年前就已出现，其情势比今日更烈，它与国家的主权密切相关。1858年，第二次鸦片战争中战败的清政府被迫签订了《天津条约》，其中一条规定："自今以后，遇有文词辩论之处，总以英文作为正义。"于是，清政府于1862年夏天成立了京师同文馆。该馆本是一所语言学校，美国传教士丁韪良成为总教习后，渐渐变成了介绍西方法律文化的重镇，而国际法著作的译介尤为详细。面对语义精细的国际法专门术语，如何汉译确实是不小的难题。并非修习法科的丁韪良等人克服重重困难，翻译、出版了《万国公法》等当时最为前沿的国际法著作，并采用古典翻新、中西涵化等方式，译定了一批国际法术语。

《京师同文馆输入的国际法术语研究》即以这一领域为研究对象，选取"International Law""Sovereignty""Citizen""Territory""State"等国际法术语，从探源其西义入手，分析其汉语对译词"公法""主权""人民""疆""国家"的古典意义，厘清其流传、变异、定型过程，进而阐述其对近代国人思想的影响，条分缕析，引述丰富，展现了中国文化的特点以及中西文化的差异，由此亦可窥见近代中国异彩纷呈思想文化内容之一斑。

本书侧重考据，理论分析的深度还显不够，得悉作者还将就其他法学术语展开研究，这一遗憾寄希望于后续之作弥补。

冯天瑜
2019年6月于珞珈山麓

目　　录

第一章　京师同文馆与国际法的输入 …………………………（1）
　第一节　1862年以前中国与国际法的接触 ………………………（1）
　　一　热兰遮谈判与国际法适用的尝试 ……………………………（2）
　　二　中外条约与国际法的应用 ……………………………………（5）
　　三　林则徐与国际法条文的翻译 …………………………………（8）
　第二节　京师同文馆与国际法书籍的翻译 ………………………（10）
　　一　京师同文馆的成立 ……………………………………………（10）
　　二　国际法书籍的翻译 ……………………………………………（12）
　　三　国际法内容的译介 ……………………………………………（17）

第二章　京师同文馆输入的国际法对19世纪中国的影响 …（46）
　第一节　国家平等观念 ……………………………………………（46）
　　一　"华夷秩序"及其在近代中国的变化 ………………………（46）
　　二　国家平等观念的介绍及影响 …………………………………（50）
　第二节　主权观念 …………………………………………………（55）
　　一　知识界对主权的认识 …………………………………………（55）
　　二　国际法的应用与国家主权的维护 ……………………………（58）

第三章　近代法学术语的译定（一） ……………………………（61）
　第一节　近代西方法学及其术语的东渐 …………………………（61）
　　一　19世纪中西法学的异同及西方法学术语汉译的可能 ……（61）
　　二　国际法术语汉译一览表 ………………………………………（68）
　　三　法学术语的翻译方法——音译、意译 ………………………（74）

第二节 "公法"（国际法）对译 International Law …………（77）
　一　International Law 的含义 ……………………………（78）
　二　"公法"的古汉语义 …………………………………（79）
　三　"公法"的流变 ………………………………………（80）
第三节 "邦""国""邦国""国家"对译 State …………（127）
　一　State 的西义 …………………………………………（132）
　二　"邦""国""邦国""国家"的古汉语义 …………（134）
　三　"State"译为"邦""国""邦国""国家" ………（137）
　四　中西涵化之"国家""国"在近代中国的传播 ………（185）

第四章　近代法学术语的译定（二） ………………（203）

第一节　"主权"对译 Sovereignty ………………………（203）
　一　西方 Sovereignty 概念的起源 ………………………（204）
　二　Sovereignty 汉语对译词的确定 ……………………（206）
　三　主权理论的输入 ………………………………………（216）
　四　古典翻译之"主权"与主权理论在近代中国的
　　　传播及影响 ……………………………………………（219）
第二节　"人民"（公民）对译 Citizen …………………（230）
　一　Citizen 的含义及"公民"概念的演变 ……………（232）
　二　Citizen 被译为"人民"及"公民"内涵的输入 …（233）
　三　从"人民"到"国民""公民" ……………………（252）
　四　从"人民"到"公民" ………………………………（264）
第三节　"疆""境""土地"（领土）对译"Territory" ……（269）
　一　Territory 的含义 ……………………………………（270）
　二　"疆""境""土地"的汉语古义 ……………………（271）
　三　Territory 译为"疆""境""土地" …………………（271）
　四　从"疆""境""土地"到"领土" …………………（299）

参考文献 …………………………………………………（308）

后　　记 …………………………………………………（316）

第一章　京师同文馆与国际法的输入[*]

第一节　1862年以前中国与国际法的接触[①]

国际法是调整国家之间关系的法律，它是国家交往的重要规则。国际法最早可以追溯到古代部落之间交往的习俗，古希腊、罗马时期曾规定，如果两国存在友好条约，人和货物在彼此国家就会受到保护。中国春秋战国时期，也有大量类似于今天国际法的规则，如关于使臣、战争等规定。但近代国际法是16世纪前后在欧洲出现的。随着近代独立民族国家在西方的建立，国家之间的交往增多，需要建立国家交往的规则。1648年的《威斯特伐利亚和约》否定了所谓世界主权，交换常驻外交代表和使节成为国际惯例，国际上的航海、通商规则以及交换和释放战俘的做法为国际法提供了实践依据。在这种形势下，许多法律学者通过对古罗马法、教会法中一些规则的研究，结合当时的实际，创造了国际法。荷兰法学家胡果·格劳秀斯（1583—1645年）为国际法的形成奠定了基础，他因此被称为"近代国际法之父"。格劳秀斯认为，国际法是"支配国与国相互交际的法律……一国的法律，目的在于谋求一国的利益，所以国与国之间，也必然有其法律，其所谋取的非任何国家的利益，而是各国共同的利益。这种法，我们称之为国际法"[②]。在《战争与和平法》一书中，格劳秀斯认为，战争并不意味着法律的摧毁，战争也要受到法律的约束。这些法律就是一系列的原则，如：宣战原则、人道主义

---

[*]　参见拙文《京师同文馆及其译业》，《红河学院学报》2011年第1期。
[①]　参见拙文《台湾与国际法在中国的第一次适用》，《惠州学院学报》2014年第5期。
[②]　法学教材编辑部：《西方法律思想史资料选编》，北京大学出版社1983年版，第139页。

原则、公海自由通行原则等等。此外，格劳秀斯将战争划分为正义战争与非正义战争。凡是以自卫为目的的战争都是正义战争，否则均为非正义战争。除格劳秀斯外，当时著名的国际法学家还有德国的普芬道夫（Samuel Pufendorf，1632—1694年）、瑞士的滑达尔（Vattel，1714—1767年）。到第一次世界大战结束时，关于使节的等级、中立国、庇护权、不干涉原则等问题都有了相应的国际法规定。

一 热兰遮谈判与国际法适用的尝试

中国与近代西方国际法的接触最早可以追溯到1662年郑成功围攻热兰遮城堡时，与荷兰殖民者之间的谈判与签订的条约。① 1662年5月1日，郑成功攻下荷兰殖民者占据的普罗文查城堡（赤崁城）后，致信荷兰殖民者首领揆一，要求他交出热兰遮城。荷兰殖民者担心前往谈判使者的人身安全，提到根据"万国公法"和"一切王君的习惯"，使者应享有不受扣留的豁免权。对此，郑成功"派来另一使者，答应让准备前往的两名评议员的安全通行，并保证在谈判期内暂时休战"②。5月3日，两名使者在军帐中见到了郑成功，"这些人（包括国姓爷自己）都不带枪，他们恭敬肃静地站立在国姓爷两旁。两位评议员穿过这些随从，走到桌子前面，按常规施礼完毕，脱帽站立，呈交证件。其中一人以荷兰语作如下的致辞，由精通华语的贝德尔上尉的儿子翻译：'威望卓著的殿下：巴达维亚荷兰东印度总督和总评议会任命的福摩萨长官弗里第里克·揆一，以荷兰东印度公司董事会的名义，特派我等向殿下敬致友好之意，问候殿下身体健康，祝贺殿下诸事顺利，惟望不损害长官所服务的公司的利益。……殿下率领全部兵力如此突然地在我方海岸出现和登陆，恶意地向本公司进攻，命令本公司离开福摩萨，并献出所有城堡，长官和评议会认为有必要派遣我们两个评议员到此，对殿下如下行动表示极端的骇异：即事先没有任何警告或宣战，也没有提出任何合理的抗

---

① 有学者认为，1648年前后，马丁·马提尼神甫（1614—1661年，即卫匡国）曾将国际法先驱之一、西班牙人苏亚利兹的拉丁文著作《法律与作为立法者的上帝》译成中文。但目前还没有发现相关的佐证材料。

② 厦门大学郑成功历史调查研究组：《郑成功收复台湾史料选编·被忽视的福摩萨》，福建人民出版社1982年版，第148页。

议（至少长官和评议会不知道），竟向此处荷兰东印度公司进攻，并索取所有城堡和全部土地。……长官阁下一向信赖殿下与本公司的友谊，深信即令对本公司有何不满，殿下亦必事先发出通知，申说理由，提出要求，而不至立即诉诸武力。……我等恳求殿下告诉我们对本公司不满的理由和动机，以及要求满足的事项，以便经过研究后，可以达成协议，使双方旧日友谊得以迅速恢复。"① 从这些材料反映的情况来看，在使者的安全、谈判时的礼节以及宣战等问题上，荷兰殖民者都力图援引国际法的有关规定。但是，郑成功对此的回答是："他完全没有义务说明自己行动的理由，但也没有必要隐瞒如下的事实，为了顺利地同鞑靼人作战，他认为应该占领福摩萨。该岛一向是属于中国的。在中国人不需要时，可以允许荷兰人暂时借居。现在中国人需要这块土地，来自远方的荷兰客人，自应把它归还原主，这是理所当然的事。"② 这表明郑成功并不了解国际法的有关规定。在福摩萨的归属问题上，荷兰殖民者认为他们取得福摩萨，是依据有关契约行事："福摩萨不属于中国而属于荷兰东印度公司，因为公司曾经同中国高级官员订立一个正式契约，规定荷兰人离开澎湖群岛，占有福摩萨，所以国姓爷既没有权利也没有理由可以提出什么领土要求。"③ 这里所说的契约，是指郑成功的父亲郑芝龙的一位部下同意荷兰殖民者借居福摩萨一事："先时，荷兰船只前来要求通商，其人于此处并无尺寸之地，余父一官出于友善指出该地，仅允借给。"④ 最终，双方达成了协议："本条约经双方订定并经双方同意，一方为自1661年5月1日至1662年2月1日包围福摩萨岛热兰遮城堡的大明招讨大将军国姓殿下，另一方为代表荷兰政府的热兰遮城堡长官弗里第里克·揆一及其评议会，本条约包括下列18条款：（1）双方停止一切敌对行动，从此不记前仇；（2）荷方应将热兰遮城堡、外堡、大

---

① 厦门大学郑成功历史调查研究组：《郑成功收复台湾史料选编·被忽视的福摩萨》，福建人民出版社1982年版，第152页。
② 厦门大学郑成功历史调查研究组：《郑成功收复台湾史料选编·被忽视的福摩萨》，福建人民出版社1982年版，第153页。
③ 厦门大学郑成功历史调查研究组：《郑成功收复台湾史料选编·被忽视的福摩萨》，福建人民出版社1982年版，第154页。
④ 参见南炳文《南明史》，南开大学出版社1992年版，第1045页。

炮、剩余的军用物资、商品、现金以及其他属于公司的财产全部交与国姓殿下；（3）大米、面粉、酒、烧酒、肉类、猪肉、油、醋、绳索、帆布、沥青、柏油、锚、火药、枪弹、亚麻布以及被围者返回巴达维亚途中必需的其他物品，得由上述长官及评议会运上公司船只；（4）城堡内以及他处属于荷兰政府官员之私人动产应先经过国姓代表检查，然后运上公司船只；（5）除携带上述物件外，28 名评议员每人准予随身携带 200 银元，另 20 名特定公民准予一共携带 1000 银元；（6）经检查后，荷兰士兵得以在长官指挥下，扬旗、鸣炮、荷枪、击鼓、列队上船；（7）所有在福摩萨之中国债务人及中国租地人之名单以及他们所欠债务应从公司账簿中抄出，呈交国姓殿下；（8）所有荷兰政府之档案文件可以运往巴达维亚；（9）公司人员现为中国人拘禁在福摩萨者，应于 8 月 10 日内释放，拘禁在中国者，应尽早予以释放。公司人员在福摩萨未受拘禁者，应发给通行证，以便安全到达公司船上；（10）国姓将捕获之四艘小艇及其附属物品发还公司；（11）国姓负责拨出需要的船只运载公司人员及其财货上船；（12）公司人员在停留期间，国姓属下臣民应按日供应以合理价格之蔬菜、肉类以及其他维持日常生活之物品；（13）公司人员未上船前留在岸上期间，除为公司服务外，国姓属下之士兵臣民一律不得进入城堡，不得越过工事网之堡栏，亦不得进至由国姓殿下所立之木栅；（14）在公司所属人员全部撤出城堡以前，城堡上除白旗外，不许悬挂别种旗帜；（15）公司人员及财货上船后，仓库管理人员应留在城堡内两三日，然后上船；（16）本条约一经签字、盖章、宣誓后，双方各依本国习惯，国姓即派其官员 Moor Ongkun 及政治顾问 Pimpan Jamoosje 到荷兰船上，公司方面亦派一职位仅次于长官之官吏燕·奥根斯、樊·华弗伦及福摩萨评议员大卫·哈曹尔到国姓处作为人质，双方人质应留在指定地点，直至本条约所规定之事项均已执行完毕为止；（17）目前在城堡内或公司船上之中国俘虏应予释放，以交换荷方为国姓部属所俘虏之军民；（18）本条约中如有发生疑义或有重要未尽事项，经任何一方提出后，应立即由双方协商解决之。"[①] 无论是

[①] 厦门大学郑成功历史调查研究组：《郑成功收复台湾史料选编·被忽视的福摩萨》，福建人民出版社 1982 年版，第 184 页。

协议的形式，还是协议的内容，都表明国际法有关原则得到了应用。首先，双方都将对方当作有独立主权的国家，一方为荷兰殖民地政权，一方为清初地方割据政权。其次，荷兰人离开时，扬旗、击鼓、列队上船，按照中国的传统，这是不可思议的事情，它表明战时国际法某些原则的应用。但这并不能说明郑成功接受了国际法知识，他只是希望通过这种方式尽快结束与荷兰人的争执，条约的内容应该说是荷兰人坚持的结果。郑成功在5月1日给荷兰人的通牒中说："你应该知道，继续占领他人之土地（此地属于余等之祖先，现传授于余）是不正当的。阁下与诸议员（若足够明智）定当明于此义，因此，如果你即来谒见余，并通过友好之谈判将城堡转交予我，那么，我将不仅对你加官晋爵，赦免你等及妇孺之生命，并将允许你们保有原有财物，如果你们愿意还可以在余统治下仍居于此地。但是，如果与此相反，你们不听余言，固持异议，敌视于我，当深思任何人将不获生存，全遭屠戮。"① 从通牒内容看，郑成功在条约中作了让步，仍然遵循传统处理对外关系的原则——怀柔与武力并用。

二 中外条约与国际法的应用

事隔27年之后的1689年，中俄因边界问题举行谈判。俄国由于与欧洲的关系，对国际法的原则和程序远比中国熟悉。谈判开始前，他们坚持会议应在双方人员数目对等的条件下举行，并询问中方代表是否有缔约全权。俄国代表到达前，又写了一封信给中方代表，称清军距离尼布楚城堡太近，于国际公法不符。两次谈判失败后，要求举行第三次谈判，并称根据国际法规定，第三次谈判是最后的谈判。与之相反，清政府对国际法知识缺乏基本的了解，既不懂得国际法上应有的信任，更谈不上应用国际法知识。他们"从来没有与任何别的国家进行过缔和谈判的，他们不敢相信俄国人太深，只愿保障自己免遭任何意外。而且他们对于国际公法完全陌生，不懂得特命使节的性质可以使他的人身成为不可侵犯的，保障他即使面对最大的仇敌也不致受到欺辱"②。最后双方签

---

① 南炳文：《南明史》，南开大学出版社1992年版，第1045页。
② ［法］张诚：《张诚日记》，陈飞霞译，商务印书馆1973年版，第29页。

订了《尼布楚条约》："（1）以流入黑龙江之绰尔纳河，即鞑靼人语所称乌伦穆河，附近之格尔必齐河为两国之界；（2）俄人在亚克萨所建城障，应尽行除毁；（3）此约订定以前所有一切事情，永作罢论；（4）现在俄民之在中国或华民之在俄国者，悉听如旧；（5）自和约已定之日起，凡两国人民持有护照者，俱得过界来往，并许其贸易互市；（6）和好已定，两国永敦睦谊，自来边境一切争执永予废除，倘各严守约章，争端无自而起。两国钦使各将缮定约文签押盖章，并各存正副二本。此约将以华、俄、拉丁诸文刊之于石，而置于两国边界，以作永久界碑。"① 条约的内容与形式（如签署、盖印、互换以及正式文本使用拉丁文）都表明国际法在谈判中的应用。但这并不能说明清政府对国际法的接受与认可，它只不过是处理对外事务中的一次例外。

鸦片战争前夕，在广东活动的外国人有很多，难免出现一些纠纷。1804年，停泊在中国沿海的英国商船上的一名水手逃到一艘美国商船上，英国人要求行使船舶检查权。美国人向广东地方政府提交了一份抗议书，多处援引国际法相关规定，要求清朝地方政府行使管辖权："美国公民观光广州，从事正当买卖，已历多年，自从交往以来，深知检点，恪遵帝国法律、习惯以及国际公法……根据全体文明国家自古以来的成法和习惯，凡在一个主权独立帝国的领土和辖境以内的友好外国人，其身体和财产一律托庇于该政府的特殊保护之下，倘使该外国人等或其所隶国家的旗帜受到任何暴行和侮辱，理应视为对暴行所在地政府的冒渎行为。根据国际公法，政府的军民官吏等严禁在别国领土内擅行任何权威，虽是逃脱本国法网的最重大国事犯，也不能加以逮捕！……所以具呈人等敬谨恳乞抚台大人，行其应有的权力，主持公道，务使美国水手得以归还，并保障今后在中国领土内不再受任何侵犯。所谓中国领土，窃以为应将沿岸海面一并包括在内，殆无疑问。"② 地方官员接到抗议书后，没有意识到英国人的行为侵犯了中国的主权，竟然置之不理。

两次鸦片战争期间，中国政府被迫签订了一系列不平等条约，其中

---

① 王铁崖：《中外旧约章汇编》，生活·读书·新知三联书店1982年版，第1、2页。
② ［美］丹涅特：《美国人在东亚》，姚曾译，商务印书馆1962年版，第72、73页。

的许多条款明显有违国际法的原则，严重侵犯了中国的领土主权和司法主权。1842年《中英南京条约》规定："今大皇帝准将香港一岛给予大英国君主暨嗣后世袭主位者常远据守主掌，任便立法治理。"① 1860年《中英北京条约》规定："将粤东九龙司地方一区，交与大英驻扎粤省暂充英法总局正使功赐三等宝星巴夏礼代国立批永租在案，兹大清大皇帝即将该地付与大英大君主并历后嗣，并归英属香港界内。"② 此外，沙俄通过一系列条约，侵吞了中国东北100多万平方公里的土地。中国司法主权的丧失起始于1843年的《中英五口通商章程》："倘有交涉词讼，管事官不能劝息，又不能将就，即移请华官公同查明其事，既得实情，即为秉公定断，免兹讼端。其英人如何科罪，由英国议定章程、法律发给管事官照办。华民如何科罪，应治以中国之法。"③ 1844年《中美望厦条约》进一步规定："嗣后中国民人与合众国民人有争斗、词讼、交涉事件，中国民人由中国地方官捉拿审讯，照中国例治罪；合众国民人由领事等官捉拿审讯，照本国例治罪。"④ 面对这些损害国家主权、严重违背国际法原则的行为，战败后的清政府感到无能为力，同时也不清楚列强的这些要求与国际法不符，更谈不上据理力争了。与之相反，西方列强非常懂得利用国际法维护自身的利益。与清朝往来的礼节问题一直困扰着西方国家，清朝以天朝上国自居，规定使者行三跪九叩之礼，文书往来的称呼也不平等。对这些违背国际法规则的要求，双方屡有争议。鸦片战争后，英国以国际法规则为理由，在1842年的《中英南京条约》中规定："议定英国住中国之总管大员，与大清大臣无论京内、京外者，有文书往来，用照会字样；英国属员，用申陈字样；大臣批复用劄行字样；两国属员往来，必当平行照会。"⑤ 1844年《中美望厦条约》又明确规定："嗣后中国大臣与合众国大臣公文往来，应照平行之礼，用'照会'字样；申报大宪，用'申陈'字样；若平民禀报官宪，仍用'禀

---

① 王铁崖：《中外旧约章汇编》，生活·读书·新知三联书店1982年版，第30页。
② 王铁崖：《中外旧约章汇编》，生活·读书·新知三联书店1982年版，第144页。
③ 王铁崖：《中外旧约章汇编》，生活·读书·新知三联书店1982年版，第42页。
④ 王铁崖：《中外旧约章汇编》，生活·读书·新知三联书店1982年版，第54页。
⑤ 王铁崖：《中外旧约章汇编》，生活·读书·新知三联书店1982年版，第32页。

陈'字样；均不得欺藐不恭，有伤公谊。"①1844年《中法黄埔条约》也规定："将来两国官员、办公人等因公往来，各随名位高下，准用平行之礼。佛兰西大宪与中国无论京内、京外大宪公文往来，俱用'照会'；佛兰西二等官员与中国省中大宪公文往来，用'申陈'；中国大宪用'劄行'；两国平等官员照相并之礼。"②第二次鸦片战争后，对西方使节觐见清朝皇帝的礼节也作了明确的规定："英国自主之邦与中国平等，大英钦差大臣作为代国秉权大员，观大清皇上时，遇有碍于国体之礼，是不可行。惟大英君主每有派员前往泰西各与国拜国主之礼，亦拜大清皇上，以昭划一肃敬。"③

三　林则徐与国际法条文的翻译

19世纪中期以前，国际法在中国的传播，一方面是西方国家的熟练运用，另一方面是清政府的懵懂无知。即便是在战败后，国际法也没有引起清政府的关注。由于中西双方的认识差距是如此之大，以至于有人认为国际法不能适用于中国：

> 符合我们的国际法的那些东西，似乎在中国都没有得到承认和理解。在我们同中国当局进行的交往中，就有关于这方面的一些证明，并且同类的公开事实比比皆是。……这些事情表明对国际法的完全无知，至少是置之度外……基督教世界以外的事物的情况是多么不同啊！从亚洲和非洲的大部分地区来看，个别的基督教徒要么由于居民的嗜杀成性的野蛮暴虐，要么由于他们的疯狂偏执，要么由于他们的政府的心胸狭窄的政策而受到绝对排斥。基督教国家的公使除了靠武力并以舰队和陆军为前导外，就没有办法接近他们的宫廷。由于他们和我们之间没有共同思想，没有共同的国际法，没有相互的调停，只是在当前这一代，条约（其中大多数是靠武力，或恐怖强加给他们的）才开始将众多的穆斯林和异教徒的政府列入

---

① 王铁崖：《中外旧约章汇编》，生活·读书·新知三联书店1982年版，第56页。
② 王铁崖：《中外旧约章汇编》，生活·读书·新知三联书店1982年版，第64页。
③ 王铁崖：《中外旧约章汇编》，生活·读书·新知三联书店1982年版，第96页。

与基督教世界进行初期的和平交往的状态。①

这一时期,只有林则徐等少数有识之士有意识地着手了解国际法。林则徐请来华传教的美国医生伯驾以及袁德辉②译出了滑达尔《国际法》的部分内容。其中有些内容与国际贸易有关:

> 各国皆有禁止外国货物,不准进口的道理。贸易之人,有违禁货物,格于例禁,不能进口,心怀怨恨,何异人类背却本分,最为可笑。若不分别违禁不违禁以及将本求利,均不准进口,可以含冤。即使甲国货物而至乙国,并不见有违碍,而乙国禁之,此谓之不是好意,亦可含冤,已无违碍,而又无实在明白说出,其所以不准之理,立此等例禁,令人难以推测,算是与人隔别,断绝往来也。所立例禁,即如走私出口入口,有违禁货物并例准货物,偷漏不上税饷情事,有违犯者,将船并货,入官充公。③

有些与战争有关:

> 兵者是用武,以伸吾之道理,有公斗、私斗。公斗系两国所兴之兵,私斗乃二家所怀之怨。以妥当道理而论,凡保护自身,及保全自己道理,自然可以有用武之道理。此等道理,常在人心中,亦人人所共知。有些迂儒用经典上义理,如己身已被人杀害,犹曰只好任他杀去,而己总不任杀人之名,此等错意见,终怕行不开。原其故,无非为避害保身,此亦人之常情。然兵亦不是乱用,若知夫天性所赋之理,不得已而用兵,总合夫道理。以仁义

---

① 阎广耀、方生选译:《美国对华政策文件选编》,人民出版社1990年版,第45、56页。
② 伯驾(Peter Parker,1804—1888年),亦译作巴驾或派克。美国传教士、医生兼外交官。他毕业于美国耶鲁大学。于1834年6月1日在纽约长老会教堂被任命为传教医生,10月受美国基督教差会美部会的派遣来广州,成为基督教派到中国的第一个传教医生。1839年秋,林则徐在广州期间因疝气病托人请伯驾开诊疗药方,由此与伯驾相识。袁德辉,四川人,曾经在槟榔屿天主教学校和马六甲英华书院学习,并加入天主教,约在1825年获得伦敦会创办的英华书院的奖学金,学习成绩出众,后因加入三合会被迫离开马六甲,迁居广州。
③ 魏源:《海国图志》,海南国际新闻出版中心1996年版,卷83。

之律法，而节制之。国中权柄，是决断争辩，镇压伤害，禁止我们私自所欲伸之义理。欲与外国人争论，先投告对头之王，或有大权之官，设或都不伸理，可奔回本国，禀求本国王保护。核其可行则行，可止则止。若概而准之，与外国人理论相对，则国中无一人不连累其中，人人亦可扰乱，何以保全两国和气？此系大危险之事，先要审定虚实，有何怨的道理，或是应该兴兵，或是应该不兴兵，或是须要用兵，国中方才太平，悉听国王裁夺，无此法度，何能一国太平。①

有些与管辖权有关：

一经准其进口，就当遵顺其律例。我思律例之设，原为保存身家性命起见，非关遵其例，即子其民之理。国家立法，应须如此。而外国人一入其地，即应凛然遵顺。国家抚有天下，治理亿兆，而律例亦不止此，自法制一定，普天之下，莫不遵守。故外国有犯者，即各按各犯事国中律例治罪。其治罪之意，不过令人保全身家性命也。②

这是目前有明确记载的国际法进入中国的最早的中文史料，但林则徐组织人员翻译这些材料，主要是为了应对当时的局面，而且，林则徐不久就被流放伊犁。因此，这些国际法知识在当时并没有引起人们的重视。

第二节　京师同文馆与国际法书籍的翻译

一　京师同文馆的成立

1858年《中英天津条约》规定：

---

① 魏源：《海国图志》，海南国际新闻出版中心1996年版，卷83。
② 魏源：《海国图志》，海南国际新闻出版中心1996年版，卷83。

嗣后英国文书俱用英字书写，暂时仍以汉文配送，俟中国选派学生学习英文、英语熟悉，即不用配送汉文。自今以后，遇有文词辩论之处，总以英文作为正义。此次定约，汉、英文字详细校对无讹，亦照此例。①

根据国际法的规则，条约应使用双方公认的语言，19世纪一般都使用拉丁语以及签约国的语言。《天津条约》关于双方争议以英、法文字为准的规定，一方面说明西方列强对国际法规则的不尊重，另一方面也表明英、法两国对清政府的不信任。虽然英、法两国政府将《天津条约》送达清政府时，附送了汉字文本，但敦促清政府及早培养自己的翻译人才。所有这些都表明，培养高水平的翻译人才已经成为当务之急。奕訢等人在奏请设立总理各国事务衙门的奏疏中，提出组建培养语言人才的专门机构：

> 认识外国文字通解外国言语之人，请敕广东、上海各派二人来京委差，以备询问也。查与外国交涉事件，必先识其性情，今语言不通，文字难辩，一切隔膜，安望其能妥协？从前俄罗斯馆文字，曾例定设立文馆学习，具有深意。今日久视为具文，未能通晓，似宜量为鼓舞，以资观感。闻广东、上海商人，有专习英、法、美三国语言文字之人，请敕各该省督抚，挑选诚实可靠者，每省各派二人，共派四人，携带各国书籍来京。并于八旗中挑选天资聪慧，年在十三、四以下者各四、五人，俾资学习。其派来之人，仿照俄罗斯教习之例，厚其薪水，两年后，分别勤惰，其有成效者，给以奖叙。俟八旗学习之人，于文字言语悉能通晓，即行停止。俄罗斯语言文字，仍请敕令该馆，妥议章程，认真督课。所有学习各国文字之人，如能纯熟，即奏请给以优奖，庶不致日久废弛。②

---

① 王铁崖：《中外旧约章汇编》，生活·读书·新知三联书店1982年版，第102页。
② 李书源整理：《筹办夷务始末》，中华书局2008年版，卷71。

几经周折，京师同文馆于 1862 年夏正式建立。出于与英、法交往的需要，起初只在俄文馆之外，设立英文馆和法文馆，英、法、俄每个语种各设一个班。

二　国际法书籍的翻译

1865 年 3 月，在驻华外交官蒲安臣①（Anson Burlingarne）和威妥玛（Thomas F. Wade）的推荐下，丁韪良就任京师同文馆第三任英文教习。1869 年，经过赫德举荐，美国传教士丁韪良出任京师同文馆总教习一职。

丁韪良（W. A. P. Martin，1827—1916）出生于美国印第安纳州里沃尼亚，祖籍爱尔兰。1846 年毕业于印第安纳州立大学，随即进入新阿巴尔神学院攻读神学。1849 年 11 月，获得长老会牧师资格的丁韪良前往中国传教。1863 年夏，丁韪良离开上海，来到向往已久的北京。任职于京师同文馆期间，他对京师同文馆进行了大刀阔斧的改革，全面改革教学内容，增加了历史、法律、经济等课程。其中，法学被安排在第七年学习，内容以国际法知识为主，由丁韪良亲自主讲。为了胜任教学工作，丁韪良于 1868 年返回美国耶鲁大学，师从耶鲁大学校长研习国际法。此外，丁韪良还组织人员翻译了一批国际法著作，包括《万国公法》《星轺指掌》《公法便览》《公法会通》《陆地战例新选》等。此外，他还撰写《中国古世公法论略》一文。

1.《万国公法》②

《万国公法》译自美国著名的海商法学家、外交家惠顿（Henry Wheaton，1795—1848 年）的著作 *Elements of International Law*。在清朝官员文祥③及美国国传教士蒲安臣、英国人赫德的支持下，1865 年，《万国公

---

①　蒲安臣（Anson Burlingame，1820 年 11 月 14 日至 1870 年 2 月 23 日）美国著名的律师、政治家和外交家，著名的废奴主义者，1861 年，林肯总统任命蒲安臣为美国第十三任驻华公使。1862 年 7 月 20 日，蒲安臣成为第一批入驻北京的外国公使之一。蒲安臣积极执行美国国务卿西华德提出的对华"合作政策"：开展"公正的"外交活动，以取代"武力外交"。1870 年 2 月 23 日，蒲安臣因肺炎在圣彼得堡逝世，终年 50 岁。清朝政府为表彰蒲安臣其担任驻华公使时"和衷商办"及出使期"为国家效力"，授予一品官衔以及抚恤金一万两银子。

②　参见拙文《丁韪良与〈万国公法〉中译本》，2011 年 2 月 5 日《光明日报》理论・史学版。

③　文祥（1818—1876 年）于 1859 年在军机大臣上行走，1860 年随恭亲王留京议和，1861 年充总理各国事务大臣。

法》出版。该书基本上涵盖了近代西方国际法的大部分内容,共有四卷十二章:

第一卷"释公法之义,明其本源,题其大旨"。分为二章:"第一章 释义明源;第二章 论邦国自治、自主之权。"

第二卷"论诸国自然之权"。分为四章:"第一章 论其自护、自主之权;第二章 论制定律法之权;第三章 论诸国平行之权;第四章 论各国掌物之权。"

第三卷"论诸国平时往来之权"。分为二章:"第一章 论通使之权;第二章 论商议立约之权。"

第四卷"论交战条规"。分为四章:"第一章 论战始;第二章 论敌国交战之权;第三章 论战时局外之权;第四章 论和约章程。"

2.《星轺指掌》①

《星轺指掌》是根据德国外交官马尔顿(*Charles De Martens*)的著作 *Guide Diplomatique* 翻译而成的。马尔顿身为外交官,往来于欧洲各国之间,有着丰富的外交经验。其著作深受各国外交官喜爱,被译为多国文字。《星轺指掌》翻译所据的是法文本,翻译人员为同文馆学生联芳、庆常,后来经贵荣、杜法孟润色,交给丁韪良最后审定。

《星轺指掌》共有四卷,二十八章,基本涵盖了近代外交关系法的主要内容:

第一卷"通使总论"。分为五章:"第一章 论各国应有专署以理外事;第二章 论通使之例;第三章 论使臣等级;第四章 论使臣职守;第五章 论出使人员。"

第二卷分为六章(缺第七、第八章内容):"第六章 论使臣之权利;第九章 论使臣升降解任等情;第十章 论各国往来礼节;第十一章 论水师礼节。"

第三卷分为三章:"第十二章 论领事官之责任;第十三章 论领事官所任之事分类;第十四章 论领事官驻扎回部。"

---

① 参见拙文《〈星轺指掌〉与近代西方外交关系法及外交术语的输入》,《惠州学院学报》2010年第2期。

续卷分为二十八章（缺第十、第二十二、第二十三、第二十四、第二十七章内容）："第一章　论领事官等级及总领事职守；第二章　论领事等官授职之例；第三章　论领事等官莅任之例；第四章　论领事等官凭公法所享之权利；第五章　论领事等官凭条约所享之权利；第六章　论领事官为本国公使所鉴察；第七章　论领事官与水师官往来事宜；第八章　论领事各官俸禄；第九章　论领事官接任事宜；第十一章　论发给护照事宜；第十二章　论领事官照料船商事宜；第十三章　论照料被撤被难水手；第十四章　论领事官审讯船主与水手人等所有争端；第十五章　论领事缉拿逃避水手；第十六章　论捞救难船；第十七章　论领事界内买船事宜；第十八章　论美船装载华民事宜；第十九章　论照料船只难事；第二十章　论领事官料理遗产事宜；第二十一章　论供职杂款；第二十六章　论领事官在东方各国所秉审断之权；第二十八章　附公文程式。"

3. 《公法便览》[①]

《公法便览》译自美国法学家、耶鲁大学校长吴尔玺（The odore Dwight woolsey）于1860年出版的著作 Introduction to the Study of International Law，刊行于1878年。由汪凤藻、凤仪、左秉隆、德明四人历时三年完成，其中"大半出于汪凤藻一手。"[②] 最后由桂林、贵荣润色，经过总理各国事务大臣批阅后，蒙命付梓。

《公法便览》共有五个部分、十九章。该书介绍了国际法的基本理论、国家、外交等问题：

总论"论公法本源"。分为五卷：

卷一"论邦国平时之权利与应尽之责守"。分为三章："第一章　论邦国自主之权不得互相干预；第二章　论邦国辖地掌物之权及水道公用之利；第三章　邦国相交之权及款待外国人民之例。"

卷二"论邦国通使之权利与议约之规例"。分为三章："第一章　论邦国交际之例；第二章　论各国通使之例；第三章　论立约权利。"

卷三"论交战之例"。分为五章："第一章　论各国自护讨罪等权；

[①] 参见拙文《〈公法便览〉与战争法及其术语的输入》，《三峡大学学报》2011年第3期。
[②] ［美］丁韪良等：《公法便览·凡例》，光绪四年同文馆聚珍版。

第二章 论陆地交战之例；第三章 论一国征讨之事；第四章 论夺据敌物暨占据克复之权利；第五章 论停兵罢兵事宜。"

卷四"论战国与局外交际之例"。分为七章："第一章 论局外所享之权利与所任之责守；第二章 论局外者与战国通商事宜；第三章 论战例所禁货物；第四章 论封堵海口之例；第五章 论盘查船只之权；第六章 论禁止贩卖人口之例；第七章 论公法利弊大旨即今日以逆计将来。"

续卷分为二章："第一章 摘录各国盟约大旨；第二章 证义。"

4.《公法会通》①

《公法会通》译自瑞士法学名家J. C. Bluntschli的国际法著作，原文为德文，于1868年出版，后译为法文LeDroit International Codifie。1879年，丁韪良与同文馆师生合作，以法文为底本翻译《公法会通》。丁韪良口授，法文馆副教习联芳、庆常、联兴翻译，天文馆副教习贵荣、前同文馆学生桂林笔述，最后经贵荣校阅完成，1880年正式刊行。

《公法会通》共有十卷，一千一十九章。内容涉及国际法主体、领土、条约、战争等：

卷一"论公法之源流及邦国之权位"，共一百一十四章："第一至第十六章 论公法之纲纪；第十七至第六十一章 论公法所辖者；第六十二至第九十四章 论邦国自主之权；第九十五至第一百一十四章 论诸国均势以保大局。"

卷二"论代国而行"，共一百六十一章："第一百一十五至第一百三十四章 论国主代国之权；第一百三十五至第一百五十三章 论国主公使等游历友邦；第一百五十四至第一百五十八章 论国戚；第一百五十九至第一百六十九章 论邦国交际之责；第一百七十至第二百四十章 论邦国通使之例；第二百四十一至第二百七十五章 论委员领事等职。"

卷三"辖地之权"，共八十四章："第二百七十六至第二百九十五章 论得地失地之例；第二百九十六至第三百零三章 论定界之例；第三百四至第三百五十二章 论江河湖海通用之例；第三百五十三至第三百

---

① 参见拙文《〈公法会通〉与近代西方国际法术语及其内涵的输入》，《惠州学院学报》2014年第2期。

五十九章　论世累之例。"

卷四"论辖人之权",共四十二章:"第三百六十至第三百六十三章　论禁奴之例;第三百六十四至第三百七十四章　论定籍之例;第三百七十五至第三百八十章　论人民侨居异邦而仰赖本国保护之例;第三百八十一至第三百九十三章　论保护客民之例;第三百九十四至第四百一十章　论交出逃犯之例。"

卷五"论条约",共六十章:"第四百零二至第四百一十六章　论遵约之责;第四百一十七至第四百二十四章　论条约格式;第四百一十二至第四百四十六章　论合盟等约;第四百五十至第四百六十一章　论废约之例。"

卷六"论邦国启衅皆因违背公法",共四十八章:"第四百六十二至第四百八十章　论干预他国内政之例;第四百八十一至第四百九十八章　论调处公案之例;第四百九十九至第五百零九章　论未战而势逼之例。"

卷七"论邦国交战",共一百五十四章:"第五百一十至第五百二十八章　论交战缘由;第五百二十九至第五百三十六章　论战时事宜;第五百三十七至第五百五十六章　论敌国必遵之权责;第五百五十七至第五百六十七章；论交战违例之事;第五百六十八至第六百二十六章　论宽代敌国兵民之例;第六百二十七至第六百四十三章　论处治逃兵奸细暨叛逆之例;第六百四十四至第六百六十三章　论陆战处置敌货之例。"

卷八"论邦国水战",共七十八章:"第六百六十四至第六百九十九章　论水战处置敌货之例;第七百至第七百二十六章　论战毕立约之例;第七百二十七至第七百四十一章　论失物复归之例。"

卷九"论局外之权利",共一百二十一章:"第七百四十二至第七百九十七章　论邦国守局外之权利;第七百九十八至第八百六十二章　论封堵敌国口岸之例。"

卷十"美国行军训诫",共一百五十七章:"第一至第三十章　论交战权宜之例;第三十一至第四十七章　论处置敌国公产、私产以及禁止损害敌国人民等例;第四十八至第八十章　论惩罚逃兵、擒获人物以及交质等例;第八十一至第八十五章　论处治不按例助战人民之例;第八

十六至第一百四章　论给与护照以及处治卖国奸细等例；第一百零五至第一百一十八章　论互易俘虏以及执白旗通往来等例；第一百一十九至第一百三十四章　论凭信释放之例；第一百三十五至第一百四十七章　论停兵以及败降等例；第一百四十八章　论行凶之违例；第一百四十九至第一百五十七章　论处治纷争叛逆之例。"

5.《陆地战例新选》

《陆地战例新选》（Manual of the Law of War on Land）是丁韪良1883年翻译的一部战时法规。该书曾由国际法学会①于1897年编辑、出版，涉及战斗人员、武器、战俘、伤员、战时医院、战时占领等规定，共有八十六条。

三　国际法内容的译介

上述国际法译著（作）内容涉及国际法源流、国家、国家主权行使范围、国家权力、国家平等关系、战争法等内容。

1. 国际法源流

> 天下无人能定法，令万国必遵；能折狱，使万国必服。然万国尚有公法，以统其事，而断其讼焉。或问此公法，既非由君定，则何自而来焉？曰：将诸国交接之事，揆之于情，度之于理，深察公义之大道，便可得其渊源矣。……公法之学，创于荷兰人名虎哥者。虎哥与门人，论公法曾分之为二种。世人若无国君，若无王法，天然同居，究其来往相待之理，应当如何？此乃公法之一种，名为"性法"也。夫诸国之往来，与众人同理，将此性法所定人人相待之分，以明各国交际之义，此乃第二种也。……布氏门人，以公法之学，为性理之一派，盖视为人人相待之性法，而推及诸国交际之分也。此后，俄拉费以诸国之公法与人人之性法，分门别户。发得耳赞之，谓其有功于公法之学也。……万国之公法，其原有六：一、

---

① 国际法学会是一个民间机构，它规定："一、本会之意专在兴公法之学，并非奉官而设，乃众友心志相同。按时聚集，互相砥砺；二、会友不得逾六十之数，系由诸国而选之，其有功于公法之学者方能膺选。"

有名之公法师，辩证诸国之常例，褒贬诸国相待之是非，并其随时详辨改革，而共许者也。此公师之论，固不可废弃人心情理而混从之，然其论事，大抵秉公而不偏倚也。各国之公师，可证各国所信所行也。若历代无人辟其说，而后世各国之君相，每引之为权衡，故其书愈加重贵。二、各国会盟立约，并通商章程，或改革，或申明，或辩证以前之公法。三、各国所定章程，以训示巡洋之水师，并范围其司海法院。四、各国所审断公案，即国使会同息争端，与法院审战例也。五、法师论事，而寄秘书于本国也。六、史鉴所记各国交战及和约公议等情，为公法来源之第六。①

粤自造物降衷，人之秉性莫不自具应享之权利，应行之责守。二者相辅而不能相离，否则，无以化成。盖理义相待，而化以成矣。是以各国之制法，义与不义，只以人性为准绳。是人既皆同此性，则各有应守之义，应尽职分，而无论贵贱，律法不得歧视。故律法初简而后繁，随时因革而渐臻妥善。邦国之与庶人所异者，则系自主而不可强制。其与庶人所同者，则系遵理义而行。若悖理义，即为取祸之门。其平行交际，均有不可夺之权利，不可负之理义，无是，则无以成公法也。盖公法之旨，在论定邦国本有之权利，并其会议之条例。各国之通例，既由其本有之权利而推，若能如其本然之义理，其可行之权，其当任之责，亦自明矣。然凭理推成之公法，不免与诸国所遵行之公法，少有乖舛，则公法分为二种，即理法与例法是也。二者遇有不合之处，只以理法为准则，而例法兼以证焉。若谓之万国公法，尚未见万国允准。不但东方诸大国与西方所论互异，即古今亦少见相同。若仅取其东西古今所同者而录之，则公法之条目甚约。现有之公法，则多出于泰西奉教之国相待而互认之例，然中华、土耳其各国，亦间有遵之者。至于化外之蛮夷，其处之之例，不在公法，而各国揆之于国政，度之于利害，自行定夺，而他国不过问焉。故蛮夷愚弱，而大国待之，每有悖义。②

---

① [美] 惠顿：《万国公法》，[美] 丁韪良译，何勤华点校，中国政法大学出版社2003年版，第5、6、12、21页。
② [美] 丁韪良等：《公法便览》总论，光绪四年同文馆聚珍版，第1页。

邦国之交际，有通例以理之，人民之权利，有通例以卫之。出于理而见于事，邦国赖以联络，人民恃以相安，是为公法。人性皆同，无不以仁义为本，邦国相待，当以此为准绳。故彼国不以仁义待我，我即有申理之权。我待他国之民，亦应以此责己，此邦国之通道也。认公法与否，非听各国自便。盖邦国之设，原以人性为本，岂可推诿而不行仁义哉！各国之交谊渐厚，视天下如一家。此心愈盛，则公法之理愈广，公法之权愈重。盖公法之有权，皆赖人之心服也。有化之国，既莫不怀仁义之心，自当推此心施于政务，是以公法之道，惟赖教化隆盛之国以行之。公法虽出于泰西奉教诸国，而始行于西方，然不局于西方，亦不混于西教。盖公法本乎人性，宜于人类，与国法毫无违碍。论其创述，则赖各国法家，暨执政大臣焉。盖公法不分畛域，无论东教、西教、儒教、释教，均目为一体，而毫无歧视也。公法虽出于欧洲，而欧洲诸国不能私之，盖万国共之也。人迹所至，莫不有公法在，盖莫不有权利焉。然公法不惟于邦国自主之权无损，且为保障而维持之。邦国设立法律以理内政，如无不合公法之处，则公法与之无碍。至民风国政与公法不合者，亦必改革归正也。万国利害攸关，多有相同，而权责相似，然未能会立盟约，以定通行之法律。故现在之公法，非由诸国会议而定，亦不得凭诸国会议而断也。①

2. 国家

第一节 公法所论 人成群立国，而邦国交际有事，此公法之所论也。第二节 何者为国 得哩云："所谓国者，惟众人相合，协力相护，以同立者也。"今之公师，亦从其说，然犹属未尽，而必限制之者，其端有四。一、当除民间大会凭国权而立者，无论其何故而立也。即如英国，昔有客商大会，奉君命而立，得国会申命，为通商东印度等处。此商会，前虽行自主之权，在东方或战、或和，不待问于君，尚不得称为一国，况后每事必奉君令乎？盖此商会之

---

① [美] 丁韪良等：《公法会通》卷1，光绪六年同文馆聚珍版，第1页。

行权，全凭本国之权，惟交际印度诸国之君民，则商会代本国而行，其于他国所有之事，则本国为之经理。二、盗贼为邦国所置于法外者，虽相依同护得立，亦不得称为一国。三、蛮夷流徙无定所，往来无定规，亦不为国。盖为国之正义，无他，庶人行事，常服君上，居住必有定所，且有土地、疆界，归其自主。此三者缺一，即不为国矣。四、有时同种之民，相护得存，犹不成为国也。盖数种人民，同服一君者有之，即如奥地利、普鲁士、土耳其三国，是也。一种人民，分服数君者亦有之，即如波兰民，分服奥、普、俄三国，是也。①

夫人民居有定界而制有定法，以除暴安良，如是者谓之国。国与国交际有政，惟政府总其治理焉。盗寇乌合成众，其聚暂而不久，所行又多不义。彼虽容有法律，亦不得谓之国。国有起于盗薮者，然必尽弃盗寇之行，而后可以正其名也。昔之巴巴里诸部，殆亦盗寇之流，厥后渐知政教，治化少兴，至今列为邦国。他若古之细里西亚及意锁里亚诸盗，联盟聚约，强横一时，虽有坚围之守，不过为保卫身家，抢掠财物之计，不足言国，后为罗马将军邦贝所灭。国之为国，当有孑然独立之形，一若天下更无二国也者。又必有独操之权，足以立法于国中，以治民臣，以定政体。是以各国创立法纪，惟本国自主之，断无他国可以干预彼国内治之理也。且均有是权，亦断无彼此多寡之殊也。国所必有之权维何，曰自主、曰自立、曰平行，国无此则不足任上天付托之重，而不复成国矣。故邦国各当永守此权，以保社稷。此三者势不可以偏有，要之统于自主之权而已。②

按公法，邦国无论有君无君，君权有限无限，国之大小，法律异同，幅员狭阔，莫不相交以道，相接以礼。普天之下，凡有设官以治民，画野以分疆，而为长久之计者，公法谓之为国。邦国一时内乱，而尚有复兴之望着，不得谓之灭亡。游牧之民不得谓之邦国，

---

① [美] 惠顿：《万国公法》，[美] 丁韪良译，何勤华点校，中国政法大学出版社2003年版，第25页。
② [美] 丁韪良等：《公法便览》卷1，光绪四年同文馆聚珍版，第1页。

因无城邑以聚之，无定界以限之。然稍知化导，其酋长能代为立约，令之必遵，则姑视为国，未尝不可。邦国弃其本土而他徙者，亦以是例处之。但疆界未定之时，不得谓之为国，然他国可与之议立盟约。公法既为天下诸国而设，每视一国犹如一人可也。公法大旨虽为邦国而设，然于匹夫匹妇自由之权利，而他邦欲夺之者，即系违背公法。国中树党，互相构兵，按公法不得谓之为国。然其应得之权利，仍赖公法以保护之。一族之人聚居一方，语言文字虽同，而无通行法纪者，按公法不得谓之为国。如有被人欺凌屈抑，他国亦可代为声明公法之义，从中干预，以为保护。按公法教会不得谓之为国，然教会与邦国时有交涉之事，而邦国与之会议，不止两国者，往往有之。①

3. 主权

（1）何谓主权？

一国之得有主权，或由众民相合立国，或分裂于他国而自立者，其主权即可行于内外。其主权行于内者，不须他国认之。盖新立之国，虽他国未认，亦能自主其内事，有其国，即有其权也。……至于自主之权，行于外者，则必须他国认之，始能完全。但新立之国，行权于己之疆内，则不必他国认之。若欲入诸国之大宗，则各国相认，有权可行，有分当为。他国若不认之，则此等权利，不能同享也。各国相认与否，均由自主，且自当其干系也。诸国之间，若有未认之者，则新立之国，行其权于外，只向所认之国行之，可也。……数国之奉一君也，若非以国相合，但以君身相合者，则于各国之主权，无所碍也。其以国相合，若彼此均权，亦于自主之分无碍也。即如昔时英国之君主，兼治亚诺威尔小国，而不合之于本国。诺、英二国，同奉一君，各不相依，而二国仍全存其主权是也。②

---

① ［美］丁韪良等：《公法会通》卷1，光绪六年同文馆聚珍版，第7页。
② ［美］惠顿：《万国公法》，［美］丁韪良译，何勤华点校，中国政法大学出版社2003年版，第28、29、37、44页。

邦国遭内变，或外藩叛立，他国不得助逆以攻其上。盖彼国既认之为自主之国，则其主权、国体，岂可轻视？……所谓均势之法者，何也？欧洲通例，凡一国有意侵占小国土地，于邻国主权国势不无妨害者，他国得群起阻扰之，以遏其势，是谓均势之法，盖不令一国偏强也。是法专主均陆地之权势，而于海洋之权势无甚关系。如英国占据海洋岛地，不一而足，他国不行阻扰者，其故易知也。盖海洋权势不能逞诸欧洲境内，亦不能以之灭他国主权也。……一国必有专辖土地，以行其统驭之主权。有土地即有物产，可据民间私产为国家公用，可置产于他国境内，而输纳税赋，可贷其财与外国居民，皆属邦国所操之主权也。然国家所以有用民财之权，非谓民间财产国家实有之，亦非谓物本国有，分给于民，待需而取偿之。系出于不得已之故，非此则国事不克济，民间财产亦将不保耳。故国有掌土地、物产、民财之权，三者非无区别，然就他国论之，则概谓国家所固有，而他国不得与其权可也。按海氏公法云，邦国有此土财，惟就他国分畛域言之，其据为己有，如常人家产然。措置一惟所欲，外人弗能禁阻也。……他国在此国疆内购置物产，于此国辖地之主权并无格碍。如此国之海口道途，他国之人或得有往来之权利，然若此之权利皆有限制。盖其所恃以无禁者，或常例，或明文，而此国之主权仍在焉。①

国之主权有二：其能自立而不倚赖他国者，一也；其能自主而不听命于他国者，二也。邦国不必毫无倚赖他国，亦不必尽能自由，方可视有主权。因主权如各项权利，容有限制故也。天下分之为邦国，合之为人类，则一国自立、自主之权，不得有妨于他国。邦国之主权，虽为公法所限制，然此外，其主权操之在己，而他国不与焉。邦国之主权有五：自立政体，一也；自定律例，二也；自行治理，三也；自选臣工，四也；自遣使臣，五也。凡此五者，若行之不违公法，则他国不得擅预。……凡邦国联合如此，各邦既各自为国，则所合成者，在公法视之，亦为一国。惟上下之主权，及为国法所限制，自应遵例而行之。……主权专归一国，自是常理。若上

---

① ［美］丁韪良等：《公法便览》卷1，光绪四年同文馆聚珍版，第8、10、26、27页。

国与屏藩共操之，断难行诸久远。非屏藩渐强，成为自主之国，即上国渐衰，而无兼辖之力。衰弱之国仰赖强邻保护，而不至灭亡者，谓之半主之国，以其主权为保护者所限制焉。……半主之国与邻封独操主权之国，得以平行往来与否，率视其所有名分权势而定。①

(2) 独立

凡有邦国，无论何等国法，若能自治其事，而不听命于他国，则可谓自主者矣。公师大抵如此而言。然此说若无限制，恐贻错误。盖国之全然自主，惟认天地至尊之主宰，不认他主者有之；国之主权被限者，亦有之。且此中复有等差也。就公法而论，自主之国，无论其国势大小，皆平行也。一国遇事，若偶然听命于他国，或常请议于他国，均于其主权无碍。但其听命、请议，如已载于约，而定为章程，则系受他国之节制，而主权自减矣。凡国不相依附，平行会盟者，则于其主权，无所碍也。但其会盟，若非平行，惟立约恃他国保其事、主其议、护其疆等款，皆按盟约章程，以定其主权之限制。②

所谓自主之权者，乃一国政权所属，外而交邻，内而治民，罔不自我主之，而为他国所不能节制也。四境之内，朝野之间，治统一尊，权无旁贷，如是者谓之自主。③

属部叛而自立，既于本国关系较重，若该国先认其为自主，则他国人之，自无碍难。然他国并无必俟本国先行承认之理。……邦国既有自主之权，即可遣使通好外国……邦国自主，原应彼此平行，既同享公法之权利，即不得互相毁灭也。……诸国会议欧洲大局，其自主之国无不有与议之权，盖既经各国认之，则休戚相关也。惟联政合一之国，其内诸邦既非自主，即不得各遣公使而与议矣。④

---

① [美] 丁韪良等：《公法会通》卷1，光绪六年同文馆聚珍版，第22、25、27、32页。
② [美] 惠顿：《万国公法》，[美] 丁韪良译，何勤华点校，中国政法大学出版社2003年版，第37页。
③ [美] 丁韪良等：《公法便览》卷1，光绪四年同文馆聚珍版，第2页。
④ [美] 丁韪良等：《公法会通》卷1，光绪六年同文馆聚珍版，第11、15、28、38页。

（3）司法主权

自主之国审办犯法之案，尽可自秉其权，不问于他国，此大例也。然若其国与他国有盟约相连，或特立约据，则此权或有所减。除此，则各国审罚之权与制法之权并行不悖也。惟他国律法行于疆内之案件，自不归地方管辖。即如他国之君主、国使、水师、陆兵过疆等事，上文已略言之，按大例均置于地方权外。除此权外之事，则自主之国审罚之权，可及于四等之案：凡在疆内犯地方律法之事，无论犯之者何人，一也；凡在本国之公、私船只行于大海者，或在其公船停泊于他国海口者，所有犯法之事，无论犯之者何人，二也；己民犯本国之律法者，无论在何处，三也；海盗等犯公法之案，无论犯之者何人，与所犯者何处，四也。倘有人在彼国疆内犯此国律法，若非此国之民，则此国固不能审罚之。即犯者为其本民，亦不能在他国疆内捕拿之。但其本民既至他国管辖不及之地，如在大海等处，则可捕拿审罚其事。无论犯事地方系在海上或在他国疆内，皆同此例也。按英国俗，罪案专归犯事地方审罚。然此例惟行于英、美两国，即两国亦未尝尽循之也。皆制有律令人民在他国犯本国之律法者，必归本国律法审罚。公师论此稍有不同。然各国律法若将管理此等罪案之权授于本国法院，则公师多以其应归本国法院审罚。欧罗巴洲内诸国之常行，人民在他国者或犯罪案、或犯何条律法，必归其本国法院审办焉。①

逃犯入境，若无条约明文，或事关大局，则无交还与审讯之责。所谓事关大局者，乃情罪重大，若疑彼国法院审讯不公，则仍不交出可也。外人犯公罪而逃入此国者，此国即秉留护之权，彼国不得强令驱逐交出，然不得任其藉保护以扰邻邦。若虑此等情事，必当设法防范。逃犯入境，留护与否，其章程由该国自定。虽拒而不留，逃犯亦无所怨焉。②

---

① ［美］惠顿：《万国公法》，［美］丁韪良译，何勤华点校，中国政法大学出版社2003年版，第107页。
② ［美］丁韪良等：《公法会通》卷4，光绪六年同文馆聚珍版，第13页。

（4）领事裁判权

在奉教之国，惟准审断其本国水手、商人等住在外国者所有争端、记录、遗嘱、契据与各等文凭，须在领事前画押者，督办本国人死在其管辖之界内者所遗之产业。但奉教之国有领事住在土耳其、巴巴里等回回国，审办争端、罪案二权并行。盖其人民居彼者，不归地方官管辖。领事断案，若系争端，则输者或心怀不服，可上告于本国法院；若系罪犯，轻者则概以金为罚，重者则传证录凭，送至本国，并解人犯以待本国法院审断。于一千八百四十四年，美国与中国立和约通商章程，第二十一条云："嗣后，中国民人与合众国民人有争斗词讼交涉事件，中国民人由中国地方官捉拿审讯，照中国例治罪。合众国民人由领事等官捉拿审讯，照本国例治罪。但须两得其平，秉公断结，不得各存偏护，致启争端。"第二十五条又云："合众国民人在中国各港口自因财产涉讼，由本国领事官等讯明办理。若合众国民人在中国与别国贸易之人因事争论者，应听两造查照所立条约办理，中国官员均不得过问。"①

历来泰西各国互派领事等官，其权利俱有限制。因各国法律皆以无论何国人民，居住在某国，即归某国管辖。故遇有不法事情，无论何国人民，应由犯事地方官审办，别国不得与闻。惟回国法律、风俗与泰西各国大相悬殊，而领事之权利，亦有别也。况各国人民前往土耳其等处贸易游历者，不可胜计，若任凭土国管辖，是交良民于污吏之手耳。故与回国议立条约，不可不设法杜弊。查西国领事驻扎土耳其等国，按约享受权利，异于寻常，俾得保护本国人民，在该人民既蒙领事保护，亦必须恪守遵约束。泰西各国与土耳其、埃及、波斯并巴巴里等回国所立条约，大同小异。皆将本国商民、水手人等，专归领事官管辖。遇有彼此不协之处，由领事自行审断。本国人民与回民互起争端及杀伤人口重案，地方官不可自行查办，亦不可自行定案，必须会同领事，带同翻译官，公同审讯，以免屈

---

① ［美］惠顿：《万国公法》，［美］丁韪良译，何勤华点校，中国政法大学出版社2003年版，第107页。

抑等弊。倘领事及本国商民与别外国领事人等有不协之处，如两造愿呈诉本国驻京公使，皆听之。遇本国人民有杀害命案，被害者若非彼国之民，则领事秉权审办，地方官不得干预。地方官查拿领事本国人民或别外国人民，一经领事收留，则回人不得闯入公署搜捕。①

领事官驻中华、日本、暹罗、土耳其等国，专秉审断重权，上文业已论及，其各处条约亦可详查。邦国间有未立条约，而在彼处仍设有领事官。海外无化之处，亦往往设有领事官，皆秉权审断争端罪案，然所争之数，若逾洋银一千圆，其罪案若较罚银一百圆，拘禁两月尤重者，领事官不得断定。美国曾于一千八百六十、七十两年，定以律法，俾领事官审讯公案有所遵循。于一千八百六十年所定律法，系专指领事官驻中华、日本、暹罗等国之权。其驻土耳其者，审讯罪案亦照此律。惟其审讯争端，间被地方律法限制。领事官审讯公案，有律例可凭者三种：美国律法，一也；各国通例二也；律例若有缺处，驻各国大臣出示谕以补之，三也。领事公署各有常例，领事官自应遵照。然若视为不妥，应禀知本国驻京公使，请示变通办理。遇案关人命者，必当有美国绅士四人跟同听审，皆与领事意见相同，方可拟罪。后须驻京公使批准，始得断定。遇领事独断，而罚银逾百圆，或拘禁逾三月，罪犯若不甘服，准其上诉。遇有绅士同听审断，若与领事官意见不合，即准上控。遇驻京公使断案，而所系之人有不服者，按例仍可上控。既有此上控之例，则领事官办法，可经公使法院严行察询，其于审断公案，应如何谨慎也。②

两国除使臣与随从人等外，外国人率归地方律法管辖，惟不愿己民听候异教地方律法审断。遂与回回等国定款，令本国人民一切争端罪案，皆归本国审断，而本国必藉公使、领事等员以管辖之。按法国律例，领事官审案，必有法人二名同坐参办。在土国之司每那城，有西人划界而居，界内为西国领事所辖，其居民一切事宜，

---

① ［美］丁韪良等：《星轺指掌》卷3，光绪二年同文馆聚珍版，第38页。
② ［美］丁韪良等：《星轺指掌》续卷，光绪二年同文馆聚珍版，第61页。

各归本国领事官专为照料。一千八百三十四年，美国欲木司戛回国立约，内云：美国人民居彼，一切争端皆归美国领事官审断。一千八百四十四年，复与中国立约，内云：美国人民居住中国，其罪案争端均归美国官员审断，其与他国人民有争端，则按美国与该国所立条约办理，而仍不归中国所辖。近与日本立约，其条款论此皆同。①

4. 领土

依公法条款，他国之船只虽视如该国之土地而不可犯，然或有意弃和而攻击法国，则不得藉公法之例以护之。……各国船只无论公、私，在大海与在各国之疆外者，均归其本国管辖。发得耳云："各国之属物所在，即为其土地。所谓土地者，不仅指陆地而言，凡可行权之处皆是也。故船只行于大海者，亦为本国之土地也。"……夫英国服何法，其君臣守何义，固由英自制，推尽可行于己之疆内，若出疆向他国之船勒索水手，则为干犯他国之权利。此英国之君权按理所不能及，而其欲及之者无他，乃强行英法在英之疆外，屈害他国之人民也。……今商船行于大海者，按公法可谓本国之土地，他国虽有战事，遇而登之，即为强屈，如非公法所许之重故，不可为也。……英法不能行于英之疆外，其所制君臣之分，推行于英国之土地也。若云君能令民无论在何处以力事之，亦可云本国遇有紧急，君可令民无论在何处以物事之耶？今人民有货在外者，本国以己之律管制，未之有也。况过他国疆界，强捕货物以充己用，更无此理矣。②

凡邦国之地舆，其例有四：一、凡一国所有陆地及江湖河海，一切水道之在疆内者，如阿索富海专属俄国，密吉干湖专属美国，马木拉海专属土国是也。一国地舆有界隔而不相连者，如布国连纳

---

① ［美］丁韪良等：《公法便览》卷2，光绪四年同文馆聚珍版，第34页。
② ［美］惠顿：《万国公法》，［美］丁韪良译，何勤华点校，中国政法大学出版社2003年版，第100、101、104、105页。

滨诸省,为海西国所界隔,幅员遂分。亦有此国之地舆,而介处他国疆内者,日耳曼诸邦往往有之。又如昔教皇属地阿斐能及斐乃辛地方,介处于法国境内,法人谓之恩克腊富,译言环中地也。二、凡江河海湾,若可由之直入某国之境,则其口岸水面应为某国所有。三、凡沿某国海涯,宽十里内之洋面,应属某国地舆。此例特为自卫之计而设,允关紧要。宾氏云:此以军器所及之远为止,按英美通商常例,以沿岸海面广至四十里为界,他国货物在此界内,非完纳关税,不准卸货过载。四、本国官船无论在何处,及民船在他国海界以外者,均视与本国地舆略同。……遇两国江河为界,若无条约言明江面专归某国管辖,则应以水之中为界。若江河决而他流,其疆界不随之改移。然此国固不得禁止彼国同享水利,江口两岸虽专属其国,亦不得阻上游邦国由此往来,以通商他国。其居上游者,亦不得决而使之他流,以有害于民生。盖此等江河系一脉相通,原非一国所能私故也。向例虽无如此之公,然查历代条约,渐有裁抑邦国之私权者,使沿岸之邦国皆得同例。①

邦国之主权,就地而论之,谓之辖地之权。邦国辖地之权有二:人民已立为私产,而由图秉上权以辖者,一也;人民未立为私产,而邦国以为公产者,二也。遇荒地不属邦国管辖者,无论何国,皆得据为己有。若徒示以占据之意,或踞之暂而不久,皆不足为凭。开垦新地,苟无官吏奉命而行之,人民必由国家允准,方得为之。开垦后建官经理,其国始可视为己有。若人民擅行于先,国家允准于后,亦无不可。人民前往蛮夷之地,不可将土人强行驱除,其去留各听自便,若去则偿其地值。然邦国征服蛮夷之地,而令其归化,于理亦无所损。蛮夷散处之荒地,若邦国广踞地方,无力设官施教,而仍欲视为己有者,即为无理。盖主权既不能行,即不复为主权矣。某国人民迁徙垦荒,占据海岸,其附近之内地,应从而归之。若有江河,亦应溯流而上,因内外之合而为一也。两国于某处荒地占据部落,而疆界未定者,若无江河山岭为限,则应于居中划界。邦国之地,不得由国主随意分授他邦。偶以势所不得已,或于大局有益,

---

① [美]丁韪良等:《公法便览》卷1,光绪四年同文馆聚珍版,第28、35页。

将地舆割让于他国者，按公法，无有不合，因系邦国之公益，而非国君之私利，然权也，非经也。此国割地让于彼国者，须问有四：此国系情愿之与否，一也；彼国以实力踞之与否，二也；居民能顺从与否，三也；其有违背条约以及妨碍他国与否，四也。①

5. 人民

自主之国，莫不有内治之权，皆可制律，以限定人民之权利、分位等事，有权可管辖疆内之人，无论本国之民，及外国之民，并审罚其所犯之罪案，此常例也。而其所异者，或由公法而起，或因诸国相约而定其限制。至地方律法、刑典行于疆外者，亦有四种。第一种，乃限定人民之分位、权利也。本国律法制己民之分位、权利者，虽其民徙住他国，亦可随地而制之。其人民生而既有之分位，如本为何国之民，或按例而生，或背例而生（婚配而生子，则谓按例而生；未婚而生子，则谓背例而私生也。盖于嗣续产业、君位等事皆有关涉耳），其长而始有之分位，则如成人年数，必届时而定也。其无定之分位，如痴呆、亏欠、娶嫁、出妻、离夫等事，皆归有司妥定。凡此等，本国之律法，随民而行，无论住在何处，皆不能越此常例也。……虎哥云："各国可因其人民所到而推广其权于大海。盖兵旅在他国之陆地，本国可从而管制，即水师在海亦莫不然。"……至于贸易航海之章程，则不能及他国人民在疆外者，但本国人民无论在何处，皆可治之也。即如本国律法，或禁止、或范围何等事业，则其人民或有犯者，无论在何处，本国法院可审办也。至他国人犯之，如非在疆内而犯，或在此国船上而犯，或在他国管辖不及之处而犯，则不可审判也。②

遇有本国人民受人欺压凌虐，地方官不可查办，抑或偏袒地方人民，应由使臣设法保护，代伸屈抑。若因钱财细故彼此争讼，使

---

① ［美］丁韪良等：《公法会通》卷3，光绪六年同文馆聚珍版，第1页。
② ［美］惠顿：《万国公法》，［美］丁韪良译，何勤华点校，中国政法大学出版社2003年版，第84、101、104页。

臣即不必干涉。倘事关大局并牵连万国公法之理，使臣虽未奉命，亦当料理。如有违约等情，更宜赶紧查办。本国之人因私事与人不和而求护庇，其事与大局无干，则愿否保护，由使臣自行裁处。盖地方官既有管辖地面之责，使臣岂可任意多事。若越俎干预公事，则违理已甚，而不足取信于人。①

  凡本国人民在领事境内者，领事当随时保护。倘地方官不遵常例，违犯条约，或本国人民受屈，而地方官不肯作主，抑或枉理屈断等情，应由领事设法调处。领事应稽查本国人民，有品行不端，言语错失，致招地方官猜疑而起衅端者，此等情事应由领事严行斥责。至商人水手一切事件，或应注册，或应代理，或应公断，由领事专司其事。若伊等有所请示，领事亦应为之设谋，竭力襄助，以免受屈而保国体。遇有本国人民干犯法纪，妄请领事袒庇者，即当严行斥驳。盖领事身任职官，为本国人民领袖，所当加意谨慎也。遇有争端，由领事善为调停，以免控诉成讼。②

  人民有迁徙外邦之权利。凡人擅自去本国而徙居异邦，其究竟于义合否，有尝疑之，且有酌籍其家产，以示惩者。今则各国率皆无禁，惟有定制耳。海氏曰：人民迁徙之权利自不可夺，除有牵涉官事，及未完亏累，别无可以拘制之。盖君臣之义，向背存乎其人，至于去国而已绝。特有未了欠项等情，则国家未尝不可禁留之也。故民有愿迁徙者，可预令申报，由保人具结，候一切欠负情理后，然后准其出境。马氏曰：国家之可以禁民去国与否，当由天下之公法论定。盖国之于民，其相系之处原非不可离绝，然责令先期具报，查访有无犯罪亏欠，或查有牵涉官守而扣留之，则无不可。若此外犹欲禁其去国，何异禁异邦人侨居者出疆乎?! 日耳曼盟会诸邦和约，内载民有去此适彼者，悉照此例办理云。……人民权利当从居家地方律法而定，此条为各国所同举。如籍贯何属，成丁年限，判断嫡庶明昏，婚姻之乖宜及妇女之权利，均属此条。故某人依居家地方律法，年已成丁，可在他国立字据办理事件，虽未届他国之成

---

① ［美］丁韪良等：《星轺指掌》卷2，光绪二年同文馆聚珍版，第61页。
② ［美］丁韪良等：《星轺指掌》卷3，光绪二年同文馆聚珍版，第30页。

丁年限，其字据亦必准行。又如某国有夫之妇，照本国例所得专主行事之权利，至他国之无此例者，其权利仍不可夺，反是亦然。①

万物惟人能享权利，盖物属于人，而人则不属于人焉，是人与物固不同类也。无论邦国与人民，若欲蓄奴，公法必视为越权而行。为奴者一入禁奴之疆，其缧绁自释。该国即当竭力保护，俾得自由。贩人为奴之业，无论水陆，皆不当容之。遇此陋习，则有化之国，莫不应设法禁阻。……此国之民往彼国，若被彼国驱除送回者，其本国不得拒而不纳。此国若已徒流之犯解送彼国界内，而不先问彼国愿否收纳，是为违例。天下无无国之民，则侨寓某国而无籍者，既在彼立业，或居家已久，即视为某国之民。中古有属地之奴，不能离乎本地者，今则无之。盖民之自主者，欲迁他国，均得自由无阻。离弃本国，入籍他国，而无复归之意者，则情谊既绝，权利自失。……本国应保护己民之在彼国者有二：彼国违例虐待，一也；被他人欺凌损害，彼国不为保护，二也；有一于此，本国得向彼国讨索赔补，并请设法以防将来。②

6. 外交和领事关系
（1）使馆制度的产生

自主之国，若欲互相和好，即有权可遣使、受使，他国不得阻抑。若不愿遣使，他国亦不得相强。惟就常例而论，倘不通使，似近于不和。然通使虽为当行之利，断无必行之势，其行与否，当视其交情厚薄、事务紧要而定。③

查自欧洲分为群国，其各大国有不得不互相往来之势，始而遇事偶有通使，继则遣使常川驻扎。其所以驻扎之故，一则通两国之好，一则察邻国之政，达之本国。自二百年以来，此举业已通行，而各国之往来和好交涉事件，皆赖以调摄。渐事益烦，关系益重，

---

① ［美］丁韪良等：《公法便览》卷1，光绪四年同文馆聚珍版，第41、55页。
② ［美］丁韪良等：《公法会通》卷4，光绪六年同文馆聚珍版，第1、4、8页。
③ ［美］惠顿：《万国公法》，［美］丁韪良译，何勤华点校，中国政法大学出版社2003年版，第141页。

而各国京师又皆另立衙署，专理交涉事务。始而名曰外务部，继则名曰会议部，后则定为总理外国事务衙署。①

夫邦国交际之道，皆出于情谊，本可随意行止，但有条约明言，或遵循常例，不得擅废，如他国君臣入境，或事关交涉，或遣使通问，或遇典礼朝会，或遇旗号施敬，以礼相待，均属分所当行之事。又如敬惜外国名望，而不毁伤，实属大义，不可不慎也。……古时未闻有领事一职，希腊尝有护客之官，于外人有宾主之义。外国使臣至，则护客为之预备馆寓，外国人民遇患，则为之安排抚恤，其有词讼，间亦为之料理。中古之领事官有二，有不出本国而专任听讼者，有遣驻外国城镇，料理本国人民争端者。此等领事，自一千一、二百年为始，一千一百九十年，耶路撒冷王诏准马塞商民，遣领事驻扎阿克尔海口。一千二百六十八年，阿拉根王诏准巴斯娄那商民，遣领事驻扎本国海外部落。一千三百二十八年，有法国书称此等领事，系为管理海国通商事务者，其职久暂不一。其久者，如在地中海各口常川驻扎。其暂者，如商人搭帮同到某口，而专举某人料理其事。②

（2）使臣的等级

现今使臣分为四等，第一等使臣系代君行事，其余三等系代国行事。第一等使臣应以君礼款待，一若其君亲来者。律例虽如是云云，然款待礼制随时变迁，不能拘于一致。……公使莅任必须报会部臣，若系第一等钦差，或命幕下记室及随从员弁将信凭副本呈送部臣，请其诹日以便钦差朝见。至二、三等之使臣，则亲自出名照会部臣，请其代禀国君，如何呈递信凭。若署理使臣，不寄信凭于君者，当报会部臣，请其诹日以便面交信凭。③

中古以上，其代君代国办事使臣，并无差等。其常川驻扎公使，

---

① ［美］丁韪良等：《星轺指掌》卷1，光绪二年同文馆聚珍版，第5页。
② ［美］丁韪良等：《公法便览》卷2，光绪四年同文馆聚珍版，第1、32页。
③ ［美］惠顿：《万国公法》，［美］丁韪良译，何勤华点校，中国政法大学出版社2003年版，第144、147页。

与特简公使，亦本无区别。盖昔之罗马国，有席卷天下之心，以为无庸遣使常川在外。至日耳曼国皇帝，亦有是心，而不遣使臣驻扎各国焉。自威司发里和约以后，而遣使驻京之例乃通行。其内设常兵以自固，外遣公使以结好，二事并行，而各国自强之道自此始，其使臣之分等亦自此兴焉。……使臣分为三等，安巴萨多尔与教皇使臣，一也；特简公使与全权大臣，以及凡能将文凭呈递国君等使，二也；将文凭呈递总理各国事务大臣之办事大臣，三也。①

各国简派使臣，以修和好，或通友谊，或办公务，皆称公使。洋语称安巴萨多尔为头等公使，有特简全权钦差为二等公使，有特简驻扎某国钦差为三等公使，有署理钦差事务大臣及办事大臣为四等公使。②

今例，公使分为四等：其头等，系代君行事者（洋语谓之安巴撒多耳），其二等，系特简公使（洋语谓之安弗瓦贡），暨全权大臣（洋语谓之布来尼布当西耳），其三等，系驻扎公使（洋语谓之来西当），其四等，系办事大臣，暨署任公使（洋语谓之沙耳瑞）是也。③

（3）使臣、领事官的权利

国使权利：国使至外国者，自进疆至出疆，俱不归地方管辖，不得拿问。缘国使既代君国行权，即当敬其君以及其臣，而不可冒犯。其驻扎外国，权利与在本国等，所谓不在而在也。其继业、鬻产均照本国律法。若有子女生于外国，亦仍为本国人民。任国使以如此旷典者，盖不如此即难以一事权焉。……领事官不在使臣之列，各处律例及和约章程或准额外赐以权利，但领事官不与分万国公法所定国使之权利也。若无和约明言，他国即可不准领事官驻扎其国，故必须所往国君准行方可办事。若有横逆不道之举，准行之凭即可

---

① ［美］丁韪良等：《星轺指掌》卷1，光绪二年同文馆聚珍版，第21、22页。
② ［美］丁韪良等：《公法便览》卷2，光绪四年同文馆聚珍版，第8页。
③ ［美］丁韪良等：《公法便览》卷2，光绪四年同文馆聚珍版，第19页。

收回，或照律审断，或送交其国，均从地主之便。至有争讼罪案，领事官俱服地方律法，与他国之人民无所异焉。①

凡授以使臣权利，原为其得称职守，无有阻滞，其权利中之最要者，系不得禁锢耳。古人云：使臣之身尊而不可犯等语。是以凡有犯其身，即为辱其职。夫使臣或藉以排难解纷，或藉以维持和好，每有幸灾乐祸之辈，嫉其人而恶其调处，本地职官以为使臣前来，皆不利于本国，因而深恶痛恨者恒有之。故各国外之虞，事至此极，使臣视驻扎之国，直若仇敌。故不免受此威胁之辱。是使臣既昧其职分之当然，即失其权利之本然矣。……当升平无事之时，若某国私拆公使往来信函，即系显违公法。本国新报讪谤公使，亦为公法所严禁。因该使不得赴署申诉，恐致宣泄机密事件。使臣无时不当保护，虽两国业经失和，而兵端已开，亦不得锢禁阻扰。虽有未认其国者，然既允使臣入境，即当保护，但其利益不得与公使同。②

条约若无特禁，领事官既领准行执照，即可将其国旗等项悬于门首，但不能藉此隐匿逃犯，以免地方官查拿。领事官非驻扎之国人民，亦无另有经营，即不输纳各项饷钞。如遇军事，公署不得屯兵，该领事免充乡团，免捐饷项，免输丁税，至其采买物件，应否输税，又当别论。领事虽非驻扎之国人民，若躬行贸易者，其一切货物财产，皆应输纳各项税饷，与本国人民在本国充外国领事者无异。该员并应充当团勇，惟呈请雇人顶替，尚可允准。领事虽不能拟于公使，不归地方管辖，若非驻扎之国人民，亦无躬行贸易者，不可因争讼而遽行拘禁。有罪虽归地方官审讯，然非穷凶极恶，亦不可拘禁。若系驻扎之国人民，则应先撤其准行执照，然后归案审讯。③

使臣享外国格外权利，自入疆始，至出疆而后已。虽两国失和，其所享权利一无所减。若知其为使，其信凭虽未呈递，亦不可凌虐阻碍，否则有违公法。若所往之国辞而不接，该使仍听退出，不可稍为欺辱。如经本国撤回，必听自行出疆。倘需护照，必当给与。

---

① ［美］惠顿：《万国公法》，［美］丁韪良译，何勤华点校，中国政法大学出版社 2003 年版，第 148、154 页。
② ［美］丁韪良等：《星轺指掌》卷 2，光绪二年同文馆聚珍版，第 1、3 页。
③ ［美］丁韪良等：《星轺指掌》卷 3，光绪二年同文馆聚珍版，第 7 页。

若在疆内逗留，已逾护照之限，即视为外邦游人而已。公使权利之尤要者有二：身得自由而不可犯，一也；专听本国命令而不归外邦管辖，二也。无此，即难以供职。①

公使等所享优免之处，应推及馆舍。惟所置买房产，则不能同沾其利益。……公使之行辕辎重，沿途地方官不可查验。公使优免之权利，应推及所用之什物，皆不可擅动。……公使有身尊而不可犯之权利，以免强制。邦国既接公使，不惟不当欺侮虐待，其地方官亦谨为保护，以免居民凌辱。冒犯公使即为冒犯其国，若情节较重，即为目无公法，而获罪于万国也。……公使既享免于管辖之权利，其随从人等与所寓公署，亦皆藉邀宽免。公使既免于管辖，则书籍与往来公文，亦应一律宽免。公使遣人递送公文，地方官不得藉词政务，而扣留夺取。如将公使公文擅自拆阅，即为违背公法之尤重者。……领事官一职，仍于邦国交际甚关紧要。地方官即应示以优待，妥为保护，使能供职无阻。故领事官非由不得已之重案，即不得拘禁其身，至其文件，总不得拆阅。奉教之国遣领事官驻扎未奉教之国者，既秉权较重，亦享优免之例，与公使相似。②

(4) 使臣、领事官的责任

查领事官系在驻京公使之先而设也。八、九百年前，回回地方有义、法、日等国城镇各设领事，日耳曼之沿海城镇亦各派绅董以理通商。嗣后贸易渐盛，事务日繁。其遣派领事之权，操之国主，不归郡邑商会。渐则沿海各国市舶云集，彼此互相简派领事，以便办理。其责任权衡，因事随时，屡有更易。领事职守，今夕不同，兹则毋庸细述，自应就现在设立之意而论。然欲论其职守，必先论其与地方官往来事宜。因其职守，论者每以领事与公使互相牵混，若详其设立之原意，以及其应办之事，则二者之职守判然分明。领

---

① [美] 丁韪良等：《公法便览》卷2，光绪四年同文馆聚珍版，第8、15页。
② [美] 丁韪良等：《公法会通》卷2，光绪六年同文馆聚珍版，第13、14、24、26、46页。

事职守系稽查航海通商事务,保护本国人民安居乐业,代办契约字据,代向地方官伸诉冤抑,为本国人民调处争讼等事。①

今领事官所任之事,均由本国律法及和约条款限定。在泰西之国,除料理通商事务,护庇本国人民免受屈抑,尚有责成领事官要事数种如左:一、遇有文件应寄回本国作据者,须由领事官盖印以证之;二、遇本国人民婚嫁、生产、死亡等事,必存记领事公署,以凭日后查验;三、本国人民护照由领事官发给;四、凡船主之详呈及船单各纸,必须领事官收存;五、水手有困苦者,领事官则赈济。被船主屈抑者,领事官则释放之;六、遇船只搁浅不浮者,领事官当代为照料;七、本国人民在其界内死亡,其遗产若无他人承办,而律法条约亦无禁阻,则由领事官代理。按美国律法,凡船只进口通商者,船主必将其日记、文凭、护照等件,存寄领事公署,以备查验。遇水手困苦无依者,领事官必给与经费,送回本国。②

公使署内不可潜匿逃犯,无论何人,欲潜匿署中,公使理应查禁交出。……公使无容隐逃犯之权,遇有潜匿署内者,一经地方官查拏,即当交出,或听其进署搜捕即可。人犯藉公使之车辆,以图逃避者,一经地方官查拿,公使既当交出。公使不可任逆党藉署以为奸谋之所。倘不遵此例,彼国即可设法防范,以遏乱萌,则公使所享优免之权利,不得恃为护符。……领事之职属政务者有三:任以查勘彼国是否恪遵条约,并有权向地方官理论者,一也;奉命查勘所驻地方情形,以通报本国者,二也;授以特权办理两国交涉事务者,三也。其职内事宜,均赖公法保护,其往来文件,地方官不得拆阅。彼国人民有意游历领事官之本国者,应向领事官请给护照。领事官若无本国授以特权,又未经彼国准行,即无经理争讼之权。本国人民遇有争案,若两造情愿听审,则领事官持平判断可也。本国人民在彼国有财产等事,或因出疆,或因他故,不能躬行照料者,应由领事官妥为设法,以保其权利,而免其受损。本国人民病故,其遗产货物等件,应由领事官检点封固,以免遗失。本国人民在彼

---

① [美]丁韪良等:《星轺指掌》卷3,光绪二年同文馆聚珍版,第1页。
② [美]丁韪良等:《公法便览》卷2,光绪四年同文馆聚珍版,第33页。

国被屈受损，领事官应向彼国，或向地方官代为理论，以期保全该人民之权利。本国人民在外穷乏，欲回国而无资者，应由领事官在公项下发给盘川，俾得回籍，庶免失所。①

(5) 使臣、领事卸任

使臣驻扎他国，或派往国使大会，其卸任之故有七：其一，或任满、或代理而正官来。其二，则因事特遣，而其事或成或不成。其三，则本国召回也。其四，或本国所驻扎之国遇君崩及退位等事，则必须再覆信凭。若系本国君故，不必另缮信凭，嗣君业已继位，照例告诸友邦，即于内声明先君所寄之信凭可也。若系所驻扎之国君故，则本国必须重行新凭，以便呈示嗣君。然使新凭未至而其公事尚未完结，倘冀其人必速复任，即可彼此相信，恃旧而了其事。其五，国使或因所驻之国有干犯万国律例之事，或遇不测之大事，自不能辞其责而不卸任也。其六，或国使自有不法之事，或其本国有横行之举，彼国即可不俟其国书，先命回国。其七，则国使品级职任或有升降也。②

领事卸任，应会同新任或署领事，将公文书籍册档，并署中器具，逐一查点，交该员接收，并写收单字样，以作证据。又应将已卸任及他人接任之事，行知该处大宪，并传知领事属员。领事卸任后，任内经手各项文件不可存留原稿，亦不可抄录刊印。领事在任内病故，所遗财物由属员查点封锁，由护理人员禀明本国公使与本国总理大臣，并行知该处大宪。③

本国若将领事官撤任，例应达知所驻之国，以免错误。所驻之国遇有重大事故，亦得将其准行文凭撤销，领事官知之，遂行停职。领事官若非彼国之人，遇本国撤任，或彼国撤销准行文凭，应由彼

---

① ［美］丁韪良等：《公法会通》卷2，光绪六年同文馆聚珍版，第13、27、41页。
② ［美］惠顿：《万国公法》，［美］丁韪良译，何勤华点校，中国政法大学出版社2003年版，第155页。
③ ［美］丁韪良等：《星轺指掌》卷3，光绪二年同文馆聚珍版，第48页。

国保其平安出境。①

7. 条约

　　凡自主之国，如未经退让本权，或早立盟约限制所为，即可出其自主之权，与他国商议立约。……两国立约，所应遵守之责，不拘式款如何，有明言而立者，有默许而立者，均当谨守。明言者，或口宣盟词、或文载盟府、或两国全权大臣关防于公函、或两国互行告示及互换照会，俱可。但依近今常例，口宣盟词必急速载明，以免日后争端。若盟约业已尽录，而未盖关防之先，所另有口议皆不足为准。默许者，乃两国立约之人其权不足，但既经以口相盟，虽无和约明文，亦可采其言而行焉。其言既已允行，即与执权者之立约无异。……至于公约，除国使所带信凭外，必执全权之凭，方可商定画押。虎哥与布氏俱云："公约照例商定画押，君国必当遵守。全权大臣既能秉权代君行事，则其君自当允其所行。"盖命他人摄行，即与躬亲无异，各国律法实有此意也。……解说盟约与解说别样律法无异，无论何国语言文字，概是书不尽言，言不尽意也。但解其词者不免有害其义，故别有解说约盟之条，遇有疑难即可引用。两国有争论时，有别国调处其间，或不请自来，或请之而后来，或一国请之来，或两国请之来，或因前约有善为调处之语而来作中保者。②

　　人心无恒，今日所欲，易时未必欲之。然有言以制其心，则今日之允许，明日心虽不欲，仍必践行之。盖舍其自由，系出于自主耳，此立约之道也。故立约者，必彼此互议，或此为彼行，或彼为此行。盖既有曰约，而授其权于人，以令我必遵之，不可以食言也。缘人本自主，且能逆睹将来，既愿立约于先，若弃之于后，则是无信，不可以共事，而举世不能相联属矣。忠信为交际之本，交际为

---

① [美]丁韪良等：《公法会通》卷2，光绪六年同文馆聚珍版，第48页。
② [美]惠顿：《万国公法》，[美]丁韪良译，何勤华点校，中国政法大学出版社2003年版，第158、159、160、172页。

立身之要，不能信人，焉能行己？邦国立约亦如庶民，能自主而预筹日后事宜，故其约必不可废，否则，不能和平往来，而战争将无已时也。天下既分为大小部洲，南朔东西，产物各异，是上天命人以交易之道。无立约之权，则公法之通例不能有。盖必各国允许，方为公法。彼庶民犹不可以背约，况邦国乎！邦国之约重于庶民之约者，以其万民所系也。且立约之时，业经再三筹度，非同造次，亦非一朝一夕之计，必期行之久远。其国存则其约俱存，一约既立，万事准之，所系顾不衷哉！况天生下民，作之君，作之师，各国应畏天而敦信，凡以为群伦表率云尔。邦国条约，或与他国立之，或与人民立之，或与民间公会立之，皆可。而其立约之权，一也。两国或数国订立之约，有盟约、和约、续约之目。①

自主之国议立条约，以理交涉事务，则公法之义，即为条约所限制。自主之国无不具立约之权，其间或有限制者，则不可不论焉。议约之人必须操代国之权，无此权，则其约并无必遵之责。……遵约之责，出于义理，本于天良。否则邦国难以自立，即无以交接。若条约与仁义之正道径庭，或与公法之本意不合者，皆可废之。……某国意图征服天下，而成混一之势，或无故而剪灭他人之国，若立约协助之，既与公法不合，自无遵守之责。……诸国会议，虽意见皆同，而尚未成约，则无遵守之责。使臣奉权，或条约，或节略，或画押，而未留余地者，则两国必当遵照。虽无明言，大抵俟国主照准，其约方为成立。……条约既已照准，若别无明文，则作为由使臣画押之日启行。条约本无定式，当彼此旨明意达无误。条约业已录明，其副本或由使臣先行画押，或正本径由两国之主画押，或此国将其应遵之款独行画押，而送交彼国皆可。条约虽未宣示，仍能坚固。若宣示，则遵守更有可必矣。邦国立约，互誓必遵，或互相言明，违者可耻。一则假神鉴，一则假人议，以重其责。然按公法论之，其遵约之责，无所增焉。……两国既立条约，无论其势力如何悬殊，责任如何轻重，均不得因而以推诿。②

---

① ［美］丁韪良等：《公法便览》卷2，光绪四年同文馆聚珍版，第44页。
② ［美］丁韪良等：《公法会通》卷5，光绪六年同文馆聚珍版，第1、3、4、6、7、13页。

8. 战争
（1）战争缘起

自主之国遇有争端，若非公议凭中剖明，即无执权以断其案，所服者惟有一法，乃万国之公法也。此法虽名为律例，不似各国之律法，使民畏刑而始遵也。所以各国倘受侵凌，别无他策以伸其冤，惟有用力以抵御报复耳。譬如人民居王法不及之地，无可赴诉，只好量力自护。①

安居乐业，人之所欲。故和则谓之守常，战则谓之反常。然今人多反常，致此国每加害于彼国，而彼国遂图雪恨。故公法以为战者，邦国所不免，乃设为规条，使于争战之中，仍寓仁义之意。盖就战而论，局内局外各有当任之责，此公法之大节也。顾公法之作，原为拨乱反正，脱令万国久安长治，则此学之为用较少矣。②

此国若侵犯彼国之权利，致与之启衅，彼国不但得设防抵御，即力行讨伐，以示惩警亦可。③

此国与彼国执兵相争，以护其权利者，谓之战。……彼国侵犯此国之权利，强占土地，以及扰乱内政等事，则此国以兵御之，宜也。不但此国侵犯彼国之权利，可为交战之因，即此国欺压彼国以阻其更新者，亦为开战之衅。邦国不得专为图利而开战。④

（2）战争类别

两国交战，倘准全国之民，无论何时何处协力攻战，而不犯条规者，此名为全战。倘限定何处、何人、何物，则名为限战。民间有战争，虎哥名之为"杂战"。盖云就国权而论之，可为"公战"；就背叛而论论之，则为"私战"。但依常例，二者或就敌人、或就

---

① ［美］惠顿：《万国公法》，［美］丁韪良译，何勤华点校，中国政法大学出版社2003年版，第172页。
② ［美］丁韪良等：《公法便览》卷3，光绪四年同文馆聚珍版，第1页。
③ ［美］丁韪良等：《公法会通》卷6，光绪六年同文馆聚珍版，第2页。
④ ［美］丁韪良等：《公法会通》卷7，光绪六年同文馆聚珍版，第1、3页。

局外，均得交战之权利。①

暂时失和而用兵，无论侵扰他邦以趋利，或力行抵御以避害，皆战也。此国有不法之举，彼国以所应得之罪惩之，使不复蹈前愆，义战也。义战者，不得已而为之。或和则大义不伸，或和则本国不保，夫然后义战兴焉。苟犹有术以处之，而劳民伤财以求伸于天下，则断乎不可。义者，非旁观共见之义，乃身受独知之义也。邦国既有自主之权，则所行之事与理合否，惟己可以裁度。至两国业已交战，他国不得过问者，以其意见不同，而情形有所不知也。故其战非显然违理，贻害邻邦，则断不可干预，然若无故兴战，伤天害理，不独可以理喻之，并可以力止之矣。②

人民虽不得因私执兵而战，遇有聚众设官为公起义者，虽未奉国命，仍作公战论。贼盗虽设有营伍，立有头目，皆不视为公战。交战之故，揆以公法而师出有名者，即谓之义战。若违背公法，即谓之不义之战。③

(3) 宣战

定交战、准强偿并报复等事，其权固属于君，而各国自有律法以范围之。然有时托授远处部属，使交通别国者，盖虽服本国所辖，仍可若自主而行之也。即如印度前系英国通商大会任其国权，其与邻国交战与否，本国准其自定也。自主之国角力交战，名为公战。若依规模宣知，或照例始战，即为光明正大。公法不偏视之，亦不辨其曲直。若准此国行何等之权，亦必准彼国行何等之权。……从前交战者，必先宣知，否则不为公战。古时罗马国常依此例，而欧罗巴诸国直至一千六百年间亦俱遵守，于一千六百三十五年法国与西班牙交战，犹以彼时之例遣兵使以宣知焉。其后诸国无用此例者，而宣知敌国之例遂废矣。今时之例，惟于己之疆内先行颁诏，预告

---

① [美] 惠顿：《万国公法》，[美] 丁韪良译，何勤华点校，中国政法大学出版社2003年版，第180页。
② [美] 丁韪良等：《公法便览》卷3，光绪四年同文馆聚珍版，第1页。
③ [美] 丁韪良等：《公法会通》卷7，光绪六年同文馆聚珍版，第1、2页。

交战，限制己民与敌往来，并言其所以交战之故。若无告示，恐日后立和约时难以分别公战与强屈之害。夫强屈之害，有时可讨理直，若公战则不可也。①

自主之邦将战以求义而御不义，理应先行明白宣示。盖与他国往来和好，其友谊或存或绝，自应知之，必确有违理之处可指，以徵其非无故兴兵，方可用战。②

此国将攻彼国，既知保全无策，应先宣告而后兴师。宣告之法，有遣使达知彼国者，亦有诏告天下者。彼国将行某事，此国意存阻止，以视为战，故达知之。两国若竟失和，即作为业已宣战论。……邦国既以将战宣告，则作为战始，而两国自此为敌。若两国之兵早已交锋，则战始应自此时计之。③

（4）停战议和

宣战之权，谁执其端，必视各国之法度，至议和之权亦然。人能操其一者，大抵亦能操其二。若君权无限之国，其权柄固归君主掌握，即君权有限之国，有时亦并以二者之权柄托于君手。……和约既立，战争自毕，且其所以战争之故业已除去矣。况彼此应允，不复议论曲直，则其本来启衅之端，俨若瘗藏于地，必当永远湔除而不复记忆。即此后不得更援前案，或因战时曾行之事再起争端。故彼此应许永远和好，即是就其事而永和也，非谓一和之后，虽别有启衅之端，亦将恃有此约而不顾耳。……和约一经画押，则立约者日后仅当奉行。倘约上无另限日期，均当立即罢兵息战。惟两国之人民，必俟和约之议既已告知，方可令其遵守。④

夫停兵之约，有全有特。全者，则各处停兵，或定多日、或无限

---

① ［美］惠顿：《万国公法》，［美］丁韪良译，何勤华点校，中国政法大学出版社2003年版，第180、181页。
② ［美］丁韪良等：《公法便览》卷3，光绪四年同文馆聚珍版，第10页。
③ ［美］丁韪良等：《公法会通》卷7，光绪六年同文馆聚珍版，第4、5页。
④ ［美］惠顿：《万国公法》，［美］丁韪良译，何勤华点校，中国政法大学出版社2003年版，第253、256、258页。

期,与讲和略同。但讲和尚未议定,则所战之故仍在耳。奉教之国与土耳其交战,屡有如此停兵者。荷兰前叛西班牙时,战久而后停兵亦此意也。特者,则在限定之地暂时停兵,不相攻击。如两军在于战地,或在围困之城池、炮台等处相约暂时停兵,不相攻击。……二百年来,互换俘虏以为定制,然索金为赎不为犯公法也。或竟不赎,直至战毕时始行赎还,亦不为犯公法也。若互换俘虏,则两国各出己意,定立章程可也。①

忠信之道,为邦国交际之常经,或和或战,一以贯之。赖此可以通使立约,去杀胜残,小之纾一方之困,大之纾一国之力,所系顾不重欤!其所定约款,要分三类,试申论之:第一类,系军务交涉条约也。约之无限期者,如议定交战章程,禁用某项军器,处置俘虏等项,及置某人某地于局外之类。约之有期限者,如输纳兵费捐项,取赎人物,互易俘虏,献地纳降之类。俘虏之互易,大抵齐其等级,一以抵一,如有不足者,以银款或他物补之。纳降一事,古时每订日期,于约尾叙明。如援兵过期至者,不得藉救背约。近世率由两军主将议立条款,国家若非预夺其权,则所立条款,亦无可改移也。第二类,系给发护照,准通往来以便民务也。……第三类,系军法立约,暂停接仗也。凡停兵条约,或专指一垒一城、一军一路而言,或概举全局而言,其概举全局者,非国君自议,即派大臣代议。其专指一方者,大抵由统兵武弁议立,所以然者,一方兵事所系,惟统兵官知之最悉,使得就地酌度,而有立约停兵之权,实与国计民生两有裨益。偶有国家特靳此权,而该兵官仍复便宜立约者,苟敌军未知其越权,则国家仍当恪守,不得悔约。盖敌军固信之于常例,信之于该员职分,料其必有是权,而与之约者也。②

出令不受降,非因照式报复,或虑俘虏难防生变,所不得已外,则不可行。若徒引仇恨而为之,系属违例。军旅若明言不受降,而旋自败,虽杀之,亦不为违例。敌兵既败,虽有不受降之势,间有

---

① [美]惠顿:《万国公法》,[美]丁韪良译,何勤华点校,中国政法大学出版社2003年版,第214、199页。
② [美]丁韪良等:《公法便览》卷3,光绪四年同文馆聚珍版,第67、69页。

被擒、被伤而不复能抵御者，亦不可杀之。兵弁冒敌国号衣旗帜交战，而无异辨明其谁属，虽不予以降例，亦无所怨也。不得谓敌国无理，便不予以降例。敌兵倒戈而降者，应收其军器而俘之，若杀之伤之，皆属不可。①

两帅立有停兵之约，无论久暂，其所部两军，均应止戈罢战。两帅会议停兵良久，以为讲和地步者，例由国主允准，或使臣，或将帅奉权代理，亦无不可。两军暂行停战，或两将不俟君命而停兵者，只得行于某军某地，余皆无涉焉，惟国主停兵，则合境民众皆应遵之。②

两国战毕，大抵议立和约，以定如何交涉往来。弱国被强国逼迫立约，不得因而废之。若此国强迫，致彼国使臣立约，则可以废之。和约惟掌邦国之大权者，方能立之。故其条款既议，必俟国主照准，始作定局。若尚未盖宝，两国将帅应谨防别生枝节，以致退约。③

(5) 中立

凡自主之国，遇他国交战，若无盟约限制，即可置身局外，不与其事，此所谓局外之全权也。自主之国本有此权，无可疑义，否则不为自主矣。然虽为局外，倘与战者仍欲友善往来，则于战事不得不有关切之情也。在局外者既有权可行，即当有义可守，尤以守中不偏为大。④

邦国战争，其不与事者，谓之局外。局外之有权利，有责守，为近世公法中一大节。古例惟战国得行其战权，局外初无权利可论，一则由古时邦国，类皆各有党盟，故遇邻国有事，而仍居局外者甚少。一则由关系局外之处，视今为甚微也。自后世航海通商，各国交涉渐广，复有公法推行于天下，于是大局一新，与古迥异。凡诸

---

① [美]丁韪良等：《公法会通》卷7，光绪六年同文馆聚珍版，第24页。
② [美]丁韪良等：《公法会通》卷8，光绪六年同文馆聚珍版，第9页。
③ [美]丁韪良等：《公法便览》卷2，光绪四年同文馆聚珍版，第14页。
④ [美]惠顿：《万国公法》，[美]丁韪良译，何勤华点校，中国政法大学出版社2003年版，第222页。

强国之处局外者，往往争其固有之权利，又从而增益之。而局外之例，遂关系甚巨，不可不论。按邦国之增势而事交战，未如其增富而事通商也。故局外之权利，较前更重，而战例逐渐损革，仁义日见隆盛升耳。……局外者差等有三：其遵守极严，全然自立于事外，于彼于此绝无资助袒护之私，一也；于两国均许在境内治其军事，或假道进兵，或购办军需等事，而不分彼此，二也；与其一国旧有盟约，或助兵若干，或备办船只，以供调遣等事，三也。按引成约而偏助者，则近乎同盟之国，而余一国或视之为局外，或视之为仇敌，皆可自主之。大抵所助有限，且约内并无指明助攻何国者，则可以置之不校，否则，必为怨府，而仇敌视之矣。①

邦国外无干预他国战事，内有防范己民越分，则谓之局外。局外之国既不预战，则一切关系军情之举，利于此国而损于彼国者，决不可为。局外者不必先以战权推谢，然欲享局外之权利，不得有预战之举。局外者必实无预战之举，方得享局外之权利。邦国之守局外，或由自行揆情而甘为之，或因关系邻邦甚巨，由邦立约，令其恒守局外。②

---

① ［美］丁韪良等：《公法便览》卷4，光绪四年同文馆聚珍版，第1、2页。
② ［美］丁韪良等：《公法会通》卷9，光绪六年同文馆聚珍版，第1页。

第二章 京师同文馆输入的国际法对 19 世纪中国的影响

京师同文馆输入的西方法学包括法哲学、国际法学、宪法学、民法学、民事诉讼法学、刑法学、刑事诉讼法学、环境法学等,其内容之丰富,知识之新颖,在 19 世纪中叶以前输入中国的知识体系中,难有与之匹敌者。尤其是国际法所宣扬的主权观念与国家平等观念,令当时中国的知识阶层耳目一新。

第一节 国家平等观念

一 "华夷秩序"及其在近代中国的变化

中国一向认为自己居于世界的中心,地理观念如此,文化观念更是如此。中国历代王朝都视周边的少数民族为夷狄,视与自己毗邻的国家为属国,对远在泰西国家来华交流的行为,则视为朝贡。古代中国在处理对外关系时,逐步形成了"华夷秩序",它是古代世界以中国为主的世界体系,朝贡贸易是其重要内容。

所谓"华",指的是"华夏",即居住在黄河中下游地区的民族共同体,"夷"指的是周边少数民族。此时的华夷观念反映的是中国境内华夏族与其他民族之间矛盾与融合的关系。秦始皇统一中国,为华夷秩序的建立提供了框架,经过两汉对外使节的活动,华夷秩序虽然还不够稳定,但东边的朝鲜、日本,南边的都元国、黄支国已经被纳入这一体系。随着唐朝的强大以及罗马、波斯王朝的衰落,除了东边的朝鲜、日本外,葱岭以西的中亚诸国以及南亚的天竺也纷纷向这一秩序靠拢。明清时期,以强大国力为后盾的郑和远航,使华夷秩序达到鼎盛。苏禄东王曾率家

第二章 京师同文馆输入的国际法对19世纪中国的影响

眷、随从百余人访问明朝,不幸病死于德州,明成祖命葬以王礼,并亲自撰写碑文。

这种以中国为核心的华夷秩序不仅需要有强大的军事力量作保证,还需要有雄厚的经济实力。历代王朝为了笼络周边的国外政权,一直实行厚往薄来的朝贡制度,即大量赏赐丝绸、瓷器等名贵礼物给前来朝见的使臣。由于价值远远超过使臣们带来的礼物,以至于出现了多人、多次外国使臣往返中国的现象。为此,历朝都对使臣的规格、次数作出明确规定。作为这种不等价交易的代价,各国使臣在国书中要表明对中国君主的称颂以及对中华文化的向往。各朝对于朝见的仪式十分重视,明朝规定,对于来朝贡的蕃王,先由应天府官员接待,第二天,蕃王才能入住接待外国宾客的会同馆:"礼部尚书即馆宴劳。尚书至,蕃王服其国服相见。……侍仪司以蕃王及从官具服,于天界寺习仪三日,择日朝见。"① 正式朝见皇帝的当天,"设蕃王及从官次于午门外,番王拜位于丹墀中道,稍西,从官在其后。设方物案于丹墀道东西。……鼓三严,百官入侍。执事举方物案,蕃王随案由西门入,至殿前丹墀西,俟立。皇帝服通天冠、绛纱袍御殿。蕃王及从官各就拜位,以方物案置拜位前。赞四拜讫,引班导蕃王升殿。宣方物官以方物状由西陛升,入殿西门,内赞引至御前。赞拜,蕃王再拜,跪,称贺致词。宣方物官宣状。承制官宣制讫,蕃王俯伏,兴,再拜,出殿西门,复位。赞拜,蕃王及其从官皆四拜。礼毕,兴,蕃王以下出。乐作乐止皆如常。"② 蕃王见太子、百官也都有细致的礼节规定:"见皇太子于东宫正殿,设拜位于殿外。皇太子皮弁服升座,蕃王再拜,皇太子立受。蕃王跪称贺,致词讫,复位再拜,皇太子答拜。蕃王出,其从官行四拜礼。"③ 与朝贡礼节同样烦琐的是册封,朝鲜有一整套迎接册封的礼仪:"上以便服,朝臣以朝服出迎于慕华楼。使臣将至,上于帐殿之西率群臣恭身迎……上王先拜节诰于上殿庭。入幄次,上率群臣四拜,讫,开殿。使臣亲受诰命于上,上受讫,下庭与群臣四拜,毕,入幄次,服冕服,出,与群臣遥谢,四

---

① (清)张廷玉:《明史》卷56,中华书局1977年标点本。
② (清)张廷玉:《明史》卷56,中华书局1977年标点本。
③ (清)张廷玉:《明史》卷56,中华书局1977年标点本。

拜，焚香，又四拜。山呼舞蹈，四拜，入幄次，释服。"①

所有这些繁文缛节，都是为了体现在华夷秩序中，中华帝国君临天下、唯我独尊的地位。这些国家与中国的关系是君臣关系，他们应对中国及其文化心怀臣服。但是，17、18 世纪后，随着西方资本主义的迅速发展，这种华夷秩序遇到了前所未有的挑战，这一挑战首先来自于罗马教廷。康熙在位期间，在华传教士内部发生了"礼仪之争"。一部分传教士主张沿袭利玛窦在中国的传教方式，将教义与中国文化相结合，作一些适合中国国情的改动，一部分传教士则坚守天主教神学的正宗性。由此引发两派的激烈争论，最后，罗马教廷出面干预，颁布了禁令：(1) 不准以天或上帝称天主；(2) 不准礼拜堂悬挂有"敬天"字样的匾额；(3) 禁止基督教徒祭孔、祭祖；(4) 禁止教徒供奉牌位在家。罗马教廷的干涉，自然引起以"天朝大国"自居的清王朝的不满，康熙于 1707 年 3 月 17 日明确表示："自今以后，若不遵守利玛窦规矩，断不准在中国住，必逐回去。"② 事隔 13 年后，康熙下令："以后不必西洋人在中国行教，禁止可也，免得多事。"③ 来自教廷的挑战虽然以失败告终，但来自于世俗的挑战更为强大。1793 年，英国派遣马戛尔尼勋爵为特使出使清朝。与以往蕃国使臣希望获得丰厚的赏赐不一样，马戛尔尼使团是以补贺乾隆八十寿辰为名，企图打开与清朝进行商品贸易的大门。他们向清政府提出了以下要求：(1) 英国在北京开设使馆；(2) 允许英商在舟山、宁波、天津等处贸易；(3) 允许英商在北京设一货栈；(4) 请于舟山附近指定一个未经设防的小岛供英商居住使用；(5) 请于广州附近，准许英商获得上述同样权利；(6) 由澳门运往广州的英国货物请予免税或减税；(7) 请公开中国海关税则。比这七条要求更让清政府恼怒的是在觐见礼节上，马戛尔尼居然不愿遵守传统"华夷秩序"下，使臣向皇帝行三跪九叩的礼节，而是根据国家平等原则，由他代表英王向乾隆皇帝行鞠躬礼。如果乾隆皇帝仍然坚持，则要派一名官员向英吉利君王行三跪九叩之礼。最后，这一矛盾以马戛尔尼向乾隆皇帝行屈膝礼而

---

① 《李朝实录》，国家图书馆出版社 2012 年版，卷 3。
② 《康熙与罗马使节关系文书》，北京故宫博物院 1932 年影印本，第 78 页。
③ （清）张廷玉：《明史》卷 56，中华书局 1977 年标点本。

第二章　京师同文馆输入的国际法对 19 世纪中国的影响

解决。士大夫们对此愤愤然："乾隆五十八年，（英吉利）进贡……皇欣喜其远夷之效顺，爱而畜之，隆以恩宠，而奸夷志满意溢，不思报答，反潜滋其骄悛。"① 马戛尔尼的言行表明，以往行之有效的"华夷秩序"在蕞尔小国英吉利面前失去了效力。不仅如此，正是这个远在蛮夷荒地的小国，在半个世纪后，将这一维持了上千年的世界体系打得粉碎。

1840 年 6 月，英国发动鸦片战争，1842 年，清政府被迫签署丧权辱国的《南京条约》，从此，事态一发不可收拾。到 1864 年《万国公法》出版前，清政府与外国列强签订的主要条约有 40 多个，通过这些条约，西方列强租借、割走了中国的香港、九龙以及东北的大片土地，攫取了领事裁判权及关税制定权；以及数千万元的赔款。中国延续了上千年的宗主地位被推翻了，正逐步沦为西方列强的附庸。

第一次鸦片战争后，清政府仍然固守"华夷秩序"下天朝大国的观念，对于列强割地赔款的要求满口答应，如 1860 年中俄《北京续增条约》规定："此后两国东界定为由什勒喀、额尔古纳河会处，即顺黑龙江下流至该江、乌苏里河会处，其北边地，属俄罗斯国，其南边地至乌苏里河口所有地方，属中国。自乌苏里河口而南，上至兴凯湖，两国以乌苏里及松阿察二河作为交界，其二河东之地，属俄罗斯国，二河西，属中国。"② 沙俄通过这一条约，侵占了中国乌苏里江以东 40 多万平方公里的土地。相反，对于西方列强依据国际法准则，在京派驻公使的正当要求，清政府却严词拒绝。每当遇到中外交涉事件时，都是临时派人在新开的通商口岸——广州与西方国家协商。第二次鸦片战争后，根据《天津条约》："大英钦差各等大员及各眷属可在京师，或长行居住，或能随时往来，总候本国谕旨遵行；……至在京师租赁地基或房屋，作为大臣等员公馆，大清官员亦宜协同襄办。雇觅夫役，亦随其意，毫无阻拦。"③ 外国人获得了进驻北京的权利。但是，涉及正式的外交活动时，清政府仍然要求在地方（如天津）进行。其根本原因是，清政府坚持传统的"华夷秩序"，视西方国家为传统的"夷狄"，不屑与他们打交道。

---

① （清）方东树：《仪卫轩文集》卷三。
② 王铁崖：《中外旧约章汇编》，生活·读书·新知三联书店 1982 年版，第 149 页。
③ 王铁崖：《中外旧约章汇编》，生活·读书·新知三联书店 1982 年版，第 96 页。

二 国家平等观念的介绍及影响

对于清政府的冥顽不灵,参与《天津条约》谈判的丁韪良深有感触。为了改变人们的地理观,进而改变清政府对西方国家文化上的认识,丁韪良在《万国公法》的篇首附了一幅世界地图。丁韪良担心人们不能接受它,故意将中国的位置放在中间。时隔14年后,丁韪良再次在《公法便览》中刊印了一幅修改过的世界地图,与《万国公法》中的世界地图相比,这幅地图更为精确。此外,还有一幅欧洲全图。刊登这两幅地图的原因,丁韪良解释:"前图因取旧版,地名字样与今少有不合,如普国现作布国,意国现作义国,日耳曼现作德意志是也。书中所载史案,多出于欧洲各国交涉,故另附欧罗巴全图。"① 此外,当时与清朝政府打交道的多是欧洲诸国,因此,欧洲全图的刊布,对于清政府也有十分重要的意义。

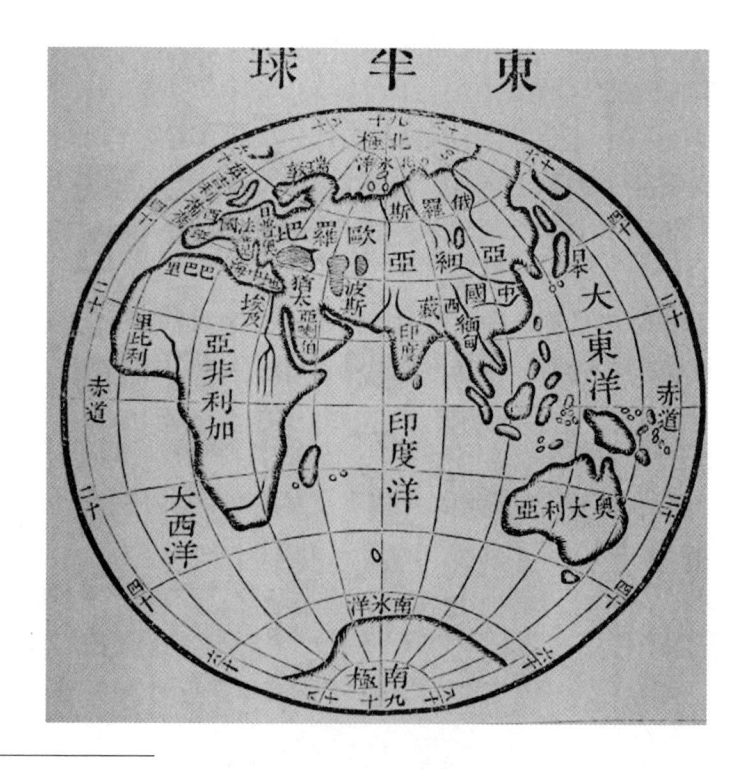

---

① [美]丁韪良等:《公法便览·凡例》,光绪四年同文馆聚珍版。

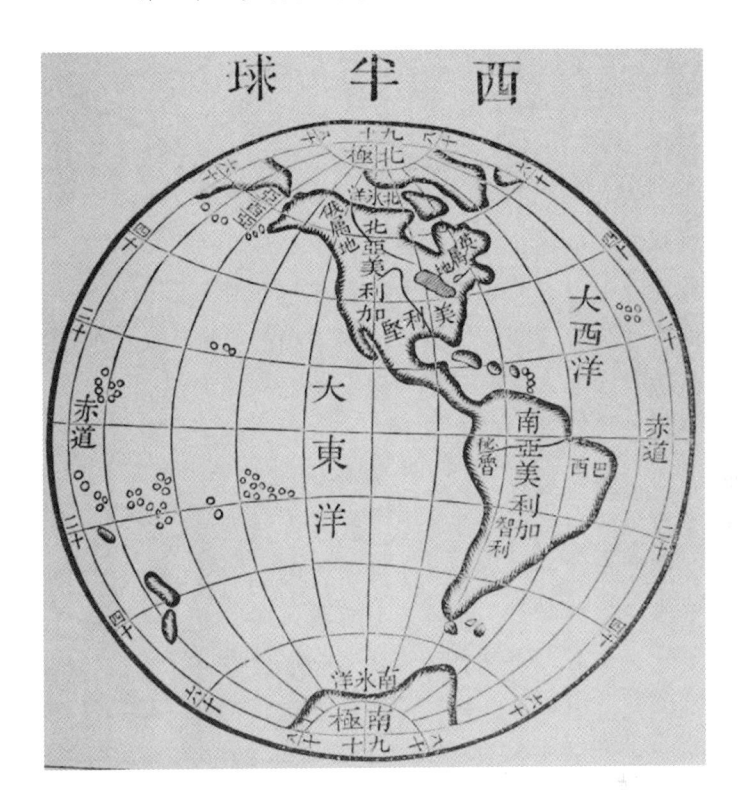

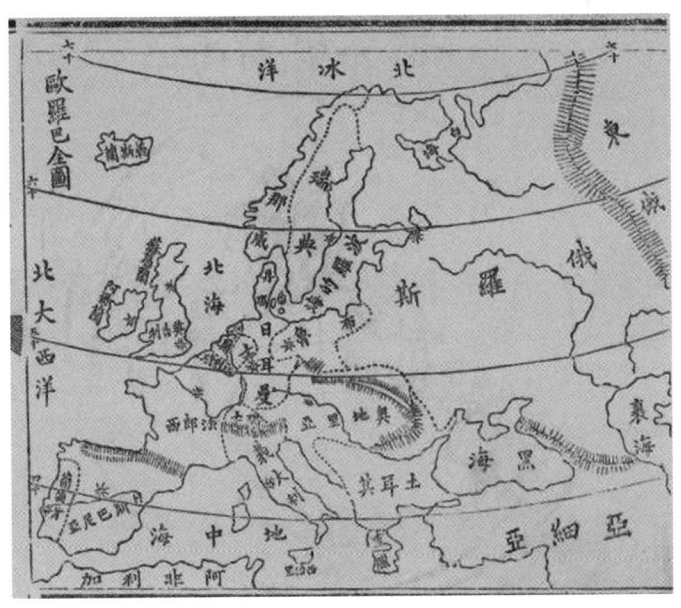

第二章 京师同文馆输入的国际法对19世纪中国的影响

(刊于《公法便览》篇首的世界地图、欧洲全图)

从新刊登的世界地图看,西半球没有变化,东半球西欧版图上增加了葡萄牙、西班牙、法国、意、土、日、普、奥等字样。在欧洲全图上,各国的地理位置更加准确,而且新增了瑞典、那威、丹玛、荷兰、比利时、爱尔兰、苏格兰、瑞士、希腊等国家,此外,葡萄牙、意大利、奥地里亚、日耳曼、土耳其等国的地理位置更加精确。

《万国公法》《公法便览》所刊登的世界地图与欧洲全图以及文字说明,给一向自认为居于世界中央、版图辽阔的中国人,带来了强烈的视觉上、思想上的冲击,对于改变中国人藐视别国的观念,从而树立起国家平等的思想,无疑是有积极意义的。首先,在中国之外,还存在如此多的国家,而且其中的俄罗斯、美利坚的版图与中国相比,毫不逊色。其次,占据澳门的葡萄牙、打败中国的英吉利、法兰西的版图都不算太大。正如张斯桂在《万国公法·序》中所说:"英吉利,一岛国耳。"最后,球形的画面告诉人们,地球上无所谓地理位置上的中心。人们面对何处,何处就是中心。丁韪良解释:"地之为物也,体圆如球。直径约三万里,周围九万里有奇。其运行也,旋转如轮,一转一昼夜,环日一周,即为一年。"① 这对一向自诩为世界中心的中国人的震撼是可想而知的。

国家平等还体现在外交关系上,对此,《万国公法》等书中有大量论述:

> 按公法,凡自主之国,俱用平行之礼,虽国势强弱不一,其权利并无参差,则均有自主之权也。②

关于两国交往时的座位顺序及条约签署、盖章的先后顺序的规定:

> "若两国交通,而其等级,或系平行,或系未定,则有数法可用以免争端,而存各国之体统。一谓互易之法,各国或轮流而得首位,或抽签而得之。即如立约时,此本开端并关防系此国在先,彼本则系彼国在先,及互换时,则各得其所居先之本以存,此数国之礼也。

---

① 〔美〕惠顿著,丁韪良译:影印本《万国公法》卷1。
② 〔美〕丁韪良等:《星轺指掌》卷2,光绪二年同文馆聚珍版。

第二章 京师同文馆输入的国际法对19世纪中国的影响

维也纳国使会定条款云：'诸国用互易之礼者，其使臣位次先后，惟以抽签而定'。更有一法，以定盖关防次序而免争端，即循法国字母之次序而盖画。"① 有时按照递交证件的时间先后安排顺序："使臣到任，无论何国之使，只以该使臣与他国之使呈递文凭日期互相比较，而定其前后次序。遇有某使呈递文凭在先，而他国在后，其在后各国，虽未认其国者，亦当居伊之后。"②

缮写条约用共同认可的语言文字：

诸国本有平行之权，与他国共议时，俱用己之言语文字，尽可从此例者，不无其国也。但剌丁古文在欧罗巴系通行，而诸国用以共议，前以为便。三百年前，欧罗巴各国莫大于西班牙，连合该管属国众多，故文移事件概从西班牙文。惟二百年来，诸国文移公论几尽用法国语言文字。若议约通问用本国言语文字，则附以译本。③

国家之间不仅平等，还要相互尊重：

"诸国常例，定有航海礼款，或当行于大海者、或当行于各国之狭海者，即如见该国之兵船、或进海口卫所，即当下旗、下蓬、放炮等事，以为尊之之礼。"④ 对待公使尤为尊重："国使至外国者，自进疆出疆，俱不归地方管辖，不得拿问。缘国使既代君国行权，即当敬其君以及其臣，而不可冒犯。其驻扎外国，权利与在本国等，所谓不在而在也。"⑤

---

① ［美］惠顿：《万国公法》，丁韪良译，何勤华点校，中国政法大学出版社2003年版，第127页。
② ［美］丁韪良等：《星轺指掌》卷1，光绪二年同文馆聚珍版。
③ ［美］惠顿：《万国公法》，丁韪良译，何勤华点校，中国政法大学出版社2003年版，第127页。
④ ［美］惠顿：《万国公法》，丁韪良译，何勤华点校，中国政法大学出版社2003年版，第129页。
⑤ ［美］惠顿：《万国公法》，丁韪良译，何勤华点校，中国政法大学出版社2003年版，第148页。

《万国公法》等宣传的国家平等、相互尊重思想,在当时的知识界产生了一定的影响。有人开始摒弃偏见,重新认识世界上的其他国家:

> 英吉利,一岛国耳。其君若相,务材训农,通商惠工而财用足;秣马厉兵,修阵固列而兵力强。遂雄长乎西洋。然犹虞土产不丰,易致坐困,乃多设兵船分布天下。暇则遍历山川,有立马绘图之概;急则夺据关隘,有投鞭直渡之强,故越国鄙远不知其难。法兰西,制器之巧、用军之精为西国冠。竟与英吉利并驾齐驱,树晋角楚犄之势。俄罗斯,积弱久矣。自其先君见西洋诸国蒸蒸日上,恐外患之迭乘而内顾之不暇也。乃效赵武灵王微服过秦之术,游历诸国,罗奇才而致之幕下,购利器而教之国中,不二十年遂郡县北方诸国,而统苍之舆图几与中国埒。然北地苦寒,无南方通商海口,则地势使然也。美利坚,初为英属地,嗣有华盛顿者,悯苛政,倡大义,鏖战八年而国以立,而官天下未家天下,俨然禅让之遗风。且官则选于众,兵则寓于农,内资镇抚而不假人尺寸柄,外捍强御而不贪人尺寸土。华盛顿迈百王哉!①

这种群雄并起,列强环伺的局面,自然令人想起了中国的春秋战国时代,中国只是其中之一,张斯桂将世界各国与春秋时诸国相比拟:

> 在昔春秋之世,秦并歧丰之地,守关中之险,东面而临诸侯,俄罗斯似之。楚国方城汉水,虽众无用,晋则表里山河,亦必无害,英、法两国似之。齐表东海,富强甲天下,美利坚似之。至若奥地利、普鲁斯,亦欧罗巴洲中两大国,犹鲁、卫之政,兄弟也。土耳其、意大利,犹宋与郑,介于大国之间也。②

何如璋说:"窃以为欧西大势,有如战国:俄犹秦也;奥与德其燕赵也;法与意其韩魏也;英则今之齐楚;若土耳其、波斯、丹、瑞、荷、

---

① [美]惠顿:《万国公法·序》,丁韪良译,何勤华点校,中国政法大学出版社2003年版。
② [美]惠顿:《万国公法·序》,丁韪良译,何勤华点校,中国政法大学出版社2003年版。

比之伦，直宋、卫耳，滕、薛耳。"① 薛福成说："大小相维，强弱相判，盟约相联，莫能相并，今日之欧洲形势，与昔日之中国相衡，其犹春秋战国之间乎！"②

面对这种局面，中国应从天朝大国的梦幻中清醒，正视现实，主动融入国际社会中去：

> 若我中国，自谓居地球之中，余概目为夷狄，向来划疆自守，不事远图。通商以来，各国恃其富强，声势相连，外托修好，内存觊觎，故未列中国于公法，以示外之之意。而中国亦不屑自处为万国之一列入公法，以示定于一尊，正所谓孤立无援，独受其害，不可不幡然变计者也。③

第二节 主权观念

一 知识界对主权的认识

主权包括对内至高无上的统治权以及对外交往中的独立权。中国历代统治者对于行使临土治民、保卫国家领土等对内、对外主权，总的说来，是强有力的，尤其是秦始皇、汉武帝、唐太宗、明太祖、康熙、乾隆等君主，都是卓有成效的主权维护者。但是，中国始终没有形成明确的主权理论，其内涵没有十分清晰的表述。而西方从17世纪开始，逐步形成了完整的国家主权理论，它包括立法权、审判权、宣战和媾和权、任免权、奖惩权等。所以，当清政府在鸦片战争中被打败后，面对西方列强割地、赔款、派驻领事行使司法权的要求，清政府只是感到丧权辱国的愤恨，却不懂得这些严重侵犯国家主权的行为是有悖于国际法准则，是可以据理力争的。同时，清政府对于西方国家在北京建立使馆等合乎国际法的要求，却百般推阻。这都是由于当时的中国人对近代国际法懵然无知所造成的。

---

① 何如璋：《使东述略》，湖南人民出版社1983年版，第59页。
② 薛福成：《出使英法意比四国日记》，岳麓书社1985年版，第246页。
③ 郑观应、夏东元编：《郑观应集》上册，上海人民出版社1988年版，第67页。

《万国公法》及随后多种国际法著作刊行后，中国的知识界第一次系统而全面地了解了国际法知识。他们从中发现，在清政府与西方列强签署的条约中，有许多严重违背国际法的条款。如1843年与英国签订的《五口通商章程：海关税则》（即《虎门条约》）规定："货船按吨输钞一款：凡英国进口商船，应查照船牌开明可载若干，定输税之多寡，计每吨输银五钱。……其英商欲行投禀大宪……即移请华官共同查明其事，既得实情，即为秉公定断，免滋讼端。其英人如何科罪，由英国议定章程、法律发给管事官照办。"① 这些规定严重侵犯了中国的司法主权与关税自主权。

京师同文馆出版的一批国际法书籍使中国知识界对国际法有了深入的了解。如关于司法权："自主之国审办犯法之案，尽可自秉其权，不问于他国，此大例也。"② "原来泰西各国互派领事等官，其权利俱有限制。因各国法律皆以无论何国人民，居住某国，即归某国管辖，故遇有不法情事，无论何国人民，应由犯事地方官审办，别国不得与闻。"③

一些有识之士根据这些规定抨击西方列强，争取国家主权。如王韬认为外国人在中国不受中国司法管辖，这是一种"额外权利"，中国应据理力争："我之所宜与西国争者，额外权利一款耳，盖国家之权系于是也。"④ 薛福成认为：

> 夫商民居何国何地，即受治于此地之有司，亦地球各国通行之法。独中国初定约时，洋人以中西律法迥殊，始议华人治以华法，归华官管理；洋人治以洋法，归洋官管理。然居此地而不受治于有司，则诸事为之掣肘。且中国之法重，西洋之法轻，有时华人洋人同犯一罪，而华人受重法，洋人受轻法，已觉不均。……华人犯法，必议抵偿，议抚恤，无有能幸免者；洋人犯法，从无抵偿之事，洋

---

① 王铁崖：《中外旧约章汇编》，生活·读书·新知三联书店1982年版，第42页。
② [美]惠顿：《万国公法》，丁韪良译，何勤华点校，中国政法大学出版社2003年版，第108页。
③ [美]丁韪良：《星轺指掌》卷3，光绪二年同文馆聚珍版。
④ 王韬：《弢园文录外编》卷3，中华书局1959年版。

第二章 京师同文馆输入的国际法对19世纪中国的影响

人又必多方庇护，纵之回国，使不特轻法而未施，而直无法以治之矣。①

关税与国家的经济密切相连，世界各国的税则都由本国确定，他国不得干涉，但清政府却将这一权力让给了西方列强，危害颇大。郑观应认为：

> 所立之约，即其专为通商言之者，何矛盾之多也。一国有利，各国均沾之语，何例也？烟台之约，强减中国税则，而外部从而助之，何所仿也？华船至外国，纳钞之重，数倍于他国，何据而别出此也？中国所征各国商货关税甚轻，各国所征于中国货税皆务从重，何出纳之吝也？外国人至中国不收身税；中国人至外国则身税重征。今英、美二国复有逐客之令，禁止我国工商到彼贸易工作，旧商久住者亦必重收身税，何相待之苛也？种种不合情理，至美国者何如？公于何有？法于何有？而公法家犹大书而特书曰：一千八百五十八年，英、法、俄、美四国与中国立约，嗣后不得视中国在公法之外。又加注而申言之曰，谓得共享公法之利益。嘻！甚矣欺也！②

郑观应进一步指出，清政府对关税问题的忽视，导致"流弊日多，且先失保护己民之利权，于国体亦大有关碍也"③。王韬认为："加税一款，乃我国自有之权，或加或减，在我而已。英使固不得强与我争也。"④ 因此，清政府应根据国际公法收回这一权利，"据《公法便览》第三章论邦国相交之权及款待外国人民之例，注说甚明。其二节云：'凡遇交涉，异邦客商一切章程均由各国主权自定。'实于公法吻合。彼虽狡悍，亦可以理折之也。"⑤

---

① 薛福成：《薛福成选集》，上海人民出版社1987年版，第528页。
② 郑观应：《郑观应集》上册，上海人民出版社1982年版，第388页。
③ 郑观应：《郑观应集》上册，上海人民出版社1982年版，第544页。
④ 王韬：《弢园文录外编》卷3，中华书局1959年版。
⑤ 郑观应：《郑观应集》上册，上海人民出版社1982年版，第544页。

二 国际法的应用与国家主权的维护

在与西方列强的早期交往中，由于战场上一败涂地，对于西方列强的诸多无礼要求，清政府只能应允。此时的谈判代表不知道国际法为何物，利用国际法维护国家主权就无从谈起。但1864年的普丹大沽口事件中，清政府在将信将疑中，成功地利用国际法的规定行使了主权（参见第二章第二节）。此后，清政府官员多次在谈判中开始有意识地应用国际法，以求最大限度地维护国家主权。

根据国际法规定："异邦人羁旅某国，有赖其保护之权利，设有拒绝而不保护，或加以凌虐者，其本国诘责之可也，如其道以报复之，亦可也。甚至兴兵以讨伐之，亦可也。"① 19 世纪中期，大批华工远赴秘鲁做工。据当地华工通过美国公使转递的材料，清政府得知华工在秘鲁的处境十分悲惨。1874 年，清政府利用秘鲁来华要求签订商务条约之机，向秘鲁提出严正交涉，在秘鲁代表同意改善华工待遇后，才签署了《中秘通商条约》。

19 世纪 70 年代中俄伊犁问题的交涉中，清政府对于国际法的运用已经十分熟练。1871 年，沙俄乘阿古柏叛乱之机，出兵占领我国伊犁地区。1876 年，左宗棠率兵平叛，很快收复了新疆大部分地区。但是，沙俄迟迟不愿从伊犁撤兵。清政府派遣崇厚与沙俄在克里米亚就此事协商，最后签署了《里瓦几亚条约》，清政府虽然收复了伊犁，但伊犁西南部的大片土地划给了沙俄。为此，清政府意欲推翻这一条约。许多大臣的奏折都从国际法中寻找依据，《公法会通》载国际法规定："使臣奉权或条约或节略画押而未留余地者，则两国必当遵守。虽无明言，大抵俟国主照准，其约方为成立。……大抵条约中皆有宜俟国主照准之语，则使臣虽已画押，其约未经施行，纵无必俟照准之明文，仍以为含有此意。缘条约与国之存亡，每关系甚大故也。若言彼此互换而后施行，则与言明宜俟国主照准无异。"② 沈葆桢据此说："查万国公法云：使臣执全权议约，虽已明言其君必将准行，若有违训事件，则君不必准也。况此次

---

① ［美］丁韪良：《公法便览》卷 1，光绪四年同文馆聚珍版。
② ［美］丁韪良等：《公法会通》卷 5，光绪六年同文馆聚珍版，第 9 页。

约章明言候御笔批准,并未明言国家必将准行。且逐条皆于批准二字再三申意,则未奉批准,即当作为罢论,其理明甚,不能责我违约。"① 李鸿章也讲:"查同治八年,英国新约以彼国未经批准,至今不行。同治二年,葡萄牙使臣来,约以争论澳门设官一事,迄今未换。现修俄约既有批准后通行之语,又有西约成例可援,原可置之不行,且与万国公法所论亦有相符之处。"②

《公法便览》关于战争法的介绍,让当时的中国人耳目一新。清政府官员很快就将战争法应运于实践中。

19世纪80年代,法国入侵越南。兵部尚书彭玉麟主张援引公法关于战争正义与否之规定,对法国采取强硬态度:"战分义与不义一节,如兴不义,伤害天理,不独可以理喻,并可以力止等情,深与齐人伐燕之义暗合,亦足以征万法之公也。"③ 对于法国公使,上海道邵友濂主张依据公法予以驱逐:"向来泰西各国,遇有两国交兵,如有敌国公使、领事居住境内,则发给护照,令其下旗出境。"此外,清政府还要求各国严守中立:"按照公法,各国应饬各行各矿商人,不准出售煤炭接济法国兵船,以守局外之例。相应照会贵大臣转饬各行各矿商人遵照公法,毋得私售煤炭接济法国兵船。"④

但是,战争从来都是以国家军事实力为后盾的。清政府对战争法的严格遵循,并没有获得相应的回报。西方列强总是以种种借口帮助法国,中法战争期间,英国不仅违禁售煤给法国,马尾海战时,还派水手为法国兵船引航。1894年甲午海战时,悬挂美国国旗的日本舰队偷袭了北洋舰队,让清军措手不及,惨遭失败。面对沉痛的教训,清政府朝野又对战争法充满疑虑:"窃倭人以朝鲜毫不干己之事,违约进兵,是其目无公法,在各国已共闻共见,何以并无一国谓其非也?可见公法之说,虽有其名,原无公论。而我则一举一动唯恐逾之,以至逾公法者日骄,守公法者日误,此我天下臣民不解也。"⑤

---

① 王彦威、王亮:《清季外交史料》卷17,书目文献出版社1987年版,第7页。
② 沈云龙:《近代中国史料续编》,台湾文海出版社1966年版,第1118页。
③ 《中国近代史资料丛刊》,《中法战争》五,上海人民出版社2000年版,第379页。
④ 中国史学会主编:《中法战争》四,上海人民出版社2000年版,第438页。
⑤ 《中国近代史数据丛刊》,《中日战争》二,中华书局1989年版,第440页。

1880年，曾纪泽代替崇厚与俄国谈判改约。他主张根据国际法"如两国互起争端，不能协合，亦可请友国秉公判断。倘欲专请国君，或择其德纯望重，两国交服之士，亦无不可"①、"两国争执，原无必请友邦调处之责，然按公法，皆有应请调处之理，庶免干戈。"②的规定，主张邀请第三方居中调停。他在从巴黎寄回国内的信中说："俄约业经全权大臣与俄皇面订，忽欲翻异，施之至弱极小之国，犹未肯帖然顺从，况以俄之强大，理所不能折，势所不能诎。纪泽之往，直无法自列于公使之班，无论商议事件之龃龉也。窃尝思之，经旬仅得一策：查泰西各大国遇有争执不决之案，两雄并竞，将成战斗之局，而有一国不欲成争杀之祸者，可请他国从中评断事理，所请之国宜弱小不宜强大，恐其存乘间渔利之心也；宜远不宜近，恐其于事势有所牵涉也。既请小国评断，则两大国皆当惟命是从，虽以英国之强，而于北花旗争辩英船阿拉巴马帮助南花旗一案，听命于比利时国，出英金两百万镑而无难色，此近事之证也。"③

---

① ［美］丁韪良：《星轺指掌》卷2，光绪二年同文馆聚珍版。
② ［美］丁韪良：《公法会通》卷6，光绪六年同文馆聚珍版。
③ 曾纪泽：《曾纪泽集》，喻岳衡点校，岳麓书社2005年版，第172页。

第三章　近代法学术语的译定（一）

第一节　近代西方法学及其术语的东渐

一　19世纪中西法学的异同及西方法学术语汉译的可能①

（一）19世纪的西方法学

17、18世纪是西方资产阶级革命时期，此时在西方兴起了古典自然法学派，其代表人物有荷兰的格劳秀斯、斯宾诺莎，英国的霍布斯、洛克，法国的孟德斯鸠、卢梭，德国的普芬道夫，意大利的贝卡利亚。他们推崇自然法、社会契约论、天赋人权等理论，主张自由、平等、人权、法治，提出了三权分立的治国理论。这一时期总的特点是："代替教条和神权的是人权，代替教会的是国家。以前，经济关系和社会关系是由教会批准的，因此曾被认为是教会和教条所制造的，而现在这些关系则被认为是以权利为根据并由国家所创造的。"② 古典自然法学派介于传统法学与现代法学之间，它将法学从神学的桎梏中解放出来，这一时期是资产阶级法学形成的时期。

19世纪是自由资本主义时期，西方法学得到迅速发展，其主要特点为：各种法学流派纷呈；《拿破仑法典》问世并产生广泛影响；普通法系与大陆法系逐步形成并推向世界。

19世纪西方主要的法学流派有以边沁（Jeremy Bentham，1748—1832）为代表的功利主义法学、以奥斯丁（J. Austin，1790—1859）为代表的分析法学、以梅因（Henry Maine，1822—1888）为代表的历史

---

① 参见拙文《浅议十九世纪西方法学术语的汉译》，《惠州学院学报》2018年第6期。
② 《马克思恩格斯选集》第21卷，人民出版社1961年版，第546页。

法学。

功利主义法学认为，法律的目的是为社会大多数人谋求福利的工具，由于避苦求乐是人的天性，因此，法律好与坏的判断标准就是看它是否增进了人们的快乐。依据这一标准，边沁提出了法律议案的5条检验标准："1. 法律草案的假定行为，对于人究竟苦胜于乐还是乐多于苦。如果是苦胜于乐，那么就对人们不利，就是违反避苦求乐的原则；如果是乐胜于苦，那么对人们就是有益的，当然也就符合避苦求乐的原则。2. 法律草案的假定内容是否顾及所有关系人，也就是要以社会的整体利益来加以衡量。3. 法律草案内容依利害的人数的比例而定。受利的人多于受害的人，这就符合功利原则；反之，则违反功利原则，这样的法律草案就应当舍弃。4. 法律草案的规定是否符合赏罚原则，尤其是要依对破坏人们幸福的行为的惩罚是否有力来权衡。5. 最重要的是要看立法的效果，要以是否能促进社会最大多数人的最大幸福来衡量法律的好坏善恶。"① 此外，好的法律还要具备完整、普适、简洁、严谨等特点。

分析法学通过分析的方法，概括出法律的一般特性、原则。它认为法律就是一种命令，这种命令包含有责任、制裁、义务等内容。它可以表述为："第一，一个理性的人怀有的希望或愿望，而另一个理性的人应该由此去做某件事或被禁止去做某件事；第二，如果后者不顺从前者的希望，前者将会对后者实施一种恶；第三，该希望通过语言或其他标记表达或宣告出来。"② 奥斯丁将命令分为两类，当某一类命令的对象是抽象的事物时，该命令就是"法律或规则"，反之，当某一类命令的对象是具体的事物时，该命令就是"偶然或特殊的命令"。

以梅因为代表的历史法学派认为，法律的本质只能从历史发展过程中得以认识。法律是按照判决—习惯法—法典的顺序产生的，人类社会的早期，氏族首领的判决具有绝对权威。随着社会的发展，这一权力落入贵族手中，他们开始制定解决纠纷的准则，这就是习惯法。成文法典就是由习惯法发展而来的，法律的发展总是滞后于社会的进步。此外，

---

① 谷春德、史彤彪：《西方法律思想史》，中国人民大学出版社2000年版，第187页。
② 徐爱国：《破解法学之谜——西方法律思想和法学流派》，学苑出版社2001年版，第364页。

梅因认为契约是人类社会的基本要素，没有契约就没有社会，人类社会的发展历史就是从身份到契约的发展过程。

这一时期的另外一件引人注目的事情就是《拿破仑法典》的问世。1804年，拿破仑废除共和制度。在此之前的1800年，拿破仑就任命由著名法学家特隆歇组成的起草委员会，着手制定民法典。1804年，《法国民法典》问世，随后，《法国民事诉讼法典》（1806年）、《法国商法典》（1807年）、《法国刑事诉讼法典》（1808年）、《法国刑法典》（1810年）相继公布。这些法典后来统称为《拿破仑法典》，它与后来的法国宪法合称为"法国六法"。"法国六法"是以罗马法为蓝本，以民法典为基础，以宪法为根本的有机整体，它标志着法国资产阶级法律制度的确立。在这些法典中，影响最大的是《法国民法典》。它充分体现了"个人最大限度的自由，法律最小限度的干涉"的自由主义的民法原则；它将自由和平等、所有权、契约自治和过失责任原则贯穿始终；此外，该法典文字浅显易懂，语言流畅，被人们誉为法学中的文学作品。《法国民法典》的原则对于人们思想的启蒙、对自由的追求都具有不容忽视的意义。由于它在世界其他地方的适用，使得追求法典化模式的大陆法系逐步确立。

此外，普通法系与大陆法系在这一时期逐步形成并推向世界。大陆法系又称民法法系。18、19世纪，以法国为代表的一些国家为了巩固资产阶级革命取得的成果，以罗马法为基础，纷纷立法、编纂法典，于是，形成了以《法国民法典》与《德国民法典》为代表的民法法系。其主要特点为："1. 实行法典化。建立了除宪法外由民法、商法、刑法、民事诉讼法等五部法典为主干，再以若干单行法作为补充的成文法体系，各法典具有系统性、确定性、逻辑性和内部和谐一致的特点。2. 明确立法与司法的分工，强调制定法的权威，判例没有正式效力。3. 法学理论在法律发展中起着重要作用。法学家不仅创立了法典编纂和立法的理论基础，提供法官解释法律的依据，而且，使法律适应社会发展需要的任务也首先由法学家来完成。4. 法律规范的抽象化、概括化。"[①] 随着民法法系国家的对外扩张，到19世纪末，非洲、拉丁美洲的大部分国家、亚洲

---

① 《北京大学法学百科全书》，北京大学出版社2000年版，第562页。

的日本、土耳其都接受了民法法系，成为其中的一员。

普通法系又称为英美法系。亨利二世在位期间，从1179年开始，派遣巡回法官收集依据地方习惯法判决的案例，经过整理，将其中合理的部分作为以后的判决的依据，慢慢形成了普通法。随着英国对外殖民扩张，普通法也适用到世界许多地方，如北美、印度、非洲的部分地区等，逐步形成了影响世界的普通法法系。其主要特点为："1. 以英国为中心，以普通法为基础。2. 以判例法为主要表现形式。3. 变革相对缓慢。4. 法官地位突出。5. 注重程序。"①

（二）19世纪的中国法学及其与西方法学的差异

19世纪的中国还处于前资本主义时期。与西方法学相比较，此时的中国法学既无科学的法律分类体系，又无完善的立法技术，遑论成熟的法学理论。它还没有达到17、18世纪西方法学的水平。19世纪的中、西法学代表着两个不同的时代，前者是专制皇权社会的产物，后者是日渐兴盛的自由资本主义时代的维护者。此时中国法学的特点及与19世纪西方法学的差异主要体现在②：

1. 维护君主专制政体。从《秦律》到《大清律例》，维护君主至高无上的权威是法律的根本任务。"十恶"之中有四条是直接针对危害皇权行为的，即"谋反""谋大逆""谋叛""大不敬"，其中，"谋反"被列为"十恶"之首。所谓"谋反"，就是图谋夺取皇位，康熙时的律学家沈之奇在《大清律辑注》中说：谋反是"无君无亲，反伦乱德，天地所不容，神人所共愤者，故特表而出之，以为世诫"。由此可见其性质之严重；"谋大逆"指毁坏皇家的宗庙、陵墓、宫殿的行为。宗庙、陵墓是供奉先祖灵魂的场所，中国传统观念认为，祖先在冥冥之中保护着后人。因此，后人对于他们的安葬之处，都是十分重视的；"谋叛"指的是背叛朝廷、投靠他国；"大不敬"指"盗大祀神御之物、乘舆服御物；盗及伪造御宝；合和御药误不如本方及封题误；若造御膳误犯食禁；御幸舟船误不牢固；指斥乘舆，情理切害，及对悍制使而无人臣之礼"③。对于这

---

① 《北京大学法学百科全书》，北京大学出版社2000年版，第619页。
② 参见张晋藩《中国法律的传统与近代转型》，法律出版社1997年版。
③ 田涛、郑秦校点：《大清律例·名例律》，法律出版社1999年版，第84页。

四种罪行，历代统治者都予以严惩。清律规定，不分首从，均凌迟处死。父子、祖孙、兄弟、伯叔父及同居之人，年龄在16岁以上者，均处斩。年龄15岁以下、11岁以上的男女双方的亲属给付功臣之家为奴。此外，触犯这四类刑律者，不得享受"八议"等法定减免条款。

2. 维护贵族官僚的等级特权。清朝法律继承了以往的规定，对于贵族官僚，尤其是满族宗室的违法犯罪行为有许多宽宥："凡满洲、蒙古、汉军官员、军民人等，除谋为叛逆，杀祖父母、父母、亲伯叔兄，及杀一家非死罪三人外，凡犯死罪者，察其父祖并伯叔兄弟及其子孙阵亡者，准免死一次。本身出征负有重伤，军前效力有据者，亦准免死一次。"[①] "八议"在清朝虽然很少付诸实施，但官员仍然享有诸多特权："凡在京在外大小官员，有犯公私罪名，所司开具事由，实封奏闻请旨，不许擅自问。"[②] 此外，官员犯罪处以笞刑、杖刑时，还可以以官抵刑。

3. 维护家族制度。"家国同构"是古代中国的重要特征，家庭稳定成为社会稳定的前提。历代统治者都将法律渗透到家族之中，"父为子纲，夫为妻纲"成为法律原则。"十恶"中的"恶逆""不孝""不睦""内乱"都是调整家族关系的法律。"恶逆，谓殴及谋杀祖父母、父母、夫之祖父母、父母，杀伯叔父母、姑、兄姊、外祖父母及夫者。……不孝，谓告言咒骂祖父母、父母、夫之祖父母、父母，及祖父母、父母在，别籍异财；若奉养有缺，居父母丧身自嫁娶，若作乐释服从吉；闻祖父母、父母丧，匿不举哀，诈称祖父母、父母死。不睦，谓谋杀及卖缌麻以上亲，殴告夫及大功以上尊长、小功尊属。……内乱，谓奸小功以上亲、父母妾，及与和者。"[③] 上述内容多是有关道德的问题，但法律却规定，触犯者轻则流放，重则凌迟处死。此外，法律还有"亲亲得相首匿"的规定。一般情况下，知情不报要严惩不贷，但举报犯罪的亲人则是不容许的，是触犯刑律的行为。

4. 礼法合一。礼最初是原始社会祭祀时的一种宗教仪式，西周周公制礼，将礼系统化、规范化，确定了"尊尊、亲亲、长长、男女有别"

---

① 田涛、郑秦校点：《大清律例·名例律》，法律出版社1999年版，第85页。
② 田涛、郑秦校点：《大清律例·名例律》，法律出版社1999年版，第86页。
③ 田涛、郑秦校点：《大清律例·名例律》，法律出版社1999年版，第84页。

宗法等级制度。先秦时期，崇尚礼的儒家与法家相互对立，汉武帝罢黜百家，独尊儒术，礼与法开始合流。唐朝礼与法的结合臻于成熟和定型，唐律"一准乎礼"，礼融于法，法是礼的表现。这一格局直到19世纪都没有改变，相反，两者更为密切地纠结在一起，有效地维护着两千余年的君主专制统治。礼法合一首先表现为礼指导着法律的制定，如君为臣纲、父为子纲、夫为妻纲本是礼的原则，但法律中"十恶"的许多规定（谋反、不孝、不睦等）都与"三纲"有关；其次是礼直接成为法律条文，如"八议"即源于《周礼》的"八辟""七出三不去"源于《礼记》中的"七去三不去"。此外，礼还成为定罪量刑的原则，家族中地位高者侵犯地位卑者，处罚随关系亲密程度递增而递减，地位卑者侵犯地位高者，处罚随关系亲密程度递减而递增："凡同姓亲属相殴，虽五服已尽，而尊卑名分犹存者，尊长犯卑幼，减凡斗一等，卑幼犯尊长，加一等。凡卑幼殴本宗及外姻缌麻兄姊，杖一百；小功兄姊，杖六十、徒一年；大功兄姊，杖七十、徒一年半；尊属，又各加一等。折伤以上，各递加凡斗伤一等。长殴卑幼，非折伤勿论。至折伤以上，缌麻减凡人一等，小功减二等，大功减三等。"①

5. 行政与司法合一。皇帝是全国最高行政首脑，同时又掌握司法大权，而且皇帝的意旨随时可以转化为法律，因此，他又拥有立法大权。如死刑三复奏的规定，皇帝借此将臣民的生杀大权牢牢掌握在手中，而明朝朱元璋所颁布的《大诰》《大诰续编》《大诰三编》《大诰武臣》，都是具有法律性质的规定，由此可见皇帝"口含天宪"，言出即法。在地方，官员既负责本辖区的政务，又要负责审案断狱。

6. 诸法合体。中国古代法律没有明确地划分民法、刑法、民事诉讼法、刑事诉讼法等门类。整部法律以刑法为核心，重刑轻民。

（三）19世纪西方法学术语汉译的可能

尽管19世纪的中西法学存在巨大差异，但是，从法律的本质而言，两者又有着共通之处。法律就是国家按照统治阶级的利益和意志制定或认可、并由国家强制力保证其实施的行为规范的总和，包括宪法、法律（就狭义而言）、法令、行政法规、条例、规章、判例、习惯法等各种成

---

① 田涛、郑秦校点：《大清律例·名例律》，法律出版社1999年版，第85页。

文法和不成文法。其目的在于维护有利于统治阶级的社会关系和社会秩序，是统治阶级实现其统治的一项重要工具。中西法律的这一共同点成为相互理解、认识的前提，也为语言翻译提供了可能。清末沈家本认为："夫吾国旧学，自成法系，精微之处，仁至义尽，新学要旨，已在包含之中，乌可弁髦等视，不复研求。新学往往从旧学推演而出。事变愈多，法理愈密，然大要总不外'情理'二字。无论旧学、新学，不能舍情理而别为法也，所贵融会而贯通之。"①

例如刑法，两者的共同之处颇多。薛福成认为："中西律有相合者：如断罪无专条，斗殴……有相类者：如积累罪名，类'二罪俱发以重论'；罪犯分第一、二等，类'罪分首从'……白昼攻进人家取财，类'白昼抢夺'；入室图宿，类'夜无故入人家'；……钱币诸条，类'私铸铜钱'；放火诸条，类'放火故烧人房屋'是也。虽出入互见，而原其意大都不甚悬殊。所以□格者，非法异也，刑异也。要之，法生于义。中律尚理，西律原情。尚理则恐失理，故不免用刑；原情则惟求通情，故不敢用刑。然理可遁饰，情难弥缝；故中律似严而实宽，西律似宽而实严，亦各行其是而已。"② 当代美国学者钟斯在比较大清律与西方刑事法律时也指出："至于犯罪构成，则出于概念上的差别并不太多。许多在中国被视为构成犯罪的行为，在西方法律中同样构成犯罪，反之亦然。甚至我们法律中的许多主要特征也出现在这一篇（指《大清律·刑律》篇）中。例如有高度发达的关于共同犯罪和意图犯罪的法律。预谋加剧了杀人和其他犯罪的严重性。"③

又如国际法，它是16世纪出现于西方的法律门类，于清政府而言是一个全新的法律部门。但是，国际法所调整的对象是国与国之间的法律关系，其手段为和平谈判与战争两种方式，这对于清政府并不陌生。清政府在与周边国家交往的过程中，也经常使用这两种方法解决彼此的纠纷。两者的根本差异在于：西方国际法以国与国是平等的主体为前提，清政府认为自己是天朝大国，其他国家都是低于自己的蛮夷小国。因此，

---

① （清）朱寿朋：《光绪朝东华录》，中华书局2016年版，第2240页。
② 钟叔河主编：《出使英法意比四国日记》，岳麓书社1985年版，第703页。
③ 高道蕴：《美国学者论中国法律传统》，清华大学出版社2004年版，第383、384页。

翻译西方国际法并不存在不可逾越的鸿沟。

二 国际法术语汉译一览表

英语	汉译	例句
International Law（今译：国际法）	公法	*If, as some writers have supposed, the Turks belong to a family or set of nations which is not bound by the general international law of Christendom.*　——*Elements of International Law*，p. 102. 1. 或云土耳其等国，不为奉教之公法所制。　——《万国公法》卷2 2. 若既领准行执照，当视为外国职官，仰赖公法护庇者，于公馆门首可竖美国旗号。　——《星轺指掌》续卷 3. 世有声教大备，既声教未纯之国，素不奉行公法者，又当别论。　——《公法便览》卷3 4. 若罪非显而无疑，辄行处之以罪，即系违背公法。　——《公法会通》卷7
	万国公法	1. 此万国公法所以立有章程，定通使往来之权。　——《万国公法》卷3 2. 倘事关大局，并牵连万国公法之理。　——《星轺指掌》卷1 3. 若列入万国公法，而以权为经，则必有大害矣。　——《公法便览》卷1 4. 盖侵犯一国之权利，即为违背万国公法。　——《公法会通》卷6
State（今译：国家）	国家	*The State does not even touch the sums which it owes to the enemy; everywhere, in case of war, the funds confided to the public, are exempt from seizure and confiscation.*　——*Elements of International Law*，p. 368. 1. 至国家自欠于敌人之债，则不能不还。　——《万国公法》卷4 2. 遇国家庆贺大典，其公使位次，仅逊于亲王、王妃、公主等。　——《星轺指掌》卷2 3. 且国家受冤，尚有忍而不报者。　——《公法便览》卷3 4. 盖释放之权，系属国家行之，而遵循定章也。　——《公法会通》卷10
	国	1. 若新立之国，蒙诸国相认，迎入大宗与否，悉由诸国情愿。　——《万国公法》卷1 2. 查自欧洲分为群国，其各大国有不得不互相往来之势。　——《星轺指掌》卷1 3. 各国简派使臣以修和好，或通友谊，或办公务，皆称公使。　——《公法便览》卷3 4. 凡秉国政者，外邦即以代国行权视之。　——《公法会通》卷2
	邦	1. 数邦如此而合者，即所谓拼国也。　——《万国公法》卷1 2. 昔威国与邻邦相交，曾云，近邻不如远邻。　——《星轺指掌》卷1 3. 凡声教未著之国，以及荒远夷狄之邦，均未遵照。　——《公法便览》卷4 4. 以人属异邦，而将其自有之权利革除。　——《公法会通》卷10

续表

英语	汉译	例句
State（今译：国家）	国邦 邦国	1. 凡有邦国，无论何等国法，若能自治其事，而不听命于他国，则可谓自主者矣。 ——《万国公法》卷1 2. 邦国应差遣何人，断无听他国指择之理。 ——《星轺指掌》卷1 3. 夫邦国交际之道，皆出于情谊。 ——《公法便览》卷2 4. 邦国执兵角力，方谓之战者。 ——《公法会通》卷7
Sovereignty（今译：主权）	主权	*Sovereignty is the supreme power by which any State is governed.* ——*Elements of International Law*，p. 29. 1. 治国之上权，谓之主权。 ——《万国公法》卷1 2. 果其仁义为怀，自当让归旧主，否则照通例，其国之主权已失矣。 ——《公法便览》卷3 3. 他国干预，既与主权有碍，非万不得已，则不可行。 ——《公法会通》卷5
	自主之权	1. 论邦国自治、自主之权。 ——《万国公法》卷1 2. 若任听罪犯，不论某国人民逃匿公署，使地方官碍难查拿，实于本国自主之权有损。 ——《星轺指掌》卷2 3. 盖既立归并之盟，即不能复有自主之权。 ——《公法便览》卷1 4. 然公法不惟于邦国自主之权无损，且为保障而维持之。 ——《公法会通》卷1
Citizen（今译：公民）	人民	*As to wrongs or injuries done to the government or citizens of another State.* ——*Elements of International Law*，p. 37. 1. 他国被害，并他国人民受屈。 ——《万国公法》卷1 2. 领事官欲向本地人民录取口供，事属可行，其立特款而许之者。 ——《星轺指掌》续卷 3. 人民家居局外之国，而有事业于敌国者，就该处是也而论，例以仇敌视之。 ——《公法便览》卷3 4. 欧洲各属地日增，多由人民迁往新地开垦。 ——《公法会通》卷3
Territory（今译：领土）	疆（域）	*So Long, indeed, as the new State confines its action to its own citizens, and to limits of its own territory, it may well dispense with such recognition.* ——*Elements of International Law*，p. 31. 1. 但新立之国，行权于己之疆内，则不必他国认之。 ——《万国公法》卷1 2. 德瑞分疆，其要端有五。 ——《公法便览》卷5 3. 法人将墨西哥海疆封堵，不准局外通商。 ——《公法会通》卷6 4. 兵旅、水师，驶行过他国疆域。 ——《万国公法》卷2
	境	1. 西洋各国知某使一经入境，直至出境，莫不慎为保护。 ——《星轺指掌》卷2 2. 盖外兵在境，容有可危，故或许或否，未可一概而论。 ——《公法便览》卷1 3. 其疆内安民之责，惟本国自在任之。 ——《公法会通》卷5 1. 今商船行于大海者，按公法可谓本国之土地。 ——《万国公法》卷2

续表

英语	汉译	例句
Territory（今译：领土）	土地、地舆	2. 间亦有只凭明文为据，而无交割土地者。——《公法便览》卷2 3. 湖泽在某国境内者，其水面即作为某国土地论。——《公法会通》卷3 4. 邦国之地舆，其例有四 ——《公法便览》卷1
Consul（今译：领事）	领事	Consuls are not public ministers. ——Elements of International Law，p. 304. 1. 领事官不在使臣之列。——《万国公法》卷3 2. 领事官既领准行执照。——《星轺指掌》卷3 3. 遣领事驻扎本国海外部落。——《公法便览》卷2 4. 领事之职属政务者有三。——《公法会通》卷2
Minister（今译：公使）	使臣	By the rules thus established, public ministers are divided into the four following classes. ——Elements of International Law，p. 277. 1. 现今使臣分四等。——《万国公法》卷3 2. 使臣之身尊而不可犯等语。——《星轺指掌》卷2 3. 各国简派使臣以修和好。——《公法便览》卷2
	公使	1. 所关乎公使、领事等案。——《万国公法》卷1 2. 凡事有干系公使，或奉公使之命而行者。——《星轺指掌》卷2 3. 虽无公使职衔，而充任公使之任者有之。——《公法便览》卷2 4. 公使既免于管辖。——《公法会通》卷2
Ambassador（今译：大使）	使臣	Ambassadors, and papal legates or nuncios. ——Elements of International Law，p. 277. 1. 第一等使臣系代君行事。——《万国公法》卷3 2. 是使臣既昧其职分之当然，即失其权利之本然矣。——《星轺指掌》卷2 3. 古时各国使臣所享权利。——《公法便览》卷2
	公使	1. 其公使派数人创其议。——《万国公法》卷2 2. 每有公使一人，兼办数国之事。——《星轺指掌》卷1 3. 洋语称安巴萨多尔为头等公使。——《公法便览》卷2 4. 国君公使等，既免于外国法律所制。——《公法会通》卷2
Passport（今译：护照）	护照	In the cases of passports granted by the British minister in the United States, permitting American vessels to sail with provisions from thence to the island of St. Bartholomew, but not confirmed by an Order in Council. ——Elements of International Law，p. 478. A public minister, proceeding to his destined post in time of peace, requires no other protection than a passport from his own government. ——Elements of International Law，p. 282.
	牌票	1. 赐护照者其权倘有不足，其照即无所用。——《万国公法》卷4 2. 以及羁留公使，不发护照之例。——《星轺指掌》卷2 3. 倘需护照，必当给与。——《公法便览》卷2 4. 则彼国发给护照而绝交可也。——《公法会通》卷2 5. 国使赴他国如值太平，惟带本国牌票以护其身足矣。——《万国公法》卷3

第三章　近代法学术语的译定（一）

续表

英语	汉译		例句
Letters of Credence（今译：国书）	信凭		*Every diplomatic agent, in order to be received in that character, and enjoy the privileges and honors attached to his rank, must be furnished with a letter of credence.* ——*Elements of International Law*, p. 281.
			1. 国使如不寄信凭，则不能以使臣之礼仪归之。 ——《万国公法》卷3
			2. 使臣有寄信凭与国君者。 ——《公法便览》卷2
	国书		3. 公使必奉有信凭，以证其代国行事之职。 ——《公法会通》卷5
			1. 国书应递某君者，某君原当亲为收受。 ——《星轺指掌》卷1
			2. 国书为公使所奉之权字据。 ——《公法会通》卷2
War（今译：战争）	战争		*A civil war between the different members of the same society is what Grotius calls a mixed war* ——*Elements of International Law*, p. 365.
			1. 民间有战争，虎哥名之为"杂战"。 ——《万国公法》卷4
			2. 两国战争之际。 ——《公法便览》卷3
			3. 竭力设法避免战争之患。 ——《公法会通》卷7
	战		1. 自主之国角力交战，名为公战。 ——《万国公法》卷4
			2. 论交战之例。 ——《公法便览》卷3
			3. 人民虽不得因私执兵而战。 ——《公法会通》卷7
Treaty（今译：条约）	条约		*Without treaty, the ports of a nation are open to the public and private ships of a friendly power.* ——*Elements of International Law*, p. 151.
			1. 此国虽无条约明言，若不禁兵船、商船进其海口。 ——《万国公法》卷2
			2. 所立条约，皆有特款允许之。 ——《星轺指掌》续卷
	和约		3. 因公所立条约。 ——《公法便览》卷3
			4. 条约之无关公法者有三。 ——《公法会通》卷5
			1. 和约一经画押，则立约者日后仅当奉行。 ——《万国公法》卷4
			2. 德皇与法、瑞两国之和约。 ——《公法便览》卷3
	公约		3. 和约细目，虽未详备。 ——《公法会通》卷8
			1. 公约照例商定画押，君国必当遵守。 ——《万国公法》卷3
Prize tribunals.（今译：捕获法庭）	司海法院（战例法院）		*Ordinances of particular States, prescribing rules for the conduct of their commissioned cruisers and prize tribunals.* ——*Elements of International Law*, p. 23.
			1. 各国所定章程，以训示巡洋之水师，并范围其司海法院（或作"战例法院"） ——《万国公法》卷1
	海务法院		2. 必交本国海务法院。 ——《公法便览》卷3
Prize（战利品）	战利		*Therefore, considered as insufficient to transfer the property in vessels or goods captured as prize of war.* ——*Elements of International Law*, p. 460.
			1. 故有船只、货物捕为战利。 ——《万国公法》卷4
			2. 实则与战例未尝有背也。 ——《公法便览》卷3

续表

英语	汉译	例句
Prisoner（今译：俘虏）	俘虏	*Cartels for the mutual exchange of prisoners of war are regulated by special convention between the belligerent States, according to their respective interests and views of policy.* ——*Elements of International Law*, p. 417. 1. 若互换俘虏，则两国各出己意，订立章程可也。 ——《万国公法》卷 4 2. 俘虏趁机脱逃者。 ——《公法会通》卷 7
Capitulation（今译：投降）	投降	*Capitulations for the surrender of troops, fortresses, and particular districts of country, fall naturally within the scope of the general powers entrusted to military and naval commanders.* ——*Elements of International Law*, p. 472. 1. 定款让城池、炮台地方，并以兵投降等事，俱归将帅执权。 ——《万国公法》卷 4
Declare peace（今译：宣战）	宣战	*The power of concluding peace.* ——*Elements of International Law*, p. 607. 1. 宣战之权，谁执其端。 ——《万国公法》卷 4 2. 宣战之礼。 ——《公法便览》卷 3 3. 自无须先为宣战。 ——《公法会通》卷 7
Make peace（今译：议和）	议和	*But the Congress may at any time compel the President to make peace, by refusing the means of carrying on war.* ——*Elements of International Law*, p. 607. 1. 倘首领不愿议和，国会即可绝其粮饷，无力复战，则不能不议和也。 ——《万国公法》卷 4
Independence（今译：独立）	自主	*Thus the treaty of peace of 1783, between Great Britain and the United Sates, by which the independence of the latter was acknowledged.* ——*Elements of International Law*, p. 332. 1. 即如一千七百八十三年间，英国认美国自主。 ——《万国公法》卷 3 2. 实于本国自主之权有损。 ——《星轺指掌》卷 2 3. 论邦国自主之权不得互相干预。 ——《公法便览》卷 1 4. 邦国自主。 ——《公法会通》卷 1
International private law（今译：国际私法）	公法之私条	*The collection of rules for determining the conflicts between the civil and criminal laws of different States is called private international law.* ——*Elements of International Law*, p. 112. 1. 各国之律法如此不合，而其争端别有条款以息之，名曰"公法之私条"。 ——《万国公法》卷 2
Mare clausum（今译：领海）	闭海	*So long as the shores of the Black Sea were exclusively possessed by Turkey, that sea might with propriety be considered a mare clausum.* ——*Elements of International Law*, p. 241. 1. 黑海四周皆属土耳其，名为闭海。 ——《万国公法》卷 2

第三章　近代法学术语的译定（一）

续表

英语	汉译	例句
Fleet（今译：舰队）	水师	*A foreign army or fleet, marching through, sailing over, or stationed in the territory of another State.* ——*Elements of International Law*, p. 144. 1. 兵旅、水师，驶行过他国疆域。　　——《万国公法》卷2 2. 各国水师礼节，此书难以细述。　　——《星轺指掌》卷2 3. 或欲用之以充当水师。　　——《公法便览》卷3 4. 而受水师节制。　　——《公法会通》卷8
Jurisdiction（今译：管辖）	管辖	*The person of a foreign sovereign, going into the territory of another State, is, by the general usage and comity of nations, exempt from the ordinary local jurisdiction.* ——*Elements of International Law*, p. 143 1. 此国之君主往彼国者，不归彼国管辖，此乃诸国友谊之常也。　　——《万国公法》卷2 2. 居住在某国，即归某国管辖。　　——《星轺指掌》卷3 3. 奥国不复与布争管辖三郡之权。　　——《公法便览》续卷
Army（今译：军队）	兵旅	*In such case, without any express declaration waiving jurisdiction over the army to which this right of passage has been granted, the sovereign who should attempt to exercise it would certainly be considered as violating his faith.* ——*Elements of International Law*, p. 148. 1. 故君准兵旅国疆并不阻碍，即为默许。　　——《万国公法》卷2
	军旅	2. 军旅占据地方。　　——《公法会通》卷7
Military（今译：陆军）	陆兵	*A different rule, therefore, with respect to this species of military force, had been generally adopted.* ——*Elements of International Law*, p. 149. 1. 故制水师者，例与陆兵不同。　　——《万国公法》卷2 2. 陆兵逃入局外疆内。　　——《公法便览》卷4
Neutral（今译：中立）	局外	*Rights of war to neutrals.* ——*Elements of International Law*, p. 480. 1. 论战时局外之权。　　——《万国公法》卷4 2. 即由局外掌交法院审问。　　——《公法便览》卷4 3. 局外有二。　　——《公法会通》卷9
Marine law（今译：海法）	海法	*Louis XIV. published his famous ordinance of 1681, nobody thought that he was undertaking to legislate for Europe, merely because he collected together and reduced into the shape of an ordinance the principles of marine law as then understood and received in France.* ——*Elements of International Law*, p. 24. 1. 法国君主路易十四颁下《航海章程》，人不料其制法于欧罗巴以洲，但以其纂辑法国所明、所从海法之例，以为本国之章程也。　　——《万国公法》卷1

73

续表

英语	汉译	例句
Peace（今译：和平）	和平	*In the service of a foreign sovereign with whom the United States were at peace.* ——*Elements of International Law*, p. 153. 1. 在此和平行事。　　　　　　　　　——《万国公法》卷2 2. 该员必当以和平忍耐之心彻底根究，方称职守。 　　　　　　　　　　　　　　　　　——《星轺指掌》续卷 3. 邦国以和平为常经。　　　　　　　——《公法便览》卷3 4. 和平为常，战争为变。　　　　　　——《公法会通》卷7

三　法学术语的翻译方法——音译、意译

语言是对社会现实的反映，当外来语言所反映的对象在现实中并不存在，或者不为人们所重视时，接受这一语言就显得十分困难。同时，不同语言之间完全对等翻译是十分困难的："各种语言都是相通的，而对等词自然而然存在于各种语言之间，这一思想当然是哲学家和翻译理论家徒劳无功地试图驱散的一个共同的幻觉。"① 这就会产生"词"不达义的困难，其原因"并不在于译者掌握和运用语言的熟练程度，也与语言自身的表现力无关，而在于根本不可能找到一个恰合其义的对应词。这正是历史、文化差异的反映，由这种差异而造成的语言上的微妙隔阂是永远无法消除的。语言总是特定历史文化的产物"②。

面对"*International Law*、*Sovereignty*、*Citizen*、*State*"等法学术语所包含内容在汉语语境中的缺失，丁韪良采用音译、意译两种方法，尤其是意译时，丁韪良有时借用中国古典语词，但赋予新的含义，如人民、进口、出口、权利、主权等；有时创造新词，如责任、法院、上房、下房、公师、领事等。具体的翻译过程为：首先由丁韪良口译，中方参与人员笔录，然后进行修改、润色，最后由丁韪良定夺。关于丁韪良的翻译方法，王健归纳为："（1）以汉字译音的方法处理外国的国名、地名和人名，并一准于较权威的译本中所使用的音译词。（2）在存在中外对称事物的情况下，以中国的名目指称外国名目。（3）音、意并立。（4）对于那些无法回避而又不能轻易地凭借汉语的固有语词来理解和表达的外来概念，

---

① 刘禾：《跨语际实践》，生活·读书·新知三联书店2002年版，第5页。
② 梁治平：《法律的文化解释》，生活·读书·新知三联书店1994年版，第280页。

另造新的意译概念。"①

（一）音译

人名、职务、地名均是音译，且国名一般都沿用《海国图志》《瀛环志略》中的音译，《星轺指掌》《公法便览》《公法会通》的凡例对此均有说明："天下邦国既众，以华文而译诸国名者，其用字配音率多不同，致一国而有数名，易于舛错。是书所用国名以及地名、人名，则本条约与《瀛环志略》，以期划一。"如"President"音译为"伯里玺天德"：

"The executive power is vested in a President of the United States."②

首领乃美国之语，所称"伯里玺天德"者是也。③

（二）意译

《万国公法》中，更多的语词是通过意译的方式实现的，其中又分为两种情况，一是借用古词，二是创造新词（详细分析见以下有关章节）：

1."性法"对译"Nature Law"：

"Secondly, To apply those rules, under the name of Nature Law, to the mutual relations of separate communities living in a similar state with respect to each other."④

将此性法所定人人相待之分，以明各国交际之义，此乃第二种也。⑤

---

① 王健：《沟通两个世界的法律意义》，中国政法大学出版社2001年版，第160页。
② Henry Wheaton, *Elements of International Law*, Boston: Little, Brown and Company, 1855, p. 77.
③ [美]惠顿：《万国公法》，[美]丁韪良译，何勤华点校，中国政法大学出版社2003年版，第51页。
④ Henry Wheaton, *Elements of International Law*, Boston: Little, Brown and Company, 1855, p. 2.
⑤ [美]惠顿：《万国公法》，[美]丁韪良译，何勤华点校，中国政法大学出版社2003年版，第6页。

2. "权利"对译"Right":

"A State is a very different subject from a human individual, from whence it results that the obligations and rights, in the two cases, are very different."①

盖诸国与庶人迥异，故其名分、权利亦有不同。②

3. "法师"对译"jurisconsult":

"According to him this term does not sufficiently express the idea of the jus gentium of the Roman jurisconsults."③

海氏以诸国之法，不足以尽罗马国法师所言公法之义。④

4. "法院"对译"court":

"The adjudications of international tribunals, such as boards of arbitration and courts of prize."⑤

各国所审断公案，即国使会同息争端，与法院审战利也。⑥

5. "主权"对译"Sovereignty":

"Sovereignty is the supreme power by which any State is governed."⑦

---

① Henry Wheaton, *Elements of International Law*, Boston: Little, Brown and Company, 1855, p. 12.
② [美]惠顿：《万国公法》，[美]丁韪良译，何勤华点校，中国政法大学出版社2003年版，第14页。
③ Henry Wheaton, *Elements of International Law*, Boston: Little, Brown and Company, 1855, p. 27.
④ [美]惠顿：《万国公法》，[美]丁韪良译，何勤华点校，中国政法大学出版社2003年版，第17页。
⑤ Henry Wheaton, *Elements of International Law*, Boston: Little, Brown And Company, 1855, p. 24.
⑥ [美]惠顿：《万国公法》，[美]丁韪良译，何勤华点校，中国政法大学出版社2003年版，第23页。
⑦ Henry Wheaton, *Elements of International Law*, Boston: Little, Brown And Company, 1855, p. 29.

治国之上权，谓之主权。①

6. "人民"对译"Citizen"：

"As to wrongs or injuries done to the government or citizens of another State."②

他国被害，并他国人民受屈。③

第二节 "公法"（国际法）对译 International Law

"公法"与 International Law 汉英对译举要：

1. "Subjects of international law. The peculiar subjects of international law are Nations, and those political societies of men called States."④

人成群立国，而邦国交际有事，此公法之所论也。⑤

2. "Sovereign princes may become the subjects of international law."⑥

君之私权，有时归公法审断。⑦

---

① ［美］惠顿：《万国公法》，［美］丁韪良译，何勤华点校，中国政法大学出版社2003年版，第27页。
② Henry Wheaton, *Elements of International Law*, Boston：Little, Brown And Company, 1855, p. 37.
③ ［美］惠顿：《万国公法》，［美］丁韪良译，何勤华点校，中国政法大学出版社2003年版，第34页。
④ Henry Wheaton, *Elements of International Law*, Boston：Little, Brown And Company, 1855, p. 27.
⑤ ［美］惠顿：《万国公法》，［美］丁韪良译，何勤华点校，中国政法大学出版社2003年版，第25页。
⑥ Henry Wheaton, *Elements of International Law*, Boston：Little, Brown And Company, 1855, p. 28.
⑦ ［美］惠顿：《万国公法》，［美］丁韪良译，何勤华点校，中国政法大学出版社2003年版，第26页。

3. "The law by which it is regulated has, therefore, been called external public law, but may more properly be termed international law."①

论此者,尝名之为"外公法",俗称"公法",即此也。②

（人成群立国,而邦国交际有事,此公法之所论也）

(Subjiects of international law. The peculiar subjects of international law are Nations, and those political societies of men called States)

一 International Law 的含义

《万国公法》中,丁韪良以"公法"一词为 International Law 的对译词。其中 Law 源于北欧,约公元 1000 年传入英格兰。它的含义为:

"The regime that orders human activities and relations through systematic application of the force of politically organized society, or through social pressure, backed by force, in such a society. （参考译文：通过政府或社会强制力量保证执行的调整人们行为及关系的规定。）"③

---

① Henry Wheaton, *Elements of International Law*, Boston: Little, Brown And Company, 1855, p. 29.

② ［美］惠顿:《万国公法》,［美］丁韪良译,何勤华点校,中国政法大学出版社 2003 年版,第 28 页。

③ *Black's Law Dictionary*, St. Paul, Minn. : West Pub. Co, 1979, p. 900.

Law 除了指具体的法律条文外，还隐含有正义与善的意思。

International Law 一词出现于 15 世纪，它的含义为：

"*The legal system governing the relationships between nations; more modernly, the law of international relations, embracing not only nations but also such participants as international organizations and individuals*（参考译文：调整国家关系的法律体系；近代以来，对组织与个人关系也予以调整。）"①

International Law 是西方近代民族国家形成后，国家相互交往过程中出现的词汇。

二 "公法"的古汉语义

"公法"在古汉语中指国家的法令，如《韩非子·有度》："古者世治之民，奉公法，废私术，专意一行，具以待任。"《管子·任法》："臣有所爱而为私赏之，有所恶而为私罚之，倍其公法，损其正心，专听其大臣者，危主也。"《史记·游侠列传》："轵有儒生侍使者坐，客誉郭解，生曰：'郭解专以奸犯公法，何谓贤！'解客闻，杀此生，断其舌。吏以此责解，解实不知杀者，杀者亦竟绝，莫知为谁。"《宋史·列传》卷 407："欲望陛下毋以小恩废大谊，毋以私情挠公法，严制宫掖，不使片言得以入于阃；禁约阉宦，不使谗诐得以售其奸。"

从字义看，"公法"与"*International Law*"并无必然联系，前者是调整国内事务的法律，后者是调整国家与国家之间关系的法律。丁韪良借用"公法"一词对译"*International Law*"，其含义已经发生了变化。

在古汉语中，"法"即"灋"，《说文解字注》解释"灋"："刑也。平之如水。廌，所以触不直者去之。""廌"是传说中的独角神兽，皋陶治狱时，经常让廌用独角去判别嫌犯。《尔雅·释名》解释"法"："逼也，逼而使有所限也。"后来，"法"既指一般的法则、规定，又特指法律，尤其是指刑法。如《尚书·吕刑》中记载："惟作五虐之刑于法。"《韩非子·定法》："法者，宪令著于官府，刑罚必于民心，赏存乎慎法，而罚加乎奸令者也。"

---

① *Black's Law Dictionary*, St. Paul, Minn.: West Pub. Co, 1979, p. 835.

"公"有"共同"之意,《荀子·解弊》:"凡万物异则莫不相为蔽,此心术之公患也。""公"也有"正直无私"的意思,《墨子·尚贤上》:"举公义,辟私怨。"《韩非子·五蠹》:"背私为公。"丁韪良认为 International Law 是对所有国家具有约束力的公正的法律,他在《花甲记忆》中标说:国际法"可以让中国人看看西方国家也有'道理'可讲。他们也是按照道理行事的,武力并非他们唯一的法则"①。

三 "公法"的流变

1839 年,林则徐在广东禁烟期间患了疝气,在美国传教士伯驾②开办的"新豆栏医局"治疗时,为了了解国际形势,请伯驾翻译滑达尔的国际法著作。伯驾将 International Law 一词翻译为"各国律例"的同时,也译为"公法":

> 滑达尔各国律例公法者,但有人买卖违禁之货物,货与人正法照办。③

1864 年,德国传教士罗布存德④编著的《英华字典》面世,该字典解释 International 及其组词时,将 International Law 译为"万国公法、国中通行之法、万国通例、公法":

> International, a. 国中通行的,公; International Law,万国公法,国中通行之法,万国通例; the international law of Europe,欧罗巴通法,欧罗巴公法; international exhibition,万国赛考; international

---

① [美]丁韪良:《花甲记忆》,沈弘等译,广西师范大学出版社2002年版,第159页。
② 伯驾(Peter Parker 1804—1884),美国传教士、外交官。1834 年受美国基督教差会美部的派遣来到广州传教,在广州开办眼科医院,曾为林则徐治疗疝气,受林则徐委托翻译滑达尔的国家际著作《各国律例》。曾代表美国参与中美《望厦条约》的谈判。
③ (清)魏源:《海国图志》,岳麓书社1998年版,第1993页。
④ 罗存德(Wilhelm Lobscheid,1822—1893 年),基督教中华传道会传教士,德国籍。罗存德在1848 年到香港传福音,于1853 年成为香港的中国福音传道会的主要负责人。他曾编写过《英话文法小引》及《英华行箧便览》。1866 年,罗存德在香港出版一部两卷本的《英华字典》。

第三章 近代法学术语的译定（一）

affairs，各国交涉事件；*international congress*，国使会。①

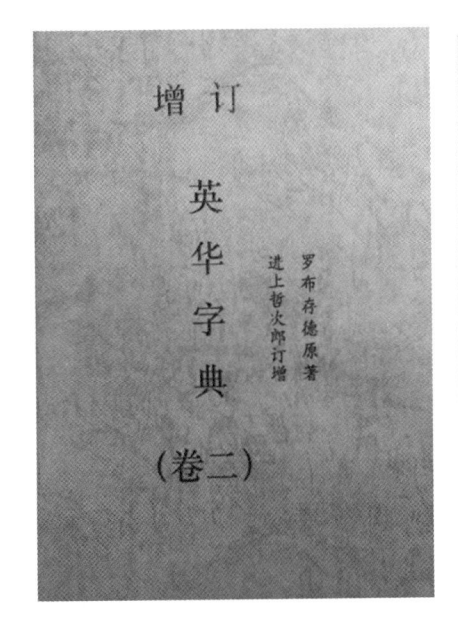

丁韪良在翻译惠顿的国际法著作 *Elements of International Law* 时，最初将 *International Law* 译为"万国律例"与"万国公法"：

> 是书所录条例，名为《万国公法》，盖系诸国通行者，非一国所得私也。又以其与各国律例相似，故亦名为《万国律例》云。②

张斯桂在给《万国公法》写的序文中使用的也是"万国律例"一词：

> 通观地球上版图，大小不下数十国，其犹有存焉者，则恃其先王之命，载在盟府，世世守之，长享勿替，有渝此盟，神明殛之，即此《万国律例》一书耳。③

---

① ［德］罗存德原著，［日］井上哲次郎订增：《英华字典》卷二，藤本氏藏版（1883年），第638页。
② ［美］惠顿：《万国公法·凡例》，［美］丁韪良译，何勤华点校，中国政法大学出版社2003年版。
③ ［美］惠顿：《万国公法·序》，［美］丁韪良译，何勤华点校，中国政法大学出版社2003年版。

"法""律""例"三者在中国古代既有联系,又有区别。"律"在《说文解字注》中的解释为:"均布也。律者,所以范天下之不一而归于一,故曰均布也。"《汉书·刑法志》记载:"于是相国萧何撼秦法,取其宜于时者,作律九章。""例"是中国古代的一种法律形式,是司法实践中除律、令之外,可以援引的具有典型意义的案例,《汉书·何武传》:"欲除吏,先为科例,以防请托。"三者中,"法"的内涵最大,当它指具体的法律条文时,又与"律"重合。因此,战国时期,商鞅改"法"为"律"。

相对"万国律例"而言,"万国公法"作为"International Law"的对译词更加恰当。因此,"万国律例"一词除了出现于《万国公法》中张斯桂的序文、凡例外,此后偶见于该书,如:"接使即非不得已之事,可以接,可以不接。如欲相接,即可先定如何相接之法,既接之后,必以万国律例所定之款待"①。而"万国公法"一词也只偶见于《星轺指掌》《公法便览》《万国公法》书名以及董恂所写的序言。在丁韪良主持翻译的《万国公法》及其他几种国际法书籍中,"International Law"一词均译为"公法":

1.《万国公法》中所见"公法"一词:

"Part First Definition, Source, and Subjects of International Law

While in every civil society or state there is always a legislative power which establishes, by express declaration, the civil law of the State, and a judical power, which interprets that law, and applies it to individual cases, in the great society of nations there is no legislative power, and consequently there are no express laws, except those which result from the conventions which States may make with one another. As nations acknowledge no superior, as they have not organized any common paramount authority, for the purpose of establishing by an express declaration their international law, and as they have not constituted any sort of Amphictyonic magistracy to interpret and apply that law, it is impossible that there should be a code of international law illustrated by judicial interpretations. The in-

---

① [美]惠顿:《万国公法》,[美]丁韪良译,何勤华点校,中国政法大学出版社2003年版,第143页。

quiry must then be, what are the principles of justice which ought to regulate the mutual relations of nations, that is to say, from what authority is international law derived?"①

第一卷　释公法之义，明其本源，题其大旨

然万国尚能有公法，以统其事，而断其讼焉。或问此公法，既非君定，则何自而来焉?②

"Heffter does not damit the term international law (droit international) lately introduced and generally adopted by the most recent writers. According to him this term does not sufficiently express the idea of the jus gentium of the Roman jurisconsults. He considers the law of nations as a law common to all mankind, and which no people can refuse to acknowledge, and the protection of which may be claimed by all men and by all States."③

海氏以诸国之法，不足尽罗马国法师所言公法之义，乃世人之公法，各国不可不服，无论何人何国，皆可恃以保护也。④

"Definition of international law
Sources of international law　　Treaties of peace, alliance, and commerce declaring, modifying, or defining the preexisting international law."⑤

---

① Henry Wheaton, *Elements of International Law*, Boston: Little, Brother and Company, 1855, p. 1.
② ［美］惠顿：《万国公法》，丁韪良译，何勤华点校，中国政法大学出版社 2003 年版，第 1 页。
③ Henry Wheaton, *Elements of International Law*, Boston: Little, Brother and Company, 1855, p. 15.
④ ［美］惠顿：《万国公法》，［美］丁韪良译，何勤华点校，中国政法大学出版社 2003 年版，第 17 页。
⑤ Henry Wheaton, *Elements of International Law*, Boston: Little, Brother and Company, 1855, p. 22.

公法总旨

公法源流　各国会盟立约，并通商章程，或改革，或申明，或辨正以前之公法。①

"These relations give rise to that branch of the science which treats of what has been termed private international law, and especially of the conflict between the municipal laws of different States."②

公法，即有一派，专论人民之私权，并各国之律法，有所不合者。然公法之主脑，即诸国之互交直通也。③

"If, as some writers have supposed, the Turks belong to a family or set of nations which is not bound by the general international law of Christendom."④

或云土耳其等国，不为奉教之公法所制。⑤

"The operation of the general rule of international law, as to civil jurisdiction, extending to all persons who owe even a temporary allegiance to the State."⑥

按公法条例，人暂服何国，该国即有权以制其争端。⑦

---

① ［美］惠顿：《万国公法》，［美］丁韪良译，何勤华点校，中国政法大学出版社2003年版，第21页。
② Henry Wheaton, *Elements of International Law*, Boston: Little, Brother and Company, 1855, p. 28.
③ ［美］惠顿：《万国公法》，［美］丁韪良译，何勤华点校，中国政法大学出版社2003年版，第27页。
④ Henry Wheaton, *Elements of International Law*, Boston: Little, Brother and Company, 1855, p. 102.
⑤ ［美］惠顿：《万国公法》，［美］丁韪良译，何勤华点校，中国政法大学出版社2003年版，第67页。
⑥ Henry Wheaton, *Elements of International Law*, Boston: Little, Brother and Company, 1855, p. 200.
⑦ ［美］惠顿：《万国公法》，丁韪良译，何勤华点校，中国政法大学出版社2003年版，第117页。

2. 《星轺指掌》中所见"公法"一词：

通使之学关系甚巨，然精通者甚鲜。虽偶有博学深求，而于公法史记等书，知崖略者居多。……故凡与使臣往来公文，无论在驻扎之国境内，或在假道之国境内，有阻扰寄送之人者，即系显违公法，但其不得阻扰之例，不免有时生弊。如遇使臣不遵公法，或有谋害某君之心，或有颠覆人国之意。①

一千八百八年，俄国驻扎瑞京使臣名阿娄巴司者，谋夺瑞国芬兰地方，虽公法免其缉拿，竟皆被执矣。……当升平无事之时，若某国私拆公使往来信函，即系显违公法。……盖使臣既谋害本国，本国之安危攸关，即不能拘泥于公法，免其拘执，至驻扎他国使臣，亦请代为拘执，似未公允。愚按使臣既违公法，恃其权利，谋害驻扎之国，该国即不可亦违法拘执。②

一千八百十四年八月初八日，法国定例，领事官膺选前来，或因条约明载，或按常例，或凭公法，当视为伊国职员。除遇有作奸犯科外，不可拘禁。非自行贸易置买私产等事，亦应从优宽免各项租税。③

论领事官凭公法所享之权利。若既领准行执照，当视为外国职官，仰赖公法护庇者，于公馆门首可竖美国旗号。④

3. 《公法便览》（1878年）中所见"公法"一词：

大国争端，每延友邦调处，以免兵戈。公法因之益重。审是，则将公法新书译刊华文，不得谓非急务矣。……初学者必不厌其烦琐，又始终有案例相间，使公法得因史案以明，而史案转藉公法以彰。⑤

---

① [美]丁韪良等：《星轺指掌》卷1，光绪二年同文馆聚珍版，第2、39页。
② [美]丁韪良等：《星轺指掌》卷2，光绪二年同文馆聚珍版，第1、3、8页。
③ [美]丁韪良等：《星轺指掌》卷3，光绪二年同文馆聚珍版，第7页。
④ [美]丁韪良等：《星轺指掌》续卷，光绪二年同文馆聚珍版，第7页。
⑤ [美]丁韪良等：《公法便览》自序，光绪四年同文馆聚珍版，第1、2页。

公法以理义为准绳，而例俗虽未能尽善，亦渐归于纯厚。……公法既别为一科，则应有专用之字样。①

然凭理而推成之公法，不免与诸国所遵行之公法，少有乖舛。则公法分为二种，即理法与例法是也。……现有之公法，则多出于泰西奉教之国相待而互认之例。然中华、土耳其各国亦间有遵之者。至于化外之蛮夷，其处之之例，不在公法。而各国揆之于国政，度之于利害，自行定夺，而他国不过问焉。……推公法之源，系由渐而行。其权利本恃己力以护之。至交通邻国而邻国认之，则难以推诿，而公法于是肇始焉。夫邦国必先定法律以制己之民，而后有公法以交外国。公法之昉自泰西，其故有三。②

邦国既操自主之权，苟有自甘裁抑，甚至自甘降为附庸者，公法弗禁也。……各国政体虽有互异，而应尽之责守，苟无阻碍，则公法视同一律，各国皆予以正名。如欧洲列国悉奉公法，实则政体彼此各异。或君权无限，或君权有限，而同为以国传世者，有民主政权者，有教会公举理政者，以公法视之，无分轩轾。凡诸事端，皆与公法无涉，公法只问其果属自立一国及能尽其责守与否。此论原在公法之外，以公法只论已然成立有权之国。……至如俄、奥、布三国裂波兰而分之，虽大不义，然既成事，公法亦所不论。③

公法之大端，初出于执政之争伺也。……若知其为使，其信凭虽未呈递，亦不可凌虐阻碍，否则有违公法。若所往之国辞而不接，该使仍听退出，不可稍为欺辱。按公法，所谓使臣在外，与在本国无异，即言其尽免外邦之管辖也。……公使身得自由而不可犯，其意谓无论官民，均不可以力逼之，亦不可损伤，否则有违公法。④

此例屡见和约条款以坚固之，虽习以为常，然若无约明言，亦不能据为公法不易之条也。……有三种人，吾愿公法保之护之，俾得于交战之时，不为敌人扰害。……世有声教大备，既声教未纯之国，素不奉行公法者，又当别论。与此等邦国有事交涉，不但随时

---

① ［美］丁韪良等：《公法便览》凡例，光绪四年同文馆聚珍版，第1、2页。
② ［美］丁韪良等：《公法便览》总论，光绪四年同文馆聚珍版，第2、3、4页。
③ ［美］丁韪良等：《公法便览》卷1，光绪四年同文馆聚珍版，第3、6、7页。
④ ［美］丁韪良等：《公法便览》卷2，光绪四年同文馆聚珍版，第9、15、16页。

随处当秉公任心。且将引之劝之，使乐从乎公法，以溥大同。夫公法之道，既不外天理人情之至，即实足为万国之典章，群伦之轨范。海盗行劫于海洋之上，非一国之害，实天下万国之害。故公法不得不论及之。①

自后世航海通商，各国交涉渐广，复有公法。虎哥始著公法，其书所详者，多有今之所为细节。……近百年以来著名之公法书，则不论何家，莫不于局外之例，极其详备。……其所系之责守，若无公法限定，则必致牵涉，而不能自安。②

一千八百五十八年，英法俄美四国与中国立约。按此，嗣后不得视中国在公法之外。……木氏公法论使臣权利章曰，凡公使及随员人等，国体攸关，断不可营商，以图获利。……以力伸冤，除本节所述诸法外，近又别创一法，谓之平世封堵。公法名家最著者，莫若海氏则可之，郝氏辈则否之。其余诸家，大率置而不论者居多。予尝因论阿拉巴麻之案，而以所见著于篇，要之，平世封堵一法，于局外通商有碍，苟局外诸国未尝许可，断不能列为公法之定例。③

4.《公法会通》（1880年）中所见"公法"一词：

各国之交谊渐厚，视天下如一家。此心愈盛，则公法之理愈广，公法之权愈重，盖公法之有权，皆赖人之心服也。……公法虽出于欧洲，而欧洲诸国不能私之，盖万国共之也。……公法之行或由诸国往来而认之，或制律而遵之，或会议以定章，或习行而成例。④

邦国之主权系在国主一人躬行之与否，皆由本国法律所定，而与公法无涉。……公使车中容隐人犯，延不交出，地方官拦舆搜捕，不为违公法。昔罗马有法，使某车中装载逃犯，以期救护，地方官遂将该犯夺获。……邦国部院遣员会议公事，如开通河渠、修补道路、建立信局、安设电线以及划定疆界、办理赛奇会等事，均属此

---

① ［美］丁韪良等：《公法便览》卷3，光绪四年同文馆聚珍版，第18、22、47页。
② ［美］丁韪良等：《公法便览》卷4，光绪四年同文馆聚珍版，第1、2、4页。
③ ［美］丁韪良等：《公法便览》续卷，光绪四年同文馆聚珍版，第61、70、72页。
④ ［美］丁韪良等：《公法会通》卷1，光绪六年同文馆聚珍版，第2、3、5页。

类。公法所以重之者，不在其人，而在其事也。①

故邦国占据荒地，当实力开垦管辖，方可作为己有。若有名无实，则他国入其疆内，即不为违公法。而先至之国必不悦而力争之，然按公法，不得谓先至者有理，后至者无理。……偶以势所不得已，或于大局有益，将地舆割让他国者，按公法，无有不合，因系邦国之公益，而非国君之私利，然权也，非经也。……内海涯岸，无论系属一国，或属数国，如水通大洋，则万国之通商不得禁绝，此公法之定例。若擅行拦阻，即为公法之罪人也。②

中古之时，每以人地相附而不相离，地若出售，其居民亦随而易主，如牲畜然。废之自义大利始。英法相继，终则日耳曼。而俄国废之，距今未及二十载。就欧洲而论，以人为奴之习，为公法所禁。无论邦国与人民，若欲蓄奴，公法必视越权而行。……我民游历彼国，彼国故为留难，或卖之为奴，或勒令弃教，或劫掠夺其物，或损害其身，或不遵照条约之例，均可理论以保护之。夫公法原为邦国交涉，是民为邦本，而不外乎公法，明矣。……此等章程属国法而不属公法。若有条约明文，即系牵涉公法矣。今欧美各国待客民与本民几同，惟购地置产一节，土耳其于一千八百六十七年，英国于一千八百七十年始准之。③

二百年前，尚有人云，奉罗马教之君与异教之君立约，不必定行遵照。惟按今之公法，以遵约之责本出于人心，无论所奉何教，其责皆等。……条约之关系公法者有二：论及邦国之权利者，一也；两国或数国之部院，因所司公务会议，相约以期通行者，二也。……各国律法、民间约据，彼若不遵约，此乃不得退约，只可将情控诉，以求必遵，惟邦国立约，既无处遂定此章。④

邦国被屈，其讨索赔补，应至何为止，必视情节轻重而定，若讨索过当，系违公法。……教化愈隆，国体愈重。故遇办理此等公案，自宜慎之。强国固不可轻惹，弱国亦不可欺压。强弱一体，皆

---

① [美]丁韪良等：《公法会通》卷2，光绪六年同文馆聚珍版，第5、27、40页。
② [美]丁韪良等：《公法会通》卷3，光绪六年同文馆聚珍版，第3、4、11页。
③ [美]丁韪良等：《公法会通》卷4，光绪六年同文馆聚珍版，第1、8、10页。
④ [美]丁韪良等：《公法会通》卷5，光绪六年同文馆聚珍版，第5、13、16页。

第三章 近代法学术语的译定（一）

赖公法保护。……某国违背公法，致危邻邦者，邻邦得干预以御之。上文业已言及，此章所论略同，盖此党被彼党虐待，不得僭国权以求援，亦不得凭公法而邀保护。①

一千八百六十八年，奥、布两国失和。奥尚属日耳曼之盟，诸邦从奥者过半。谓非两国交战，乃上国讨下邦也。然所论不免矫强，盖实非下邦抗命上国，乃两大国争雄也。故事属公法而不属内政焉。主交战之故，揆以公法而师出有名者，即谓之义战。若违背公法，即谓之不义之战。……古人谓遇战而筹制敌之策，无不可为之事。此说亦为有化之国所耻。盖邦国虽暂失和，仍不失其为人也，故非例之战，为公法所严禁。遇与蛮夷之族交战者，若可期其服化更新，则不可屠灭之，否则有违公法。……暗杀敌人以图取胜，为公法所禁。②

法院既专为审断此等案件而设，则局外之邦国自无之。虽律例诸国各殊，要皆以公法为准。……使船应有旗号以别之，所办事宜，亦应诚实无伪，否则不得仰赖公法保护。……使者藉优免之例，以探消息，而逞奸谋者，按例即可惩治。若罪非显而无疑，辄行处之以罪，即系违背公法。③

盖局外者，志在限制战争，使不蔓延，以便和平往来，实为公法之效焉。……斐氏论之曰：人民之居我境者，代办借款，以助友国之属民叛逆，实于公法不合。……一千八百五十六年，诸国会议于巴黎，方以局外之旗，得保护敌货之不犯军禁者，著为定章。盖船只应作为本国土地论，夫在局外之境，既不得虏获敌货，其载于局外船中者，又岂可任意虏获耶。此尤见公法之效。④

伯理玺天德林艮以向来战例未能明晰，恐易误犯，特令入籍美国之德国公法学家李伯尔，编辑行军训诫，经部臣核议，奏准颁行。德国步伦氏阅而善之，因附于此书之末，非惟补公法之未备，且发明公法之疑难云尔。……以人为奴，属律例而不属公法。……敌国

---

① [美] 丁韪良等：《公法会通》卷6，光绪六年同文馆聚珍版，第3、4、7页。
② [美] 丁韪良等：《公法会通》卷7，光绪六年同文馆聚珍版，第2、7、18页。
③ [美] 丁韪良等：《公法会通》卷8，光绪六年同文馆聚珍版，第4、7、8页。
④ [美] 丁韪良等：《公法会通》卷9，光绪六年同文馆聚珍版，第1、11、20页。

所蓄奴仆，或被我兵虏获，或自逃来归，即作为自主论，不复以奴仆视之。其人既赖军例得释，其权利即为公法所护。无论彼国或旧主，皆不得藉端索还。①

5. 《中国古世公法论略》（1881年）中所见"公法"一词：

"INTERNATIONAL LAW IN ANCIENT CHINA"②

中国古世公法论略③

"The recent treaties, by which China has been brought into closer relations with the nations of the West, and especially the establishment of intercourse by means of permanent embassies, have led Chinese statesmen to turn attention to the subject of international law."④

中国自与泰西各国立约通商，交涉之事益烦。近又简派使臣，分驻各国，以通情好。时局为之一变，耳目为之一新。于是执政大臣不得不讲求公法之学，见前人所未见，闻前人所未闻，诚周代以来未有之奇矣。然考诸中国，分封之事、会盟聘伐，史不绝书，则固未尝无公法行其间也。⑤

"Chinese statesmen have pointed out the analogy of their own country at that epoch with the political divisions of modern Europe. In their own records they find usages, words, and ideas, corresponding to the terms of our mordern internation-

---

① ［美］丁韪良等：《公法会通》卷10，光绪六年同文馆聚珍版，第10、11页。
② W. A. P. Martin, D. d., Ll. d, *Essays on the History, Philosophy, and Religion of the Chinese*, ShangHai: Kelly Walsh, The Tientsin Press, 1894, p. 111.
③ 于宝轩辑：《皇朝蓄艾文编》，上海书局1903年版，第8册，卷13，第19页。
④ W. A. P. Martin, D. d., Ll. d, *Essays on the History, Philosophy, and Religion of the Chinese*, ShangHai: Kelly Walsh, The Tientsin Press, 1894, p. 111.
⑤ 于宝轩辑：《皇朝蓄艾文编》，上海书局1903年版，第8册，卷13，第19页。

al law."①

今中国执政者,亦谓欧洲大小各国境壤相接,强弱相维,有似于春秋列国。而考之籍载,觉其事其文其义,亦复与今之公法相印合。②

6.《陆地战例新选》(1883年)所见"公法"一词:

公法固有战例,惟揆之人心民俗,尚可增添,以补旧章之所缺。诸国之会于比京,由俄皇创议,专为此事。今我公法会刊刻此书,亦此意也。③

余前岁经过瑞士国,得识公法家穆尼耶,见惠新选公法条例一书。……其志不在撰文著论,专在博察远搜。务得诸国所已行者及诸国所愿行者,纂入编册凡八十六条,皆有所本。或本交战常例,或本历代盟约,或本邦国军律,要皆视其可法而录之。其业已通行者,固属公法,其尚未通行者,邦国揆之仁义,择而行之可也。行之既久,知其合用,竟至遵为通例,公法由此而渐臻美备。……窃思本馆曾译公法书数种,此编亦公法之一门,公法名家既会议而深许,故率法文馆学生而译之,与公法各书参观而互证可也。④

第四条 按公法,害敌之方有合例,有不合例者。凡无济于事而徒害敌人之举,不可为之。凡背理违义以及残暴不仁之举,亦均不可为之(按彼德堡一千六百六十八年之条约,战国意在破败敌国兵势而已,此外若互相戕害,非正也)。⑤

1865年,江南机器制造总局成立。1868年,英国人傅兰雅受聘担任

---

① W. A. P. Martin, D. d., Ll. d, *Essays on the History, Philosophy, and Religion of the Chinese*, ShangHai: Kelly Walsh, The Tientsin Press, 1894, p. 140.
② 于宝轩辑:《皇朝蓄艾文编》,上海书局1903年版,第8册,卷13,第28页。
③ [美]丁韪良等编译:《陆地战例新选·序》,上海书局1897年石印版。
④ [美]丁韪良等:《陆地战例新选·自序》,上海书局1883年石印版。
⑤ [美]丁韪良等编译:《陆地战例新选》,上海书局1897年石印版,第1页。

翻译官。他与徐寿、华蘅芳等人合作译书 100 余种，其中有多种国际法著作，如：《公法总论》《各国交涉公法论》《交涉便法论》等，在翻译 International Law 时，《公法总论》一书沿用了丁韪良译定的"公法"一词。《各国交涉公法论》《交涉便法论》两本译著中，"公法"一词也不时出现。

1. 《公法总论》所见"公法"一词：

　　有实为各国所佩服者，有怀疑而不肯遵行者。依英国律法师之意，称为公法。其实非真律法，乃言是非之理，为文教之国所奉行。特因无公共之权，强人以必行，故不得谓之律法。虽如此驳论，而要知公法关系于各国者，究不可以蔑视。……公法之设，因各国不外和战两端。故彼此和睦时与交战时，所有交战之事，俱有应行之规例。……公法之条款甚繁，有书统论其各要款。但此总论内，只能将近来公法家所辑最要之各款，逐款言其大略。先论各国和时常用之公法，后论战时改变之法。①

2. 《各国交涉公法论初集》所见"公法"一词：

　　交涉中有分所应为与分所应得者，皆有公法以定之。公法非一人一国所能定，乃添所命之理，各国皆以为然，此即公法也。……序内不能将公法源流一一论列，第分为数世。先论历来著名之法师，后论公法之学在英国何时为始，何时渐臻妥协，此书为英国最有益者，凡考究公法之人不可不知。……然天然之公理犹存于法师书中，不但待一国应如是，即待各国均应如是。此为各国交涉便法与公法之根本也。②

　　是书将公法之理并已有之成案，以次条例。较之英国向有之公法书，所包更广，惟此书运用之处，难免有二病，一著论太空，阔

---

① ［英］傅兰雅、汪振声编译：《公法总论》，江南机器制造总局 1898 年版，第 1、3、5 页。
② ［英］傅兰雅、俞世爵编译：《各国交涉公法论初集·原序》，江南机器制造总局 1898 年版，第 1、2、3 页。

阅者不能识其意之所在，二著论太谨严，如算学书之一字不能增损。但公法原不能如算法之执一，可以稍参活变也。余甚望后之阅是书者，斟酌以定其去取，并补其所未备以另著成书，更为精详。盖公法日增月异，久之删定更难。……观此数年间所有各国交涉之事，足知余所论公法之根，原为不谬，可作此书之证。现在欧洲有战事，即法、布二国虽强，每以非理侵凌弱国。然书中所论之公理固在也，计此十三年中，除战争外，其他交涉事皆实见公法之益。从前有讥公法之人云，用此公法并无义理，又谓其法制根源，原本不在义理也。又有谓各国交涉之事必问天然之理，不问当时以何事为可行。或云，公法每有不守之国论力不论理，或云，何国兵强则为天佑，各国无必守之公法。种种悖谬之语，皆不足较也。各国无论战与和，其交涉之事必有一定之公法以断其是非。凡著公法书之人，为各国所敬服，其言皆衷乎义理。……依此公法之理，民之主意统括于国家主意之中。凡与敌国交涉事件，必由国家核办，民不可自行举动，天下得以承平。未始非有此公法也，如交战而不禁通商，则必年久不得罢兵，民遭涂炭，死亡相继，战事正无已时矣。①

果鲁西亚士所谓联络各国之线索，即各国交涉公法也。深明公法者，是为交涉公法师。英国法师胡克而云，各国公法非一国所能定亦非一国所能增损。犹之一人不能篡改一国律法。盖国法为国之全体所关，一人不能违，岂地球诸国所定之公法，一国能违乎、一国之要道在乎除暴安良，因此必设国律法。律法行则国内能享治平之福，故国家应以此为先务。各国之要道，毋使强国欺凌弱国，因此必有公律法，公法行则各国能享辑睦之庥，故各国应以此为先务。人不可背国法，国不可背公法，人与国背国法公法则必有他人他国受其害者。故凡犯国法者，有常刑必禁其人不能自主，犯公法之国亦然。则知守法者不干禁令即能自主，国与人均可以西细罗之说概之，盖谓人能奉法则能自主，不奉法则不能自主也。……各国交涉

---

① ［英］傅兰雅、俞世爵编译：《各国交涉公法论初集·续序》，江南机器制造总局1898年版，第14、15、26页。

公法书义总排列如下：一、考订交涉各事之公法根源；二、考究用此公法；三、考究所论之法乃交涉公事与分所当得、分所当为者；四、议用此公法有特著论者。……凡交涉有相争之事，孰是孰非、何人可定？如特出一案，依何公法定断？公法以何者为根源？此各问不能不一一详答，所以学习公法之人，入门时务须考问，若不能明晰详答，则其心中尚不明公法之用也。果鲁西亚士云，公法之根源为天然之理。①

一千八百四十一年七月初四日在大狄纳腊所立之和约，系欧洲五大国应许土耳其国可以管理大狄纳腊之海峡，此事为欧洲各国之公法。……其第一类日耳曼之国会，此会与各国交涉公法大有相关，与欧罗巴各国公法尤有交涉。……凡有数邦合成一通商公会，则会内各邦可以行交涉相同之公法。②

本文云必依罗马律法为物主，后罗马国改立律法，准他国之人能依公法全得所有之物，与罗马本国人相同，不必照前例。至罗马王质司的呢恒时设一公法，为得物而设其律法，有数种，一为各国公法，二为各国国法。各国公法有三种得物之法。英国前与美国争论亚里根之地，依美国云，本国商船未带国王凭据，偶然遇见斯地，则必为美国之属地。但此言与各国之公法法师所论不同，故英国不服也。……凡空地无人管理者，依公法不得属于一国。如查得新地之后即往居住，依公法之理，其地必属于其人。其人属于某国者，即为某国之属地。……凡欧罗巴有一国查得沿海新地而收用者，从海边各河之口起，至各分河之源为止，本国可以收用，不许别国占用。欧罗巴各国皆有公法以定之，不能另有妙法比此尤公允也。③

---

① ［英］傅兰雅、俞世爵编译：《各国交涉公法论初集》卷1，江南机器制造总局1898年版，第1、4、7页。
② ［英］傅兰雅、俞世爵编译：《各国交涉公法论初集》卷2，江南机器制造总局1898年版，第8、33、52页。
③ ［英］傅兰雅、俞世爵编译：《各国交涉公法论初集》卷3，江南机器制造总局1898年版，第18、20、22页。

3. 《各国交涉公法论二集》所见"公法"一词：

荷兰大法师丙克舍格论各国在海面行礼云：各国船旗必为各国所恭敬，则能弥其兵祸，丙克舍格之书论此种公法为最深。丙克舍格所著第二部书论公法案件，第二十一章有一款言及前第一部书中即论管海面之理。……一千八百十四年，在巴黎立约之八国亦欲定各国之次第，派若干人酌议各国王应何法定之。议者设一公法令各国大臣分为三等。……其不明之处，或因其文字之意无定，或因其意不合于理，此两种都有数法特解之，亦有公法能解之。①

马丁士论此事云，国王相待之礼，当随时而定，无一定之公法，与交涉公法不甚相关，其大概属于各国便法。……总之，此事不能有一定公法，必视其作乱之事如何，则能定以敌国之礼待之，或照叛逆之例待之。……丙克舍格云，凡论公使、公法之各书，多录罗马及吉利士之古书，内所载公使不可加害之说。②

但有一法能议论此理，免有大误之处。如别处之教主与凡自主之国相关者，所有议论交涉公法之先，应查阅史书，明其源流，源流既明，可议论其理。③

故不可设立公法，因不能妥协亦不能公允也。然教王为各国教事之首，则与各国似有相关，有人论及之。④

4. 《各国交涉公法论三集》所见"公法"一词：

如有为害于众人之罪而云不知有此律法，则其公法易明断，不能听其推诿也。惟此公法亦有不包括之事。此船之人因代运别国之

---

① ［英］傅兰雅、俞世爵编译：《各国交涉公法论二集》卷5，江南机器制造总局1898年版，第24、32、50页。
② ［英］傅兰雅、俞世爵编译：《各国交涉公法论二集》卷6，江南机器制造总局1898年版，第8、18、28页。
③ ［英］傅兰雅、俞世爵编译：《各国交涉公法论二集》卷7，江南机器制造总局1898年版，第43页。
④ ［英］傅兰雅、俞世爵编译：《各国交涉公法论二集》卷8，江南机器制造总局1898年版，第72页。

货，犯分所当为之事，则为有害于众人之罪，而断将此船充公，与公法并无相关。因公法云，运载私货只罚其水脚各费，而不罚其船也。凡法律依理而得者，虽偶然坏损其物，不能令赔。如后来行事错误，显出有不正之意，则自始至终皆为犯法，此不但为本审问堂之法，即各国审问堂之公法，为各国公用之律法纲领。……此说无疑反而言之，此种案内可以有偶然生出之事，不能依公法。……国内有犯罪之人，则有律法以治之。天下有违公法之国，不能不有征伐之事。①

如敌国人在我国内所有田地房产等项，按公法不能将此充公，因国王既准别国人买此产业，或守此产业，则待之如自己百姓。……论交涉公法之理，不但要问谁可争战，犹必问谁可去虏敌人之产业，此事属于国内之公法，不属于交涉公法。……依交战之公法，凡放下兵器求饶，或已受伤不能去，则不可杀害。②

因所问之事，不过论法国律法内犯局外国之理，而不可与公法相混。③

但旧和约有与公法不相合之处，前和约有之，后和约无之，而后和约所言之事与前事相类，则可废其前约。④

此款所论为公法内最重者，即粮食可作为私货与否。……各国交涉公法内该用之法不能改变，因其理不靠其事而成。如有交战之国见列国不依公法而行，则可罚之。……查果鲁西亚士等公法书俱云，此事必为急迫，否则不可。⑤

审问时，只需到堂呈验收据而已。或有人只购民船股份，其买

---

① ［英］傅兰雅、俞世爵编译：《各国交涉公法论三集》卷9，江南机器制造总局重印1898年版，第31、43、47页。
② ［英］傅兰雅、俞世爵编译：《各国交涉公法论三集》卷10，江南机器制造总局1898年版，第18、19、23页。
③ ［英］傅兰雅、俞世爵编译：《各国交涉公法论三集》卷11，江南机器制造总局1898年版，第34页。
④ ［英］傅兰雅、俞世爵编译：《各国交涉公法论三集》卷12，江南机器制造总局1898年版，第35页。
⑤ ［英］傅兰雅、俞世爵编译：《各国交涉公法论三集》卷13，江南机器制造总局1898年版，第18、20、26页。

船契据并未载其姓名，然该船有误拿赔款情事，按以公法，亦不能不令其照赔。①

战争之故既已冰释，则战争之事亦当停止。按之天理、公法，必当如是。……如劳尔德赓扬定包次卑尔案与非利席代得买奴一案，有熟悉罗马律师之裏理，且要紧公法亦未征引也。……战时动业被敌所取，议和时，如不著其交还，和后即为其所有之物，不能复行取回，此公法之常例也。两国交战，则彼此动业皆在可以没入之例。如当时未经没入，则战后原主仍可取还。罗马士托厄乐谓此本公法之理，后经篡入英国常律，该原主当趁和议一定之时，即可控取，不然则时远事湮，公法律堂不能守物而坐候也。公法之理，以民人未与战事者之业，不得擅取，不得没入，然此实为推情之谊，非法律也。公法正理以为战事，但能停止索逋，并不能将从前之债化为乌有。②

5.《交涉便法论》所见"公法"一词：

前第一集内云：公法之原来道理，凡有治国之权者，境内人民事物统归其管理。……凡著论各国交涉之法书内，不可不辨别以上所有便法与公法之分。但其分别之处，已经指明各国人民与律有相关之处，应如何治之。此事只有声明便法与公法，均恃各国合成一会，必有公法之理以为根原。……自第一集第三卷第十八款，论各自主之国，可管理人物之权，言之甚详。又改居处之事，亦在公法中。③

因嫁娶之事，不能有各国公用之规矩，则虽设有公法，必多有不在公法之内者。④

---

① ［英］傅兰雅、俞世爵编译：《各国交涉公法论三集》卷15，江南机器制造总局1898年版，第33页。

② ［英］傅兰雅、俞世爵编译：《各国交涉公法论三集》卷16，江南机器制造总局1898年版，第1、42、44页。

③ ［英］傅兰雅、钱国祥编译：《交涉便法论》卷1，江南机器制造总局1898年版，第1、5、15页。

④ ［英］傅兰雅、钱国祥编译：《交涉便法论》卷3，江南机器制造总局1898年版，第60页。

古罗马之律，严禁夫妻相送礼物之事。因夫妻相爱相助，为分所当为者，如以送礼物为亲近，与原意不相合。法国律师萨非尼云，此为公法，但有不在公法内之事，即应存成亲处之律。……妻之居处与夫居处同，但夫或不守合同，行为荒谬，能改公法与否，已在第八章论过。奉西教之国皆应允以上所说之公理，即照成亲处之律而行其礼。则无论何处，亦可算为合法。其公法之界限，与不在公法内之事，前已论之。……无论其规矩内所生何事，与人身份有相关者，而依居处管身体之律，应为别国所允许，如有与公法不合之处，自然另论。不合法所生子女之身份，与其父母管理之权，并可以求父母与与其益处，此为公法与便法最难料理之事。①

但如争论其货，何人为主，则其货必在彼处之时更久，应以公法，用其物件处之律为准。②

苏国设立公法，以定报穷之理，伯乐云，设有大公司，其居籍在于数国，其事甚难办。……英、美两国所断之案，与外国律师之意甚合。罗德孟非某同云，在借债之地还债后，则其债无论在何地皆已还，此皆为公法最要之例。……循公法之理以求之，似庐贻丝阿尼亚所断之案，较长于美国巡道律堂之所断。③

但是，由于"公法"一词并没有将 *International Law* 中 *International*（国家之间的）的含义表达出来，因此，*International Law* 同时还有多个不同的译名：

1. "万国公法"

丁韪良等人翻译的国际法著作中所见"万国（之）公法"一词：

> 今九州外之国林立矣，不有法以维之，其何以国？此丁韪良教

---

① ［英］傅兰雅、钱国祥编译：《交涉便法论》卷4，江南机器制造总局1898年版，第3、5、29页。
② ［英］傅兰雅、钱国祥编译：《交涉便法论》卷5，江南机器制造总局1898年版，第5页。
③ ［英］傅兰雅、钱国祥编译：《交涉便法论》卷6，江南机器制造总局1898年版，第12、14、24页。

师《万国公法》之所由译也。①

此万国公法所以立有章程，定通使往来之权。……万国公法之初兴，分使臣尊卑，惟因其所任之职而定。……盖此事为本国律法、万国公法并同战约盟之章程所严为禁者。……此非独藐视美国之人，实乃藐视万国之公法也。……然有获罪于万国公法者，即如为盗等类，审罚此等罪犯，各国之权均属一致。……盖美国既无新定章程，令我照彼所行而行，则本法院必以万国公法为地方法律，而遵之定案也。……盖其住于局外之国者，原欲彼国与其本国和好，故万国公法尤为格外保护。②

邦国藉公使以相见，故通使之例为万国公法之一门也。③

该大臣务须熟悉万国公法、近代政治、天下权势、通商利弊以及富国强兵，立约联盟之法，内治外交之道，至各国亲疏强弱之际，更不可不体察情形。……查各国执掌部院事务大臣，洋语称密尼司德，其授以文凭，或全权字样。差往外国，办理交涉事务者，按洋文，其职名与部院大臣相同，至该使宠荣优遇之处，载在万国公法。④

若因钱财细故，彼此争讼，使臣即不必干预，倘事关大局，并牵连万国公法之理，使臣虽未奉命，亦当料理。⑤

若不分彼此，遇乱则擅行干预，是断不可也。盖此必不得已之干预，亦属一时之权，若列入万国公法，而以权为经，则必有大害矣。⑥

虽一国之成宪或在所不禁，而万国公法则未尝或恕之。⑦

盖万国公法所载，万国之人原当一体遵行焉。……彼以外国之

---

① ［美］惠顿：《万国公法·序》，［美］丁韪良译，何勤华点校，中国政法大学出版社2003年版。
② ［美］惠顿：《万国公法》，［美］丁韪良译，何勤华点校，中国政法大学出版社2003年版，第141、144、189、203、234、237、240页。
③ ［美］丁韪良等：《星轺指掌·凡例》，光绪二年同文馆聚珍版，第1页。
④ ［美］丁韪良等：《星轺指掌》卷1，光绪二年同文馆聚珍版，第6、10页。
⑤ ［美］丁韪良等：《星轺指掌》卷2，光绪二年同文馆聚珍版，第41页。
⑥ ［美］丁韪良等：《公法便览》卷1，光绪四年同文馆聚珍版，第19页。
⑦ ［美］丁韪良等：《公法便览》卷3，光绪四年同文馆聚珍版，第49页。

臣而犯美国之主权，即系违背万国公法。……前后事理不洽，故弗许，其辞曰，愿恪守万国公法及本国条约，良有以也。……上法院尝断曰，此本万国公法之例，不可移易。……两国合议，自今务当协力说各国海邦，并坐贩奴者以海盗罪律，俾得著为万国之公法。……并将贩奴罪律与海盗同科，著为万国之公法。①

谓该船主所犯，按万国公法，不能与海盗同科，缘海盗遍劫各国，而该船只劫美国故也。……按此案所系甚大，缘不独关涉英国之定例，并关涉万国之公法。公法者，定局外之分至严。……书中所引之公法家及备载书中未引之公法家亦不少，业经译刊汉文者，惟惠氏《万国公法》、马氏《星轺指掌》及本书而已。②

此等不法之举必致妨碍万国。盖侵犯一国之权利，即为违背万国公法。犹人民焉，此人获罪于彼，非惟犯其人，直犯国法。③

傅兰雅等人译作中所见"万国公法"一词：

凡有文教之国，于交涉事所常用之规例，总名万国公法。……万国公法专为各自主之国而设。……如别国允行，则此条美国亦无不允，可以定为万国公法。④

如各国交涉能衷乎理，久之遍行于地球各国，俾律法相同，彼此和睦，永息争端。使天下共享升平之福祉，此则万国公法之大用。⑤

余著此书多藉前人之书而成，除本国法师所著之书外，有美国瓦尔特、马宁、惠顿、斯吐利四人；西班牙国阿婆罗班度、日耳曼国费法而摩喇、荷兰国好庚达华而麦惠顿《万国公法新解》，

---

① [美]丁韪良等：《公法便览》卷4，光绪四年同文馆聚珍版，第8、15、34、37、81、83页。
② [美]丁韪良等：《公法便览》续卷，光绪四年同文馆聚珍版，第74、80、91页。
③ [美]丁韪良等：《公法会通》卷6，光绪六年同文馆聚珍版，第4页。
④ [英]傅兰雅、汪振声编译：《公法总论》，江南机器制造总局1898年版，第1、6、15页。
⑤ [英]傅兰雅、俞世爵编译：《各国交涉公法论初集·原序》，江南机器制造总局1898年版，第14页。

又法国费利克司、意大里亚国曼西呢及英国度一司拨乃特等人之书,均资考证者也。①

法王复国后,其代立之主亦逃至英国,并有其名下之官员随行至英。而回国之法王亦不能以英国收留其所逐之主,而谓犯万国公法。……果鲁西亚士等法师将以上罗马律法之理收入万国公法,凡不知罗马律法守用其物与管理其物之理,则未必通晓交涉公法各书也。②

立发步伯爵成书后三十五年,俄国欲禁瑞典、挪威、丹马等国与法国贸易,此事明明违犯万国公法,最为大谬,因与立发步伯爵书中之言相刺谬也。③

希腊万国公法大堂查问其案,未闻所断。……今万国公法精益求精。④

"万国公法"一词还散见于其他人的著论之中:

（1）现修俄约,既有批准后通行之语,又有西国成例可援,原可置而不行。且于万国公法所论,亦有相符之处。⑤

（2）万国公法、各国律例、各国字典,讲求万身公法之人,但整齐目录而已。⑥

（3）时人动辄谓万国公法本行于奉基督教之国耳,不奉基督教之国即未可辄行。呜呼!是何谬之甚也。抑邦国交际公法者,其章程条例本非国家所定,而其言则理法也。⑦

---

① ［英］傅兰雅、俞世爵编译:《各国交涉公法论初集·续序》,江南机器制造总局1898年版,第27页。
② ［英］傅兰雅、俞世爵编译:《各国交涉公法论初集》卷3,江南机器制造总局1898年版,第16、19页。
③ ［英］傅兰雅、俞世爵编译:《各国交涉公法论三集》卷13,江南机器制造总局1998年版,第2页。
④ ［英］傅兰雅、俞世爵编译:《各国交涉公法论三集》卷16,江南机器制造总局1998年版,第32、33页。
⑤ 薛福成:《庸文别集》卷1,上海古籍出版社1985年版。
⑥ 康有为:《康有为大同论二种》,生活·读书·新知三联书店1998年版,第37页。
⑦ 麦仲华:《皇朝经世文新编》卷4"论邦国交际公法学",上海书局1901年版。

（4）且如《万国公法》一书，因各国所通行者，试问西国之人能尽遵之乎？……然地球上大小邦星罗棋布，指不胜屈，其所以暂存全局者，究系公法之力也。①

（5）查万国公法，本有战国封堵敌国海口之例，局外各国原不能禁。惟论法人今日情形，其不合公法、不应封口者五……法人于公法既有五违，于各口岸通商又有五碍，要皆与中国无损，中国原不值与辩。②

2. "交涉公法""各国交涉公法"

傅兰雅等人翻译 International Law，有时使用"公法"一词，有时使用"万国公法"一词，但在《各国交涉公法论》《交涉便法论》两本译著中，使用较多的是"交涉公法"与"各国交涉公法"，值得注意的是，出现了与"国际法"较为接近的译词"各国之公法"：

（1）"交涉公法"

古时犹太国之内政并待别国之法最为严酷，故难与各国有交涉公法。查其国史，从无论交涉之理。及观埃及国之教例与待他国来使之礼甚为忠厚，因疑其教师必著有相待使臣之书，流传至希腊国，为该国所用，因从希腊之古籍中考得各国交涉公法之源。……著交涉公法之人甚多，以上仅择其要者。余著书俱凭各家以集成，其各书名目共有七百余部。……前论改正西教之后，英国不深究交涉公法，其他各西国皆日事讲求，而英国尚能令此学不绝者，凡考究之人，必给以厚禄也。③

有云，犯天然律法并犯交涉公法之国，犹之自坏其城垣，而望将来之巩固，斯岂能乎！……南北亚墨利加交战时，各国皆依交涉公法，以免掣肘之处。……英国近与俄国交战，亦与交涉公法大有

---

① 黄庆澄：《东游日记》，上海古籍出版社2005年版，第27页。
② 王彦威、王亮辑：《清季外交史料》卷50。
③ ［英］傅兰雅、俞世爵编译：《各国交涉公法论初集·原序》，江南机器制造总局1898年版，第2、6、9页。

相关。①

交涉公法各国有分所当得者，与国内百姓亦有分所当得者，均能有法以保护之。……查罗马国史，其交涉公法甚为明晰。因罗马国设有两法，派人学习仿办：一、教习公使事务，书院并有相待公使之书，入其院观其书，即可考究交涉公法。二、设立官员查办所有抢夺之案。……以上所云行惯之规例与交涉公法大有关系，必查其本原在何处与所凭为何理。交涉公法载入各国国史内，果鲁西亚士云：国史中有各案之等差与定案之公理。其所定之案，人皆服之，则其理长。人皆不服，则其理短。其等差亦有轻重之分，以近今有文教之国为重，无文教之国为轻。果鲁西亚士又云：国史所记载之事，均为交涉公法之程式。②

一千七百八十三年，各西国应允美国为自主之国。其和约之第八款云，米细西比河行船之事，为英国与美国任意公用。而西班牙欲阻美国在此河行船，美国不服云，依一千七百六十三年所立和约，按交涉公法均不能禁阻。……英国不准此事依交涉公法最严之例，原可如是。但英国既不准美国在辣能士河行船，而欲在美国米细西比河行船，殊未公允。……依交涉公法，最难定准。照以上第一章所论，可见管海之权，即以常在海面往来为凭。③

盖依交涉公法，本可在丹国近海捕鱼也。设有和约言定，英国须先请于丹国，准其捕鱼然后行事，亦只能云英国人捕鱼不照和约，不能云不合于交涉公法也。……交涉公法，不能在炮弹可到之界限外，到别国商船查问漏税。……照英国所云，乃自保其国之法。但有时亦可在本国之外用以自保者，虽交涉公法不准无故越过邻境以自保，惟事势有不得不然者。④

---

① ［英］傅兰雅、俞世爵编译：《各国交涉公法论初集·续序》，江南机器制造总局1898年版，第15、23、26页。
② ［英］傅兰雅、俞世爵编译：《各国交涉公法论初集》卷1，江南机器制造总局1898年版，第5、9、21页。
③ ［英］傅兰雅、俞世爵编译：《各国交涉公法论初集》卷2，江南机器制造总局重印1998年版，第69、71、78页。
④ ［英］傅兰雅、俞世爵编译：《各国交涉公法论初集》卷3，江南机器制造总局1998年版，第2、6、14页。

如本国口内停泊他国兵船，自来各国皆以此兵船不能为别国管理。此无论为交涉公法当然之理，或交涉便法所渐生之理，或为习惯之风俗渐变之成法，或以为是，或以为非，均无关紧要，所紧要者，有一层因作便法渐生之理，则此便法守与不守，本可随意定夺，倘知照别国不守便法，别国亦不能相强，若作为交涉公法当然之理，则不能不守也。……此兵船本非国王之产，乃属于国王所管理之国者。如系王知己产，则能虏之。此兵船因不属于国王，则不能虏以抵国王欠项也。各国交涉中，仅有此一案不合于交涉公法之事。……凡交战时，国家发给凭照令民船往虏敌国之船，则遵凭照行事，依交涉公法不能作为海盗。①

一千七百五十三年，英国回复布路斯王之国书，概括此理最为明晰，云：交涉公法当衷乎义理，而以公正、公便之法为本，且以历年惯行之例为凭。……交涉公法中有国家欠人之钱，则债主可以虏百姓之产业以抵之。……可见依交涉公法与惯用之例，如有新国能自主，则阅若干时，无论旧国佩服与否，都可以明认其为自主之国。有人云，新立之国未定能成立与否，别国若不肯认，亦不为犯交涉公法。②

国王在他国所为之事，犯他国律法，或谋害他国，则他国可照交涉公法，设法令其不可再犯，或约束之。所有受害之处，令其国赔偿。……交涉公法书中所论篡位之王可否收派公使，则必依两事而定，一为其本国人已允服其为王与否，二为别国已应允其为王与否。……交涉公法与各国内乱之事，寻常无相关涉，即如国内有聚党作乱，则此党人不能派公使前往国王处议事。③

前言各国设立领事，系照交涉便法而行，如不收别国之领事，亦不算犯交涉公公法。……英国领事官或准别国之审问堂，或请别国之审问

---

① ［英］傅兰雅、俞世爵编译：《各国交涉公法论初集》卷4，江南机器制造总局1998年版，第4、7、18页。
② ［英］傅兰雅、俞世爵编译：《各国交涉公法论二集》卷5，江南机器制造总局1998年版，第3、7、17页。
③ ［英］傅兰雅、俞世爵编译：《各国交涉公法论二集》卷6，江南机器制造总局1998年版，第2、13、17页。

堂审问船案，必依和约所定而办理，此为交涉公法所准者。……以上所有果鲁西亚士书中言及此事外，其书中尚有相同之意为果鲁西亚士故后刊印。所有别种书籍将此全理议论甚详，不但论其与交涉公法有相关，且有论其与国内律法之相关。①

但教王不可以此律法为非，当时教王实为罗马邦主，又英国疑及教会派来之使臣有害于本国，则依交涉公法及各国便法，不收其公使，亦无不是之处。……英国又派主教前往牙鲁萨伦，依交涉公法而论，必作土耳其王所准，又作为东罗马教所准，则不为犯交涉公法。……如有国王欲问此事，但交涉公法书中不可议论，其故有二：一因各国之国法与交涉公法无甚相关，二因偶有此种之事，无常法办理，必就其事理而后核之。②

前两集序中皆载明书成之后，续有交涉之案。无论其事属于何卷，或全与交涉公法有相关者，附记于内，此序集中亦附记录数条。……埃及国王既地佛，虽其品位极高，但无凭据能证其为自主之王，应得自主之益。依自然之理，并各国用惯之规例及交涉公法法师所论之理，都不能作为自主之国王。③

评理之人有两层不能强令其和睦，一其国或先应允用评理之法，因断其曲而不肯服者，二其国未经应允，用评理之法或辞却而不愿评理者，此依交涉公法，总理均不能相强也。……带取质之凭而虏得之货，依交涉公法属于虏到之人，至足补其原失之物，并足补其取质之费为限，如有余则必还于原国之国家，请交还原主。……罗马国古时所用律法，虽其章程极详细，而多曲折难解。但指出交涉公法应如何而行，为现在奉西教各国俱应心焉识之。④

论交涉公法之理，不但要问谁可争战，犹必问谁可去虏敌人之

---

① ［英］傅兰雅、俞世爵编译：《各国交涉公法论二集》卷7，江南机器制造总局1998年版，第7、24、43页。
② ［英］傅兰雅、俞世爵编译：《各国交涉公法论二集》卷8，江南机器制造总局1998年版，第57、62、72页。
③ ［英］傅兰雅、俞世爵编译：《各国交涉公法论三集·序》，江南机器制造总局1998年版，第1、3页。
④ ［英］傅兰雅、俞世爵编译：《各国交涉公法论三集》卷9，江南机器制造总局1998年版，第4、12、37页。

产业。……凡战，非可以乱杀人，亦非欲故乱天下。但因曲直不可以理解，又无人居国王之上，能为判断，无可奈何而彼此相战。如人与人涉讼，都应合于国内之律法，故交战之事，亦必合于交涉公法或自然之公理。——现在英国所生擒之美国官，可任择一最大之官调换安得类，而华盛顿仍置不理。陆巴村又云，将此事托局外明习交战公法与交涉公法之人，请其评理。①

英国与美国依交涉公法之理而设立一律法，不准交战之国于往来之国雇募兵丁。……依和约之款，必查明其不用应当谨慎之外，英国有无犯交涉公法内，所有和于三款条程之理。又原告别有款内，亦必考究以前所有交涉公法之理。……英国家做此事后，英国各等人大议论之，国家公会议论得最重，并将交涉公法之理言之最详，谓瓦拉布所做之事，极合于公法。②

交涉公法内准局外之国与交战之一国行贸易之事，为局外国得利息之意而为者，此事断不能驳。……交涉公法所有论此事之理，已收入法国之律法内。……无论依交涉公法之理，或依各国内政法之意，视以上巴黎条约为大变从前之理与交涉公法之理。③

果鲁西亚士又云，如不阻住中立国运至敌国之料，则难以保护自己而必阻之不致犯交涉公法。……可见英国与美国北邦审问交涉公法之各案，俱凭以上公理谨慎用之，不致有不合之处。……依交涉公法，有数事可准船出被封之口内。一为封口以前进口之船，则可空船驶出；二如封口以前上货，则可带其货出口。④

所以正经贸易之人，在船上带此凭纸显明何国何船，为交涉公法所不可少之公理。……照余意见，英国要用此利权而依交涉公法，如有一国之人在别国商船行于大海，而其两国当时和睦，则不可将

---

① ［英］傅兰雅、俞世爵编译：《各国交涉公法论三集》卷10，江南机器制造总局1998年版，第19、22、36页。
② ［英］傅兰雅、俞世爵编译：《各国交涉公法论三集》卷11，江南机器制造总局1998年版，第2、25、43页。
③ ［英］傅兰雅、俞世爵编译：《各国交涉公法论三集》卷12，江南机器制造总局1998年版，第1、7、38页。
④ ［英］傅兰雅、俞世爵编译：《各国交涉公法论三集》卷13，江南机器制造总局1998年版，第13、15、58页。

其本国人从别国船上追之。……所有论大海虏船之事，已足为交涉公法事之用。但另有数事，有几分属于交涉公法，有几分属于各国律法。①

上文所论交涉公法内载有审理船案之公堂，系专审捕获船只案件者也。……追捕敌船之章程论及此事最为详细，因欲办理交涉公法内一切事宜，均秉公办理也。……凡捕船人有犯交涉公法及本律法，或管船章程，或内阁所发谕单，或国主谕旨，或国主颁定虏船规条，或水师提督并各大吏所出之令，无论所犯之事与被虏船货相关，或与该船上人相关，审问堂定案时，可令船货断归国主。②

盖太平景象本耶稣之愿意，乃今世各国竟不能遵此美训，殊可叹也。但交涉公法内应具此理，以垂久远。……凡不能迁移至产业，无论公私，按现今交涉公法之意，只有成约所得者为妥协，或因原业主之国尽为敌国败绩而得者，亦为妥协，如有不由此道而得者，则其产业应归还原主。……论交涉公法之理，查无形无体之物，所谓公义者。如罗马律师名色尼加，论无形无体之事，即是公义。③

前三集俱论各国交涉公法，此为是书之末集，论各国交涉便法，又谓之交涉私法。……平常论交涉公法之书，皆于从前所命为律者，有相反处而论，以此名其书，实不合于理。……又有一事，为交涉公法之事，即治谋反叛逆，其律最严。④

又说依交涉公法，凡遇见何人在何国何会内，必以其人为此国此会之人。⑤

又有人论其分产之券为不合法，其理亦有数款，所说居处者，不过其人实在居于国内，而依交涉公法之意，并未依法国之律。……依

---

① ［英］傅兰雅、俞世爵编译：《各国交涉公法论三集》卷14，江南机器制造总局1998年版，第1、9、37页。
② ［英］傅兰雅、俞世爵编译：《各国交涉公法论三集》卷15，江南机器制造总局1998年版，第1、10、29页。
③ ［英］傅兰雅、俞世爵编译：《各国交涉公法论三集》卷16，江南机器制造总局1998年版，第1、9、26页。
④ ［英］傅兰雅、钱国祥编译：《交涉便法论》卷1，江南机器制造总局1998年版，第1、4、16页。
⑤ ［英］傅兰雅、钱国祥编译：《交涉便法论》卷2，江南机器制造总局1998年版，第69页。

交涉公法，顺此则违彼，顺彼则违此，万不能两律皆受。……有一案，为英国债主得一照会，虏其欠债者，而前已有人得照会虏之，则前照会不算，而以后照会为主，其案内所求之事，为英国官所派之人，能在苏格兰管理其事，照英律而定之，可以当为交涉公法。①

查罗马律中，有一语为今日交涉公法及国法，论被告之根源。②

（2）"各国交涉公法"

各国交涉公法之源，自其初备时至今，日见精详。其间大有旨趣，益人不浅。一经文人著述成书，甚为明晰。……果鲁西亚士之书论天然之律法甚略，而白分道弗论之甚详，能补果氏之不足，此外别无妙处。雷部逆此指出，白氏之病疵后人俱知，不及果氏之书，雷部逆此于一千六百九十三年著各国交涉公法。……其间日耳曼国人著各国交涉公法书甚多，内有两人为特出日克吕伯、海富达。③

一千八百十九年七月初三日，英国所定之律法并一千八百十八年四月三十日美国所定之律法，或谓各国交涉公法书中，载局外之国分所当然者，有太过不及之两说，以第一说为是，则英国家有权，能令其民人不犯中立国所当然之本分，以第二说为是，则疑英国家无此权柄。凡议论此种事，必当知各国交涉公法，须参活变，不能以何年所定之法至后不能改变，又不能将从前之事以定现在之事。④

法师法的利论各国交涉公法所赅之界限云：国之分所当得与分所当为者，为国与他国交涉之间所应得之各益，并所应为之各事。……英国著名法师斯吐回拉云：各国交涉公法，其理易明，但其议论甚繁，皆出于各人心中之主见。揣摩各国交涉公法之初，必先问其凭何情

---

① ［英］傅兰雅、钱国祥编译：《交涉便法论》卷3，江南机器制造总局1998年版，第11、56、77页。
② ［英］傅兰雅、钱国祥编译：《交涉便法论》卷6，江南机器制造总局1998年版，第46页。
③ ［英］傅兰雅、俞世爵编译：《各国交涉公法论初集·原序》，江南机器制造总局1898年版，第2、4、6页。
④ ［英］傅兰雅、俞世爵编译：《各国交涉公法论初集·续序》，江南机器制造总局1898年版，第23页。

第三章　近代法学术语的译定（一）

理，主何议论，其情理与议论从何而得。……查罗马人西细罗书中可知，各国交涉公法之学，先已考究详细。①

亚墨利加自南至北俱为奉耶稣教人所管理，而为欧罗巴人之类。所以各国交涉公法易行于亚墨利加之地。……如任人行于河面，依罗马律法，河之两岸亦可用。即如惠顿《各该国交涉公法源流》书中云，各国律法原有此意。②

其文有云，须与丹国言明，依各国交涉公法，准在海内各国捕鱼。又凡有交好之国，亦可任至其海口海岸通商，或停泊以避风浪。……一千八百四十二年，法王失国至英国，后乃带兵至法夺回其国。英国甚不赞，亦不帮助。如稍瞻徇，则法国可以为英国大犯各国交涉公法。……得地之第二法为年久收用者，但此年限难于定准，当先在各国律法内论定后，推之各国交涉公法中。③

各国交涉公法与各国通商往来之事有关，必系自主之国行之。凡议战、议和或立约等事，乃代其国而行者。故通国之人必当谨服。……凡行各国交涉公法，应有前款所言管理之权。英国法师倍庚云，不能谓并未受害，不能遽然兴兵。④

前论凡国所立和约不可与天然之律法相反，又不可犯各国交涉公法。⑤

领事官照各国交涉公法有所应得之各种益处。⑥

西班牙亦出紧要告示二件，指明教王行于各国之谕示，未先由国王核准，则不合于各国交涉公法，又不合于西班牙之律法。……

---

① ［英］傅兰雅、俞世爵编译：《各国交涉公法论初集》卷1，江南机器制造总局1898年版，第4、7、9页。
② ［英］傅兰雅、俞世爵编译：《各国交涉公法论初集》卷2，江南机器制造总局1898年版，第49、62页。
③ ［英］傅兰雅、俞世爵编译：《各国交涉公法论初集》卷3，江南机器制造总局1898年版，第2、15、32页。
④ ［英］傅兰雅、俞世爵编译：《各国交涉公法论初集》卷4，江南机器制造总局重印1898年版，第20、39页。
⑤ ［英］傅兰雅、俞世爵编译：《各国交涉公法论初集》卷5，江南机器制造总局1898年版，第63页。
⑥ ［英］傅兰雅、俞世爵编译：《各国交涉公法论二集》卷7，江南机器制造总局1898年版，第27页。

其谕示内故意不言明英国二字，可见办理此事，当谨奉教会律法及各国交涉公法，自无不是之处。①

因此评理之事，从各国交涉公法。分开而论之，即变为英国与美国交涉公法之事。则此两国将来所生出之事难于料理，其界限不免争端。②

各国交涉公法之总理归于同意，因中立国与交战国任意作贸易内只有两事为不可者，一、凡有封口或围城则不可助之，二、不可将私货运与交战两边之人。……各国交涉公法内所论此事，俱照公正天然之理。③

前三集俱论各国交涉公法，此为是书之末集，论各国交涉便法，又谓之交涉私法。④

如一国能令别国受其律法，必在各国交涉公法内而得之。因各国交涉公法必为各国所应允者，令各国得其公益处。⑤

(3) "各国之公法"

船行海彼此问候、查验，为自护一端之法，而为各国公船所行。美国总审问堂名此利权为相近问候之利权，而各国之公法与惯行之利俱佩服此事。⑥

3. "邦（万）国交际公法"

君主专制虽有压力，究不若公法之力也，如邦国交际公法是矣。

---

① [英]傅兰雅、俞世爵编译：《各国交涉公法论二集》卷8，江南机器制造总局1898年版，第31、58页。
② [英]傅兰雅、俞世爵编译：《各国交涉公法论二集》卷11，江南机器制造总局1898年版，第28页。
③ [英]傅兰雅、俞世爵编译：《各国交涉公法论二集》卷13，江南机器制造总局1898年版，第6、9页。
④ [英]傅兰雅、钱国祥编译：《交涉便法论》卷1，江南机器制造总局1898年版，第1页。
⑤ [英]傅兰雅、钱国祥编译：《交涉便法论》卷3，江南机器制造总局1898年版，第55页。
⑥ [英]傅兰雅、俞世爵编译：《各国交涉公法论三集》卷14，江南机器制造总局1898年版，第4页。

俄皇既定盟，与文明列邦同守万国交际公法之义。今若捕匈牙利国民而戮之，俄皇亦知犯公法之义。①

尽管International Law出现了多个汉语对译词，但是，"公法"一词显然为多数人接受，该词屡屡见于清朝驻外使节以及朝中重臣的奏疏、时论以及著述之中。

驻日公使黄遵宪分析倭寇成因以及介绍日本与西方国家谈判时，提到"公法"："倭寇之患与明相始终，而自嘉靖二十六年至万历十六年，四十年间，沿海州县被祸尤酷。闾巷小民至指倭相骂詈，甚以禁其小儿女云。今考日本是时瓜分豆剖，各君其国，诸国又互相攻击，日寻干戈。无赖奸民以尚武好斗之风流为盗贼，杀掠为生。上虽严禁，令有不行。准之今日公法，实为海寇，无与邻交。……嗣后纵外舶来来往下关，许购石炭、薪水、食粮，遇飓风许上陆，偿金则俟与四国公议处以公法，媾乃成。"②

曾任美国、西班牙、秘鲁公使的崔国因认为公法与国力密切相关："《万国公法》地球通行，而弱与强之势不同，即从与违之情各异，大抵强者自决藩篱，但以公法绳人，而不以自律。"③

张之洞在《劝学篇》中说："屡遣学生出洋赴美、英、德，学公法、矿学、水师、陆师、炮台、铁路也，总署编刊公法、格致、化学诸书，沪局译刊西书七十余种，教各种西学也。"④

晚清学者孙宝瑄阅读《佐治刍言》后，认为："各国律法，皆从各国风俗斟酌而出，是故凡事不可不顺民情也。人与人交涉，则有律法；国与国交涉，则有公法。……西人于民间地方诸政，皆听民间自理之，君不过偶尔干预者。"⑤

王韬在论述公使时说："要之，使臣固当谙熟和约，详稔公法，审时

---

① 麦仲华编：《皇朝经世文新编》卷4，《论邦国交际公法学》，上海书局1901年版。
② 黄遵宪：《日本国志》上卷，天津人民出版社2005年版，第130、191页。
③ 崔国英：《出使美日秘日记》，黄山书社1988年版，第525页。
④ 张之洞：《劝学篇》，华夏出版社2002年版，第82页。
⑤ 孙宝瑄：《忘山庐日记》，上海古籍出版社1983年版，第398页。

度势，察机观变，以忠信笃敬，上结主知。"① 尽管丁韪良编译《万国公法》的目的是"可以让中国人看看西方国家也有'道理'可讲。他们也是按照道理行事的，武力并非他们唯一的法则"②。但是，血淋淋的事实让人们看清了公法的实质。王韬说："试观《万国公法》一书，乃泰西之所以联与国，结邻邦，俾众咸遵其约束者，然俄邀诸国公议行阵交战之事，而英不赴，俄卒无如之何。此盖国强则公法我得而废之，亦得而兴之；国弱则我欲用公法，而公法不为我用。"③

郑观应是近代中国较早具备国际视野的思想家之一，他在《盛世危言·公法》一文论及公法的源起及性质：

> 公法者，万国之大和约也。中国为五洲冠冕，开辟最先。……其名曰有天下，实未尽天覆地载者全有之，夫固天下之一国耳。知此乃可与言公法。公法者，彼此视其国为万国之一，可相维系而不能相统属者也。可相维系者何？合性法例法言之谓。夫语言文字、政教风俗固难强同，而是非好恶之公不甚相远，故有通使之法，有通商之法，有合盟合会之法。俗有殊尚，非法不联。不能相统属者何？专主性法言之谓。夫各国之权利，无论为君主，为民主，为君民共主，皆其所自有，他人不得侵夺。良以性法中决无可以夺人与甘为人夺之理，故有均势之法，有互相保护之法。……且以天下之公好恶为衡，而事之曲直登诸日报，载之史鉴，以褒贬荣辱，亦拥护公法之干城。故曰：公法者，万国一大和约也。④

清朝政府不谙公法，屡屡为列强欺蒙，郑观应揭露："然所立之约，就通商一端而言，何其矛盾之多也？如一国有利，各国均沾之语何例也？烟台之约，强减中国税则，英外部从而助之，何所妨也？华船至外国纳钞之重，数倍于他国，何据而区别也？中国所征各国商货关税甚轻，各国所征中国货税皆务从重，何出纳之吝也？外国人至中国不收身税，中国人至外国则身税重征。今英、美二国复逐

---

① 王韬：《弢园文录外编》，中州古籍出版社1998年版，第113页。
② [美]丁韪良：《花甲记忆》，沈弘等译，广西师范大学出版社2002年版，第159页。
③ 王韬：《弢园文录外编》，中州古籍出版社1998年版，第80页。
④ 夏东元编：《郑观应集》上册，上海人民出版社1982年版，第387、388页。

客之令，禁止我国工商到彼贸易工作，旧商久住者亦必重收身税，何相待之苛也？种种不合情理，公于何有？法于何有？而公法家犹大书特书曰：'一千八百五十八年，英、法、俄、美四国与中国立约，嗣后不得视中国在公法之外。'又加注而申明之曰，谓得共享公法之利益。嘻，甚矣欺也！"①

郑观应进一步提出对策："然则如之何而可？曰：约之专为通商者，本可随时修改，以图两益，非一成不变者也。税饷则例，本由各国自定，客虽强悍不得侵主权而擅断之。宜明告各国曰：某约不便吾民，某税不合吾例，约期满时，应即停止重议。其不专为通商者，则遣使会同各国使臣，将中国律例合万国公法两两比较：同者彼此通行，异者各行其是，无庸越俎代谋。其介在异同之间者，则参稽互考，折衷至当。勒为通商条例，会立盟约，世世恪守，有渝此盟，各国同声其罪。视其悔祸之迟速，援赔偿兵费例，罚锾以分劳各国。若必怙恶不悛，然后共灭其国，存其祀，疆理其地，择贤者以嗣统焉。庶公法可以盛行，而和局亦可持久矣。"②

郑观应浸淫洋务，长年经商，阅历丰富，对于公法的本质有着深刻的见解："虽然，公法一书久共遵守，乃仍有不可尽守者。盖国之强弱相等，则藉公法相维持，若太强太弱，公法未必能行也。太强者，如古之罗马，近之拿破仑第一，虽有成有败，而当其盛时，力足以囊括宇宙，震慑群雄，横肆侵吞，显违公法，谁敢执其咎？太弱者，如今之琉球、印度、越南、缅甸，千年旧国，一旦见灭于强邻，诸大国咸抱不平，谁肯以局外代援公法，致启兵端？——然则公法固可恃而不可恃者也。且公法所论，本亦游移两可。……由是观之，公法仍凭虚理，强者可执其法以绳人，弱者必不免隐忍受屈也。是故有国者，惟有发愤自强，方可得公法之益；倘积弱不振，虽有公法何补哉？噫！"③

唐常才在《交涉甄微》一文中揭露公法不可靠："《万国公法》

---

① 夏东元编：《郑观应集》上册，上海人民出版社1982年版，第388页。
② 夏东元编：《郑观应集》上册，上海人民出版社1982年版，第388、389页。
③ 夏东元编：《郑观应集》上册，上海人民出版社1982年版，第389页。

虽西人性理之书，然弱肉强食，今古所同。如英之墟印度，俄之灭波兰，日本之夺琉球、乱朝鲜，但以权势，不以性理，然则公法果可恃乎？——今夫不谙公法律例之学，其大病有二：一则如前异视远人之弊；一则动为西人恫吓，凡章程条约，事事予以便宜。"①

值得注意的是，当时许多人，包括维新巨擘梁启超使用"公法"一词时，其含义是"公理""法理"：

《湘报》所载"南学会问答"一文称："公法者，世界上人数相维相系之大经大法，亦即前古后今人心中相亲相爱之公性情。"②

万国不相统，谁能以一定之法使之必遵，将诸国交接之事，揆之于情，度之于理，为一定之法，则万国不能外矣。……有不遵公法，强执是非，妄兴兵革，则万国起功之。盖西洋之有公法，犹中国之有四书五经也。事虽近理，而公法所不载，前此未行者，诸国皆不敢妄行。犹中国之数典也，各国禁令，皆以生杀予夺为赏罚，独公法以荣誉为赏罚，以天性为权衡。③

梁启超笔下的公法一词，有时亦指公理："窃闻西国学校，种类非一，条理极繁，而惟政治学院一门，于中国为最可行，而于今日为最有用。其为学也，以公理（人与人相处所用谓之公理）、公法（国与国相交所用谓之公法，实亦公理也。）为经，以希腊罗马古史为纬，以近政近世为用。"④

西人政治家必事事推原于公理公法之学，以为行政之本，今之春秋者，乃公理公法之折衷也。……春秋一书，乃孔子经世之大法，为万世公理公法之祖。⑤

---

① 唐常才：《唐常才集》卷1，中华书局2013年版。
② 湘报馆：《湘报》上卷第22号，中华书局2006年版。
③ 邵之棠辑：《皇朝经世文统编》卷46，上海宝善斋1901年版。
④ 陈学恂主编：《中国近代教育史教学参考资料》上册，人民出版社1986年版，第499页。
⑤ 夏晓虹辑：《〈饮冰室合集〉集外文》上册，北京大学出版社2005年版，第2页。

康有为在《实理公法全书》中的"公法"一词，其含义与上述诸说不同，它是在"公理"指导下的处于根本（或基础）地位的法律制度以及评判是非的标准："凡天下之大，不外义理、制度两端。义理者何？曰实理，曰公理，曰私理是也。制度者何？曰公法，曰比例之公法、私法是也。实理明则公法定，间有不能定者，则以有益于人道者为断。然二者均合众人之见定之。……凡一门制度，必取其出自几何公理，及最有益于人道者为公法。"①

康有为所指"公法"包括如下内容②：

1. 总论人类门：人有自主之权；以平等之意，用人立之法；以兴爱去恶立法；重赏信罚诈之法；制度咸定于一，如公议以某法为公法，既公共行用，则不许有私自用诸比例之法。

2. 夫妇门：凡男女如系两相悦者，则听其自便，惟不许有立约之事。倘有分毫不相爱悦，则无庸相聚。其有爱恶相攻，则科犯罪者以法焉。

3. 父母子女门：凡生子女者，官为设婴堂以养育之，照其父母所费之原质及其母怀妊辛苦之功，随时议成定章，先代其子女报给该父母。及其子在堂抚养成立，则收其税以补经费。该子女或见其父母，公法于父母不得责子女以孝，子女不得责父母以慈，人有自主之权焉。

4. 师弟门：圣不秉权，权归于众。古今言论以理为衡，不以圣贤为主，但视其言论如何，不得计其为何人之言论。……凡师之于弟子，人有自主之权。

5. 君臣门：立一议院以行政，并民主亦不立。

6. 长幼门：长幼平等，不以人立之法施之。

7. 朋友门：朋友平等。

8. 礼仪门：（1）上帝称名：气化、原质、大主宰；（2）纪元纪年用历：以地球开辟之日纪元，而递纪其以后之年。历学则随时取

---

① 洪治纲主编：《康有为经典文存》，上海大学出版社2003年版，第1页。
② 洪治纲主编：《康有为经典文存》，上海大学出版社2003年版，第1—23页。

历学家最精之法用之；（3）威仪：凡行礼则有拱手、接吻、去帽、举手、点首、拥抱等事。大凡仪节不论繁简，总以发交医士考察其所立之法，行之而于身体有益否。其最有益之法，则推之为公法；（4）安息日时：凡立安息之日与时，视民众之贫富以为定。民富则增多安息之日，民贫则减少安息之日。其每日安息之时，亦民富则增，民贫则减。

9. 刑罚门：无故杀人者偿其命。有所因者，重则加罪，轻则减罪。

10. 教事门：教与治，其权各不相涉。

11. 治事门：（1）官制：地球各国管制之最精者，其人皆从公举而后用者。（2）身体官室器用饮食之节：凡身体、官室、器用、饮食之节，必集地球上之医学家考明之，取其制度之至精者。其节或分五等，或分三等，但所谓节者，其限制之界甚广，毋取太严。（3）葬：火葬、水葬、土葬，任格致家考求一至精之法。（4）祭祀：凡欲祭则以心祭，不用祭物，亦不用仪文，不限时，亦不限地。其前代有功之人，许后人择可立像之地，则立其像以寄遐思；有过之人，亦可立其像以昭炯鉴，且器物皆可铭其像焉。若有所爱之亡故，亦许私铭其像于器物，以寄余爱。惟其人本无功，则不许僭用立像于地上之权。其上帝及百神，本无像之可立，皆不许立。

12. 论人公法：凡论人者有二：一曰功，一曰过。功分为二途：一曰辟新知之功，一曰行善之功。过亦分为二途：一曰恶言之过，每于一人之身，当事事分论其功过。功过二者当互见之。若其人无功亦无过，则概视为平常人而不论。论古人与今人，其例皆同。凡论功过之法，无二事合论者，惟论毕则有总数。（1）论死节：凡论死节之人，当先考明其死节之时，从上相承之义理若何，即以若何之义理绳之，然后考明其死节之迹。（2）论为道受苦：为道受苦之人，倘绳以从上相承之义理，合应如此，则计其所受之苦若干，即与以若干之功，皆与论死节之法同。其绳以从人相承之义理，不应如此者，则其所受之苦，概置勿论。

后来，康有为《大同书》中所说"公法"含义又有不同，它指的是凌驾各国法律之上的规定："公议会条例为公法，驾各国法律之上。"①

由此可见，直至19世纪末，*International Law* 的汉语对译词并未确定。

《万国公法》传入日本后，日本学界也觉得 *International Law* 译为"公法"欠妥，因此 *International Law* 在日本又出现了多个不同译名②：

1. 津田真道在1866年出版的《泰西国法论》中译为"列国公法"："列国公法又细别为三：曰列国公法理论，曰列国通用公法，曰通信礼式。"

2. 爪生三寅于1868年将惠顿的《Elements of International Law》翻译为《交道起源》。

3. 小川为治在1874年出版的《学问之法》中译为"列国法"："列国法，定列国相关系之规律也，其所干涉非仅止于一国之上。"

4. 1875年出版的《东京开成学校一览》中译为"列国交际法。"

5. 箕作麟祥在1873年出版的《国际法》中第一次将 *International Law* 译为"国际法"："此学科之书，曩时米人丁韪良氏用汉文译同国之人惠顿氏之书，始以'万国公法'命名。其后，我国西氏上梓荷兰人毕洒林氏之口授成稿，亦题《万国公法》。故其名广传布于世，宛似此书普通之称，然若仔细考原名，'国际法'之字近乎允当，故今改名《国际法》。"岛田三郎1879年出版的《法律原论》以及河池金代1886年出版的《法学通论》都沿用了这一译法："虽称法，但非国法者，亦有数种。其第一为国际法，又称之为万国公法……国际法依诸国互交通或其人民、属民互交通之各国一般承认之习惯而成。""国际法，一名万国公法，规定国间相互关系者也。称万国公法，或与国内公法相对，称国外公法，此释义适于真正之国际法者也。"

20世纪初，留日学生将诞生于日本的"*International Law*"的对译词"国际法"带回中国。"际"的汉语古义为"彼此之间"，《韩非子·难一》："君臣之际，非父子之亲也。"因此，将"*International*"由"万

---

① 康有为：《大同书》，上海古籍出版社2015年版，第57页。
② 聂长顺：《近代日本汉字教育术语生成之研究》，博士后研究工作报告，武汉大学，2007年，第181页。

国"改译为"国际",更为恰当,学者金保康解释:

> 西历十世纪,西国学者饶楷氏 Zoucky 称国际法曰 Jus inter gentes。至十八世纪英国学者边沁氏 Bentham 改称曰 International Law。边氏以前,通称国际法曰万国法。Law of Nations 本于拉丁语之 Jus Gentiumr,意大利学者静迪礼氏 Albericus Gentilis、荷兰学者格鲁秋 Hugo Grotius 氏皆殚心于国际法。……中国尝译国际公法曰万国公法,易误解为万国通有之法,按英语曰 inter,与间字相协,故不如称曰国际公法叫妥。①

对于将"International Law"译为"国际公法",有学者对此表示异议:

> 万国公法以其意义为万国之法律,或释为万国之法律,故或释为万国共通之法律,其实国际法者,国与国间之法律之谓,而不有万国共通之法律之义也,故万国公法之名称,其于此点,颇觉失当。②

> 国家间之法律,但可译为国际法,不得加以公(Public)之名称。中国前译万国公法,日本改译为国际公法,实皆沿用之讹。按欧洲原拉丁语为 Jus inter gentes,英语为 International Law,法语为 Droit des gens,德语为 Vol perrecht,皆无公字,仅称国际法而已。③

此后,译词"国际公法"与"国际法"均为国人接受,如金保康、宁协万将自己的著作命名为《平时国际公法》《战时国际公法》。但"国际法"一词更为流行。

清末新政时期,清政府着手培养和储备裁判人才。在沈家本、伍廷芳等人的倡导下,中国历史上第一所官办"法律学堂"——京师法律学

---

① 金保康编:《平时国际公法》,东京丙午社1913年编印,第3页。
② 林棨编译:《国际公法精义》,译书汇编出版社1903年版,第3页。
③ 傅疆编:《国际私法》,天津丙午社1907年编印,第15页。

堂于1906年成立。国际法课程由日本教员岩井尊闻讲授，后经学员熊元翰、熊元楷将课堂笔记编辑成书《国际公法》，书中关于"国际法"的介绍，使国人对国际法有了系统了解：

> 国际法者，在国际团体、为国家间之法规、规律国家相互之关系者也。……国际法既系规律国家相互之关系，则在法规上，应属公法可知。国际法乃系国际团体间发达之现行法则，并非自然法、哲学，或道德主义之谓，学者有竟混视者，是宜注意。……现行国际法，本欧洲国家间所发达，今世界文明各国所行者也。……学者或以国际法分为国际公法与国际私法，然国际法既系国家间之法律，则唯国际公法为国际法，所谓国际私法，非国际法也。①
>
> 国际法乃国家间行为之准则，当事者间，平等受其拘束，不问国家势力如何，在国际法上，均属平等。国家以不反国际法为限，为自由之权利主体，他国不得干涉，故若一国违反国际法，而各国只可行其自己所有之权利，不得加以法律制裁也。国际法并非由外部优者以法的手段而使强行之法律，乃国家各以遵法的精神而行之之法律也，故若有一规则，视为国际法，国家均遵奉之，以为国际行为，则其成为法律明矣。②
>
> 国际法规，可依其所拘束国家治多少而区别之。（一）一般的国际法。（二）特别的国际法。一般的国际法云者，即对组成国际团体之国家，有一般拘束力之国籍法规也，如红十字条约、陆战法规、惯例是。特别的国际法云者，即对国际团体内之特别国家，特有拘束力之国际法规也，如领事职务条约、同盟条约、交付犯人条约是。③
>
> 国际法之渊源云者，即吾人得依之发见国际法存在之具者也。

---

① 何勤华主编：《清末民国法律史料丛刊京师法律学堂笔记》之《国际公法》，上海人民出版社2013年版，第7、8、9、10页。

② 何勤华主编：《清末民国法律史料丛刊京师法律学堂笔记》之《国际公法》，上海人民出版社2013年版，第12页。

③ 何勤华主编：《清末民国法律史料丛刊京师法律学堂笔记》之《国际公法》，上海人民出版社2013年版，第15页。

国际法之渊源，非国际法之原因，学者有混同之者，务须注意。国际法之渊源有三：（一）国际惯例。（二）条约。（三）合议。……惯例必有法律性质，故单系国际礼让之习惯，决非国际法渊源，譬如当君主冠婚丧祭时接受诸礼之仪式，非惯例也。……国际惯例条约及合议，并非即为国际法，所谓国际法者，乃从国际惯例条约及合议而抽象得之之法规的观念也，何谓法规的观念，系属学者研究之事。①

故古所谓国际法者，特其种子而已，萌芽而已。迨敌视外人之念，渐以薄弱，仍有贱视之风，其间虽偶有保护外人之事，特系一时恩惠，而以平等为主之国际法，尚未存在也。其事虽出于一时，然有出于商议者，有结为协商者，此等团体意思之交换，即为国际法的意思之始，所谓国际法种子是也。以下特举古代代表文明国民之性格，以说明其国际法之概念如何。……唯埃及人之为此，并非敬外人，视为与己同等，特因其爱和平之天性而出于优待已耳，故是时欲求如今日有以平等为主之国际法之存在，不可得也。……由是观之，印度文明，其不得与国际法的思想相接触可也。……故虽偶有国际行为，而其动机全出于宗教，无法律之意义存，故学者言希腊有国际法者误也。……罗马文明，受诸世界之旧文明国，数经陶冶，遂成一新文明而传于后，且对旧文明国之法律制度，尚有所补创，求其有关于国际法的思想者，即为神法神官。依以上所述观之，罗马夙有国际法的法律，唯其法律不得即目为国际法，实国法也，学者有以万民法为国际法者，不知万民法乃外人亦得适用之法律，亦为罗马国法。后至罗马末期，竟以尝视为外人之土民，视为国民，其国际法的臭味，遂全无存在，由是观之，罗马时代，如今日所谓国际法，仍属乌有。……巴黎媾和会议，因英法两国提议，有海上国际法之宣言。以上巴黎宣言，乃继承武装中立主义而完成之，嗣各国加入，遂为国际法上重要原则。②

---

① 何勤华主编：《清末民国法律史料丛刊京师法律学堂笔记》之《国际公法》，上海人民出版社2013年版，第17、18、22页。
② 何勤华主编，[日]岩井尊闻口述，熊元翰、熊元襄记录：《清末民国法律史料丛刊·京师法律学堂笔记》之《国际公法》，上海人民出版社2013年版，第23、25、26、27、28、53页。

当孚哥格罗休以前，国际法学，尚未成独立之学问，荷兰孚哥格罗休出，国际法学，遂成一种学问，具有完全之形态，氏所著书，最有名者，曰《特优黎伯理亚若拍时》，即平战条规是也，氏分国际法规为二：一、自然法（必至的不变法）。二、任意法（人定法）。前者出于人类天性，后者乃由国民合意而生。……格罗休之后，沙米埃鲁方卜呼莺特鲁夫出，著自然法及万民法二书，以国际法为自然法之一部，其后又有苦里斯市安方越鲁夫康德，亦以自然法观念，说明国际法。英国自画氏排斥自然法主义，以国际法求诸惯习条约，此派中有名学者，如盛廉斯恪德斯托乌埃鲁等是。至沙米埃鲁拉哈鲁出，始对国际法与以正当解释，氏以自然法，万民法，与国际法分，以国际法为定国家间关系，此派中有名学者，如宾喀鲁雪苦野恪卜毛济鲁等是。近来国际法有名学者，列举如下。①

1912年11月，中华民国出台《法政专门学校规程》，1913年年初《大学规程》规定："法政专门学校，以养成法政专门人才为宗旨。"法律学门所学科目包括：宪法、行政法、刑法、民法、国际公法、国际私法等。在此背景下，朝阳大学于1913年7月成立。国际法课程使用的教材为《平时国际公法》《战时国际公法》，其论及"国际法"颇为详尽：

> 欧西学者，辄以国际法为欧洲所专有，故惟欧洲诸国或耶稣教诸国可以适用，抑知吾中国之有国际法之观念，实先于欧洲。夫国际法之观念，何自而发达，则不可不一究国际法所以成立之原因。美Woolsey曰：国际法者，耶稣国间行为之规则也。又Davis所著国际法中有言曰：新约中耶稣教之教理可作为国际间行动之规则而遵行之，且可藉是以判断各国行为之正当与否；又曰：完全之国际法唯欧洲耶稣教国及亚美利加其他欧洲耶稣教人民之殖民国可以适用，以此等人民之历史相同且其法律道德又彼此相同也。近今适用国际法之范围虽已扩张，自一八五六年承认土耳其以来，中国日本亦相

---

① 何勤华主编，[日]岩井尊闻口述，熊元翰、熊元襄记录：《清末民国法律史料丛刊·京师法律学堂笔记》之《国际公法》，上海人民出版社2013年版，第66、67页。

继入此范围，然此数国之适用国家法决不能如在欧洲之完全也。

西谚有曰，有社会斯有法律。国与国相集而成一国际团体之大社会，斯不可无法。其法维何，国际法是也。国际法之所以成立，有二大基础：（一）国家之独立，（二）国家之平等，是也。自周室分封以来，列国并峙，往来交际，悉有成规，已有与今日之国际法相符合者。美人丁韪良谓中国公法早寓封建之始，而显著于春秋之世，谅哉斯言。故中国之有国际法之观念，距罗马万民法成立二百年前，已具胚胎，征之记载，斑斑可考，非好为夸诞附会之词也。①

国与国交际而有行为，以有行为故而有规则，此规则为文明诸国所承认，是谓之国际法。第一、国与国交际而有行为，此行为之规则曰国际法。第二、文明诸国之行为所奉为规则者，曰国际法。第三，国际法必经文明国之承认。……国际法为法律乎，抑或非法律乎，此学者所聚讼者也，试举其要领如下。第一、国际法非法律说。第二、国际法为法律说。②

何者为国际法之渊源，学说不一。今就其主要者，列举如下：一、条约。条约之性质，内容不一，故何种条约，可为国际法之渊源，当分别论之。甲、以条约认为国际法之原则者。乙、所缔条约，虽与现行国际法不符，而缔结当事国间，已经实行，且希望将来为各国所采用者。三、国内法。一国之法律，其效力不及于国土以外，此原则也。然其规定，有适于正义人道、应乎时势之必要者，他国必模仿之，或订为条约，或成为习惯，日久即为国际法。四、判决例。法庭所下之判决，关于公法、私法之问题与数国之法律关系，而合乎正义人道者，亦得为国际法之渊源。捕获审判厅，为一国之机关，专为国际法之原则，审理海上捕获事件，故其判决，足以为战时国际法之渊源者颇多。海牙公断法院，以纷争国所选定之法官组织成之，基于国际法之规则，或一般之观念，以审理国际纷争，故其判决为国际法之最有力者。五、学说。十七、十八世纪时代，

---

① 李秀清主编：《清末民国法律史料丛刊·朝阳法科讲义》之《平时国际公法》，上海人民出版社2013年版，第9页。

② 李秀清主编：《清末民国法律史料丛刊·朝阳法科讲义》之《平时国际公法》，上海人民出版社2013年版，第18、20页。

学者之议论多为国际法之渊源，如和兰治格鲁秋 Hugo Grotius 其最著者也。近世以来，立法事业虽移属于政治家及裁判官，而学说亦大有影像于国际行为，一经各国之承认即得为国际法，故即为国际法之渊源。关于国际法之学会有二：一曰万国国际法学会 Institut de droit international；一曰万国国际法协会 Association of International. 此等学会之决议，多为列国所重，亦国际法渊源中之重要者。①

除了上述教材之外，"国际法"一词还见于多种报刊及书籍、辞典之中：

攻法子在1902年12月出版的《译书汇编》第10期上发表《论研究政务为今日之急务》："吾国民深痛主权之失，不能不归罪于前此之立约者。然平心而论，立约者之罪固无可辞，而当时举国蒙昧，无一人知国际法之原理，起而鸣其非者，则国民全体，盖亦不能不分任其责也。"②

国际法者，民族文野之所由分，而国际荣辱之所由系也。③

各国立法权各在本国，不归公议会，公议会但议国际法。各国立法权虽归各国，而全地公法权归公政府上下议院。各地亦有立法自治权。而全地法律归公政府之上下议院公议立法。④

1907年，《云南杂志》载"论国民保存国土之法"："国民不知国家学，则无爱国心；国民不知国际法，则无真爱国心。"⑤

1909年，《外交报》载"论今日中国对于国籍投资之可危"："外交的方面者何？据国际法财产权言之，有属于公法者，有属于私法者。国际私法之财产权，如私人与私人间之物权、债权或无形财产权是也。国

---

① 李秀清主编：《清末民国法律史料丛刊·朝阳法科讲义》之《平时国际公法》，上海人民出版社2013年版，第22页。
② 丁守和主编：《辛亥革命时期期刊介绍》第1集，人民出版社1982年版，第64页。
③ 《外交报》第249期。
④ 康有为：《大同书》，上海古籍出版社2015年版，第58页。
⑤ 张枬、王忍之编：《辛亥革命前十年间时论选集》第2卷下册，生活·读书·新知三联书店1963年版，第828页。

际公法之财产权,如领土及领土以外国有之动产、不动产是也。国际投资,为属于私法乎?公法乎?其界划颇难明了。惟方今文明国多有领土以外之财产,不问版图内外,此财产权悉在其国旗之下,因国际公法上固认国家有唯一之人格之原则也。然则以其国有之财产权置于我领土以内,即不止彼国有领土以外之领土矣。更据国际法自卫权言之,有对于他国为保护自国人民之干涉,及保护自国利益之干涉。"①

1923年1月,《国际公法要略》阐述国际法定义:"今拟为立一国际法之定义,曰国际法者,所以决定(Determine)文明各国之一般团体,于其相互待遇中之行为(Conduct)之规则也。国际法之性质,方术界度及其所关于伦理者若何,至今尚辩论纷纭,莫衷一是。其欲为之建立定义者,以异议之分歧,意见之各异,鲜有能超然远举,不稍偏倚者。治国际法学者,其职在于抉出各国往来晋接之时,其实际上所遵守之常规。"②

1927年,李祖荫主编《法律辞典》释"国际法":"*International law, International recht* 行于一国主权与他国主权间之法律也。学者中有谓国际法非法律而为国际礼让者,其根据有三:(1)谓国际法无强行力,究之,无强行力者,殊不妨其为法律。盖国内法亦有无强行力者,如民商法中之规定,多属听许法,况强行力仅居法律要素之一,随时代而变迁,无强行力之法律,有时亦得为法律;(2)谓国际法无立法者,然观国际法之成立,大都经过各国之会议,各国之会议,即国际法之立法机关;(3)谓国际法无裁判所,然如海牙和平会议往往判断国际间之纷争,今之国际联盟,其判断是非之权,比之海牙和平会议尤大。国与国交际而有行为,故而有规则,此规则为文明诸国所承认,是谓之国际法。"③

1933年汪翰章主编《法律大辞典》释"国际法":"(英) *International law*;(德) *Internationales Recht*;(法) *Droit international*;(意) *Diritto in-*

---

① 张枬、王忍之编:《辛亥革命前十年间时论选集》第3卷,生活·读书·新知三联书店1977年版,第508页。
② 李天纲主编,[英]卢麟斯(T. J. Lawrence)著:《国际公法要略》,钟建闳译,上海社会科学院出版社2017年版,第1页。
③ 李秀清主编:《清末民国法律史料丛刊·法律辞书》之《法律辞典》,上海人民出版社2013年版,第184页。

ternazionale。（一）意义。一名国际公法。二个以上之国家规律相互关系所设之法则也。（二）成立要件。国际法之成立，有下列诸要件：（1）要为多数之独立国家，立于对等之地位，有相互之关系。（2）必有通商及其他何等之共通利害。（3）有文明相互共通之点。（4）国家之国际行为与国内行为相同，依一定之准则而被支配且有共通之法信。（三）国际法与国内法之区别。（1）国内法之对象乃国家与人民间或人民与人民相互间之权利义务关系，国际法则为国与国间权利义务关系。（2）国内法之施行有强制力，国际法则少有强制力。（3）国内法之成立有一定之手续，国际法则无确定之形式。（4）国内法之施行乃在本国以内，国际法则行之于国际间。（四）学者间有谓国际法非法律而为国际礼让者，其根据有三：（1）谓国际法无立法者。然视国际法之成立，大都经过各国之议会，即国际立法机关。（2）谓国际法无强行力。殊不知国际战争时，交战国对于违背局外中立之国家及运送战时禁制品时，则可以捕拿其船舶裁判与没收，此岂非一种强行力？纵据论者所谓国际法无强行力，但强行力亦非法律绝对的要素，无强行力之法律有时亦得为法律。（3）谓国际法无裁判所。然如海牙和平会议，往往裁判国际间纷争；今之国际联盟，其裁判是非之权比之海牙和平会议尤大。"[①] 该词条后面，作者列出了若干包含"*International law*"和"国际法"的参考书目：C. G. Fenwick, *International Law*; W. Hall, *International Law*, 8th ed. by A. Pearce Higgins; Amos S. Hershey, *The Essentials of International Public Law and Organization*, revised edition; T. J. Lawrence, *The Principles of INternational Law*, 7th ed., by P. H. Winfield; L. Oppenheim, *International Law*, 2 Vols., 4th ed., by A. D；《现行国际法》（宁协万）；《国际法大纲》（周鲠生）；《中国国际法论》（张森如译）；《国际法概论》（彭学沛译）；《国际法 ABC》（朱采珍）。

1932 年 12 月，《国际法新趋势》阐述了国际法在新世纪面临的挑战："前次之世界大战，确已令人对于国际法之价值、效力及其根本存在问题，深致隐忧。已往之种种违反条约，蔑视法规及各国交涉上之擅

---

① 李秀清主编：《清末民国法律史料丛刊·法律辞书》之《法律大辞典》，上海人民出版社 2013 年版，第 626 页。

专行动,更不能不使吾人发生怀疑与悲观。于是议论纷纭,有谓国际法已破产者,有谓自今而后决不能再令各国之行动受强制法规之管辖者。然此种最初之映像,未能久持,盖人类终必承认,欧战破坏之后,国际法依然存在。……此种厄运,更足为若干法规作一种有无价值的试验机会,并显示吾人,尚有其他许多问题之解决方法为国际法所未曾注意。吾人犹可作一国际法法规上之总测验,以得出一结论:即觉有若干法规已陈旧而失其真确,其余有原则尚佳而不能与现在环境相吻合者。总之,国际法却已显露缺点,而立待修补,则为不可讳言者也。在此种初期失望声浪之后,顿现一种可以信任前途之观念:即创立一新国际法之趋势是也。关于改造、革新、发展国际法,及使之民主化之呼声日高,著书立说者亦屈指难数,尤以美国为最盛。实则关于是项问题之观察,人各有不同。有主张国际法宜设法使之适合新环境者,有谓宜用新原则代替旧原则以改造之者。要之,吾人确信国际法业已深入或正向一生面的进化路上前进无疑,就实际而言,大多数国际法学者所注意之现状,并不如彼等所设想之奇特。此种现状,于国际法并不能引为新奇,仅为一切法律所共有之进化的、相对的一种性质上之简单表示。"①

1945年6月,《联合国宪章》:"第一章 宗旨及原则 维持国际和平及安全,并为此目的,采取有效集体办法,以防止且消除对于和平之威胁,制止侵略行为或其他和平之破坏,并以和平方法且依正义及国际法之原则,调整或解决足以破坏和平之国际争端或情势。"②

20世纪后,19世纪中叶以来流行的"公法"一词,成为与"私法"相对应的法律术语,其含义特指:

> *Public law*, *offentlisches Recht*. 规定国家与国家或国家与个人之法律也。如国际公法、宪法、行政法、刑法、民、刑诉讼法是。公法与私法之区别,自罗马以来,学者间类多议论,虽在今日,尚未有一致之标准。(1)无差别说,谓法之本质,唯一无二,无公法与私

---

① 李天纲主编,[希腊]鲍烈帝斯(N. Politis)著:《国际法之新趋势》,但荫荪译,上海社会科学院出版社2017年版,第1、2页。

② 林纪东等编:《新编六法(参照法令判解)全书》,五南图书出版公司1965年版,第1633页。

法之泣别者；(2) 差别说，此说倡自 Utpianus 氏。①

（英）Public law、（德）offentliches、（法）Droit public、（意）Diritto pubblico、（拉）Jus pubblicum 对于私法而言，规定关于国家本身之组织及主权作用之法律为公法。例如国际公法、宪法、行政法、刑法、民、刑诉讼法，皆属于公法。公法与私法之区别标准，自罗马以来，学说纷纭，大别之有三：（一）利益说。以保护一般的利益即私益为目的之法律为私法。（二）法律关系说。（1）公法为对人之法律，私法为对物之法律。（2）公法为定不平等者间之关系，即权利服从关系之法律，私法为定平等间关系之法律也。（3）公法为规定国家权力关系之法律，私法乃规定权利关系之法律。（三）主体说。规定国家与国家，及国家与私人之法律关系为公法，专规定私人与私人相互间之法律为私法。三说中以此说较为稳当。此外，又有所谓无差别说，谓法之本质，惟一无二，无公私之别。②

第三节 "邦""国""邦国""国家"对译 State③

"邦"与 State 汉英对译举要：

1. "Thus the internal sovereignty of the United States of America was complete from the time they declared themselves 'free, sovereign, and independent States.' on the 4th of July, 1776."④

即如美国之合邦，于1776年间，出诰云："以后必自主、自立，不再服英国。"⑤

---

① 李秀清主编：《清末民国法律史料丛刊·法律辞书》之《法律辞典》，上海人民出版社2013年版，第15页。

② 李秀清主编：《清末民国法律史料丛刊·法律辞书》之《法律大辞典》，上海人民出版社2013年版，第59页。

③ 参见拙文《〈万国公法〉与近代西方国家理论及其术语的输入》，《惠州学院学报》2013年第2期。

④ Henry Wheaton, *Elements of International Law*, Boston: Little, Brown and Company, 1855, p. 30.

⑤ [美] 惠顿：《万国公法》，[美] 丁韪良译，何勤华点校，中国政法大学出版社2003年版，第28页。

2. "Art. 1, that the islands of Corfu, Cephalonia, Zante, St. Maura, Ithaca, Cerigo, and Paxo, with their dependencies, shall form a single, free, and independent State; under the denomination of the United States of the Ionian Islands."①

其一条云:"以阿尼诸岛,合成一国,自立、自主者,名为阿尼合邦"。②

3. "The political unity of the States which compose the Austrian Empire forms what the German publicists call a community of States."③

数邦如此而合者,即所谓拼国也。④

"国"与 State 汉英对译举要:

1. "Hence the public jurists frequently use the terms sovereign and State as synonymous. So also the term sovereign is sometimes used in a metaphorical sense merely to denote a state, whatever may be the form of its government, whether monarchical, or republican, or mixed."⑤

此公法之所以君国通用也。然此二字之通用,不拘于法度。盖无论其国,系君主之,系民主之,无论其君权之有限、无限者,皆借君以代国也。⑥

---

① Henry Wheaton, *Elements of International Law*, Boston: Little, Brown and Company, 1855, p. 46.
② [美] 惠顿:《万国公法》,[美] 丁韪良译,何勤华点校,中国政法大学出版社 2003 年版,第 38 页。
③ Henry Wheaton, *Elements of International Law*, Boston: Little, Brown and Company, 1855, p. 56.
④ [美] 惠顿:《万国公法》,[美] 丁韪良译,何勤华点校,中国政法大学出版社 2003 年版,第 45 页。
⑤ Henry Wheaton, *Elements of International Law*, Boston: Little, Brown and Company, 1855, p. 29.
⑥ [美] 惠顿:《万国公法》,[美] 丁韪良译,何勤华点校,中国政法大学出版社 2003 年版,第 27 页。

第三章　近代法学术语的译定（一）

Thus the internal sovereignty of the United States of America was complete from the time they declared themselves "free, sovereign, and independent States," on the 4th of July, 1776. It was upon this principle that the Supreme Court determined, in 1808, that the several States composing the Union, so far as regards their municipal regulations, became entitled, from the time when they declared themselves independent, to all the rights and powers of sovereign States, and that they did not derive them from concessions made by the British king. The treaty of peace of 1782, contained a recognition of their independence, not a grant of it. From hence it resulted, that the laws of the several State governments were, from the date of the declaration of independence, the laws of sovereign States, and as such were obligatory upon the people of such State from the time they were enacted. It was added, however, that the court did not mean to

（即如美国之合邦，于1776年间，出谕云："以后必自主、自立，不再服英国。"）
(*Thus the internal sovereignty of the United States of America was complete from the time they declared themselves 'free, sovereign, and independent States.' on the 4th of July, 1776.*)

2. "The recognition of any State by other State, and its admission into the general society of nations, may depend, or may be made to depend, at the will of those other States."①

若新立之国，蒙诸国相认，迎入大宗与否，悉由诸国情愿。②

3. "If on the other hand, the change be effected by external violence, as by conqest confirmed by treaties of peaces, its effects upon the being of State are to be determined by the stipulations of those treaties."③

若其国遭外凌而致变，即如被敌征服，而后有和约以坚其事，

---

① Henry Wheaton, *Elements of International Law*, Boston: Little, Brown and Company, 1855, p. 29.
② ［美］惠顿：《万国公法》，［美］丁韪良译，何勤华点校，中国政法大学出版社2003年版，第28页。
③ Henry Wheaton, *Elements of International Law*, Boston: Little, Brown and Company, 1855, p. 32.

则其国之存亡如何，必视此和约之章程而断也。①

The recognition of any State by other States, and its admission into the general society of nations, may depend, or may be made to depend, at the will of those other States, upon its internal constitution or form of government, or the choice it may make of its rulers. But whatever be its internal constitution, or form of government, or whoever may be its rulers, or even if it be distracted with anarchy, through a violent contest for the government between different parties among the people, the State still subsists in contemplation of law, until its sovereignty is completely extinguished by the final dissolution of the social

（若新立之国，蒙诸国相认，迎入大宗与否，悉由诸国情愿）（The recognition of any State by other State, and its admission into the general society of nations, may depend, or may be made to depend, at the will of those other States.）

"邦国"与 State 汉英对译举要：

1. "The international effects produced by a change in the person of the sovereign or in the form of government of any State, may be considered."②

邦国易君主、变国法之时，其于公法如何，可论有四。③

2. "A sovereign State is generally defined to be any nation or people, whatever may be the form of its internal constitution, which governs itself independently of foreign powers."④

---

① ［美］惠顿：《万国公法》，［美］丁韪良译，何勤华点校，中国政法大学出版社 2003 年版，第 30 页。
② Henry Wheaton, *Elements of International Law*, Boston: Little, Brown and Company, 1855, p. 36.
③ ［美］惠顿：《万国公法》，［美］丁韪良译，何勤华点校，中国政法大学出版社 2003 年版，第 34 页。
④ Henry Wheaton, *Elements of International Law*, Boston: Little, Brown and Company, 1855, p. 45.

第三章　近代法学术语的译定（一）

凡有邦国，无论何等国法，若能自治其事，而不听命于他国，则可谓自主者矣。①

3. "*States may be either single, or may be united together under a common sovereign prince, or by a federal compact.*"②

（**邦国或系独立，或系数邦相合**）(*States may be either single, or may be united together under a common sovereign prince, or by a federal compact.*)

邦国或系独立，或系数邦相合，以同奉一君而相合者有之，以会盟而相合者亦有之。③

"国家"与 *State* 汉英对译举要：

"*The State does not even touch the sums which it owes to the enemy; everywhere, in case of war, the funds confided to the public, are exempt from seizure*

---

① ［美］惠顿：《万国公法》，［美］丁韪良译，何勤华点校，中国政法大学出版社2003年版，第37页。
② Henry Wheaton, *Elements of International Law*, Boston: Little, Brown and Company, 1855, p. 55.
③ ［美］惠顿：《万国公法》，［美］丁韪良译，何勤华点校，中国政法大学出版社2003年版，第44页。

and confiscation."①

至国家自欠于敌人之债，则不能不还。缘无论何处，有托公信而存钱物者，皆至于捕拿之权外②

> in his subjects only in the firm persuasion that the general usage would be observed. The State does not even touch the sums which it owes to the enemy; everywhere, in case of war, the funds confided to the public, are exempt from seizure and confiscation." In another passage, Vattel gives the reason of this exemption. "In reprisals, the property of subjects is seized, as well as that belonging to the sovereign or State. Every thing which belongs to the nation is liable to reprisals as soon as it can be seized, provided it be not a deposit confided to the public faith. This deposit being found in our hands only on account of that confidence which the proprietor has reposed in our good

通商故也至国家自欠于敌人之债，则不能不还，缘无论何处有托公信而存钱物者，皆聚于捕拏之权外，不但在疆内者，不能强留其人，即货物，亦不能强留，盖其人疆，皆系托公信而来，既准其居住，则当戢始战时，亦必准其出疆，且非默许乎，战始限以日期，使之搬运货物而去，如过期迟滞，不急行搬运，则可以敌视之，但不可视同带有兵仗之敌耳，由此观之，战之始，所有敌国货物在我疆内者，或货债欠于彼民者，无论欠者为君为民，皆不可捕拏入公此

一 State 的西义

释 State："*The political system of a body of people who are politically organized; the system of rules by which jurisdiction and authority are exercised over such a body of people.*"③

State 一词出现于 13 世纪，经过近 600 余年的演变，到 19 世纪初，State 的含义为："*A state is a community of persons living withincertain limits of territory, under a permanent organization which aims to secure the prevalence of justice by self-imposed law. The organ of the state by which its relations with other states are managed is the government. —Theodore D. Woolsey, introduction to the Study of international Law（1878）.*"④

---

① Henry Wheaton, *Elements of International Law*, Boston: Little, Brown and Company, 1855, p. 368.
② [美]惠顿：《万国公法》，[美]丁韪良译，何勤华点校，中国政法大学出版社 2003 年版，第 184 页。
③ *Black's Law Dictionary* St. Paul, Minn.: West Pub. Co. 1979, p. 1443.
④ *Black's Law Dictionary* St. Paul, Minn.: West Pub. Co. 1979, p. 1443.

20 世纪，*State* 的内涵更加丰富：

John Salmond. 在 1947 年出版的 *Jurisprudence* 一书中，将 *State* 定义为："*A state or political society is an association of human beings established for the attainment of certain ends by certain means. It is the most important of all the various kinds of societi in which men unite, being indeed the necessary basis and condition of peace, order and civilization. What then is the difference between this and other forms of association? In what does the state differ from such other societies as a church. A university, a joint-stock company, or a trade union? The difference is clearly one of function. The state must be defined by reference to such of its activities and purposes as are essential and characteristic. —John Salmond. Jurisprudence*（1947）."①

J. L. Brierly 在 1955 年出版的 *The Law of Nations* 解释 *State*："*A State is an institution, that is to say, it is a system of relations which men establish among themselves as a means of securing certain objects, of which the most fundamental is a system of order within which their activities can be carried on. Modern states are territorial; their governments exercise control over persons and things within their frontiers, and today the whole of the habitable world is divided between about severity of these territory; it is only one among a multitude of other institutions, such as churches and corporations, which a community establishes for securing different objects, though obviously it is one of tremendous importance; noon the less it is not, except in the ideology of totalitarianism, an all-embrancing institution, not something from which, or within which, all other institutions and associations have their being; many institutions, e. g. federations of employers and of workers, transcend the boundaries of any single state.*"②

国家是指：永久定居在一定领土之上，因共同的习惯和风俗并为促进共同的安全和进步而结合在一起的人的集合体，国家的主要特征是 *Sovereignty*（主权），即通过一个有组织的政府对其领土内的所有人和事进行控制而不受他国干涉的权利。它由 *Citizen*（公民）、*Territory*（领土）

---

① *Black's Law Dictionary* St. Paul, Minn.：West Pub. Co. 1979，p. 1443.
② *Black's Law Dictionary* St. Paul, Minn.：West Pub. Co. 1979，p. 1443.

和 *Sovereignty*（主权）三个核心要素组成。

根据行使主权者身份的不同，人们将国家区分为君主专制与人民主权两种类型。*State* 属于后者，它是近代西方资产阶级革命的产物。

意大利政治思想家尼科洛·马基雅维利（Niccall Machiavslli，1469—1527）是最早在近代意义上使用 *State* 的思想家之一。在《李维史论》一书中，马基雅维利论述 *State* 与 *Citizen*（公民）的关系时说，公民应将公共利益置于个人利益之上："他们必须准备为之奋斗的，不是自己的利益，而是公共的利益，不是个人的后代，而是共同的 *State*。"此后，法国政治思想家让·布丹（Jean Bodin，1530—1596）又将 *State* 与 *Sovereignty*（主权）联系在一起："*Sovereignty*（主权）是 *State* 进行指挥的一种绝对的、永恒的权力。它是超乎公民和臣民之上，不受法律限制的最高权力。"没有 *Sovereignty*（主权），*State* 就不再存在。*Sovereignty*（主权）是 *State* 最根本的属性，它具有永恒性、绝对性、无限性等特点。

二 "邦""国""邦国""国家"的古汉语义

在古汉语中，"邦"的含义为：

1. 名词"国"，如《尚书·尧典》："百姓昭明，协和万邦。"《说文解字注》解释"国"字："国，邦也；按邦国互训，浑言之也。周礼注曰：大曰邦，小曰国，邦之所居亦曰国；从口，从或。"

2. 动词"分封"，如《尚书·蔡仲之命》："叔卒，乃命诸王，邦之蔡。"

"国"在古汉语中的含义为：

1. "国家"，如《周礼·天官·太宰》："以佐王治邦国。"注："大曰邦，小曰国。"

2. "国都，城邑"，《左传·隐公元年》："先王之制，大都不过三国之一。"《国语·周中》："国有邦事，县有序民。"注："国，城邑也。"

3. "封地，食邑"，《战国策·齐四》："孟尝君就国于薛。"

"国"的繁体作"國"。"國"字最初出现在殷商时期的甲骨文中，字形从口、从戈、从一，三个部分加在一起就是"或"字。"一"："惟初大极，道立于一。造分天地，化成万物。《汉书》：元元本本，数始于一。"① 由"一"可以引申出土地之意；"口"："人所言食也。言语饮食者，口之两大端舌下亦曰口，所以言别味也。"② "口"可以引申出人口、民人之意；"戈"："戈，平头戟也。《考工记》：冶氏为戈，广二寸，内倍之，胡三之，援四之。""戈"指兵器，从中可以引申出战争之意。

周初金文中"或"字指城邑，《说文解字注》："邑，国也；凡称人曰大国，凡自称曰敝邑。……凡邑有宗庙先君之主曰都，无曰邑。"③

在稍后的侯马盟书中出现了"或"字外面加口（音围）的与"國"字类似的字，"囗"表示四方形的城墙。因此，"國"字的含义有三层：城墙、武器；土地；民众。

到宋时，繁体"國"字演变为从囗、从玉的简体"国"字，其中间的"玉"字与"王"字相通，据《广韵·烛韵》："玉，《说文》本作王，隶加点以别王字。""王"即"君""天子"。因此，李华兴等人认为："从'國'到'国'的简化，删去了人口要素，突出了疆域和王权的含义。"④ 这正反映了历代最高统治者"朕即国家"的观念。

"邦国"与"邦""国"的第一义相同，意为"国家"：《汉书·刑法志》："昔周之法，建三典以刑邦国。"

关于"邦""国""邦国"三者的关系，丁韪良在《公法便览》与《公法会通》的凡例中如此解释：

"邦国二字虽系通用，然书中所称，自万乘以至百乘皆谓之国也。若邦或偶指自主之国而言，而于屏藩以及数国合一，则以邦名其各国者为常。"⑤ 丁韪良笔下的"邦""国""邦国"三字的含义大多数情况下是互通的。

"国家"由"国"与"家"两个单音节词组成。"国"的含义已如上述，"家"在《说文解字注》解释为："家，凥处也；宫牖之间谓之

---

① （清）段玉裁：《说文解字注》，上海古籍出版社1981年版，第3页。
② （清）段玉裁：《说文解字注》，上海古籍出版社1981年版，第54页。
③ （清）段玉裁：《说文解字注》，上海古籍出版社1981年版，第283页。
④ 李华兴：《中国近代国家观念的形成与发展》，安徽教育出版社2005年版，第6页。
⑤ ［美］丁韪良等：《公法便览·凡例》，光绪四年同文馆聚珍版；《公法会通·凡例》，光绪六年同文馆聚珍版。

宸，其内谓之家。"其意思有三：

1. 家族、家庭：《诗经·周颂》："克定厥家"；《墨子·尚同》："治天下之国若治一家。"

2. 卿大夫的采邑食地：《周礼·夏官》："家司马各使其臣。"

3. 结婚成家：《楚辞·离骚》："及少康之未家兮，留有虞之二姚。"

当"国"与"家"联用，组成词组"国家"后，其含义为：

1. 指的是"国"与"家"两个概念：《孟子·离娄上》："人有恒言，皆曰天下国家。天下之本在国，国之本在家。"汉赵岐注："国谓诸侯之国，家谓卿大夫也。"宋孙奭疏："天子有天下，公侯有国，大夫有家……然有国者不可以称天下，有天下者或可以称国，故诸侯谓之邦国，天子谓之王国。"[①] 此外，唐孔颖达注解《中庸》："天下国家均可也。"一句："天下谓天子，国谓诸侯，家谓卿大夫。"这表明天下、国、家是三个彼此联系、又严格区分的概念。

2. 国家为国之通称。《尚书·立政》："其惟吉士，用劢我国家。"《韩非子·爱臣》："社稷将危，国家偏威。"

3. 公家。《梁书·贺琛传》："我自除公宴，不食国家之食，多历年稔，乃至宫人亦不食国家之食，积累岁月。"

4. 帝王。《后汉书·祭祀志》上："国家居太守府舍，诸王居府中。"指光武帝。《晋书·陶侃传》："侃厉声曰：'国家年小，不出胸怀。'"此处"国家"指成帝。

在历史文献中，"国家"常与"土地、人民"联系在一起：

《荀子·致士》："川渊者，鱼龙之居也；山林者、鸟兽之居也；国家者，士民之居也。川渊枯、则鱼龙去之，山林险，则鸟兽去之，国家失政、则士民去之。无土则人不安居，无人则土不守，无道法则人不至，无君子则道不举。故土之与人也，道之与法也者，国家之本作也。"

《明史·陈友定传》："郡县者，国家之土地。官司者，人主之役。而仓廪者，朝廷之外府也。"

《三国志·魏书》："然则士民者，乃国家之镇也；谷帛者，乃士民

[①] （清）阮元：《十三经注疏》下册，上海古籍出版社1997年版，第1414页。

之命也。"

比较 State 与其汉语对译词"国""国家",可以看出两者的内涵大体相近,从"国"字的构成,可以看出国家与"土地、人民、主权"的关系。近代西方 State 一词与近代中国"国""国家"的最大区别,在于主权的归属有异,前者归民,后者归君。

三 "State"译为"邦""国""邦国""国家"

英国传教士麦都思①在 1847 年 2 月 3 日完稿的《字典》中,将 State 解释为:

> Country 国,邦,域,国家,邑;High official of state,大臣;State affairs 国家之事;Counciallor of state 军机大臣;a state prisoner 钦犯;State of nation 国势。②

《元史·刑法志》:"诸国家有事于郊庙,凡献官及百执事之人,受誓戒之后,散斋宿于正寝,致斋于祀所。散斋日治事如故,不吊丧问疾,不作乐,不判署刑杀文字,不决罚罪人,不与秽恶事。致斋日惟祀事得行,余悉禁之。诸嶽镇名山,国家之所秩祀,小民辄僣礼犯义,以祈祷亵渎者,禁之。诸五嶽、四渎、五镇,国家秩祀有常,诸王公驸马辄遣人降香致祭者,禁之。"

英国传教士斯维尔士威廉编写了一部《英华字汇》,该书由美国传教士卫三畏审定。该字典虽然没有编写 State 词条,但出现了与之相关的词条 statesman,其中文解释为"大臣,国柱"③。

---

① 麦都思(Walter Henry Medhurst,1796—1857 年),英国传教士,自号墨海老人,汉学家,1796 年生于英国伦敦。1816 年被英国伦敦会派往马六甲。麦都思在马六甲学会马来语、汉语和多种中国方言,并帮助编辑中文刊物《察世俗每月统记传》。1819 年,麦都思在马六甲被任命为牧师,在马六甲、槟城和巴达维亚传教,独立编写、发表的中文书刊达 30 种之多,为近代地理知识和历史知识在中国的传播起到了促进作用。
② [英]麦都思:手抄本《字典》S 部,第 82 页。
③ [英]斯维尔士威廉:《英华字汇》,[日]柳泽信大点校,1869 年松庄馆翻刻藏版,第 264 页。

字典
上篇
A
B

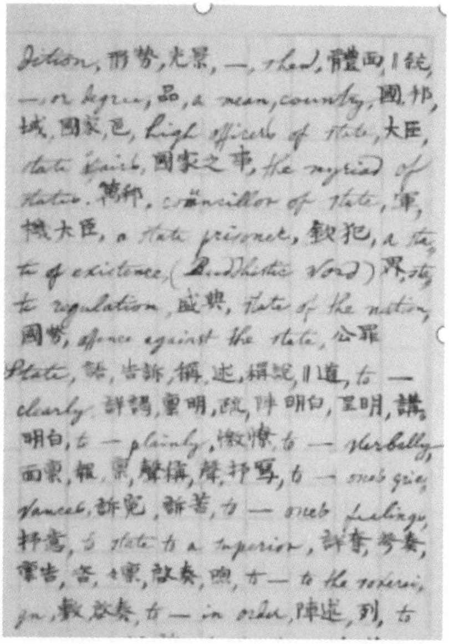

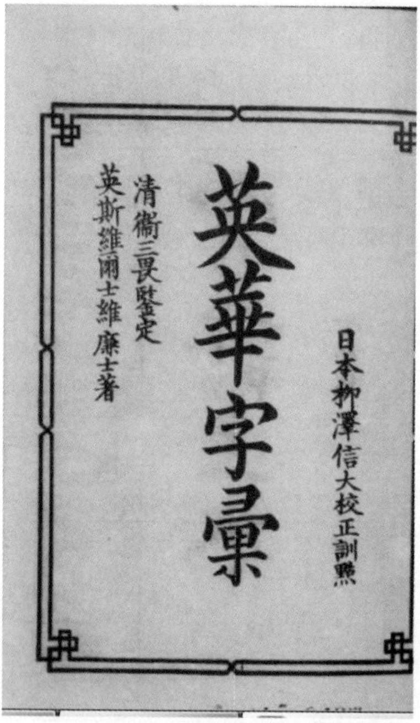
英華字彙
清衞三畏鑒定
英斯維爾士維廉士著
日本柳澤信大校正訓點

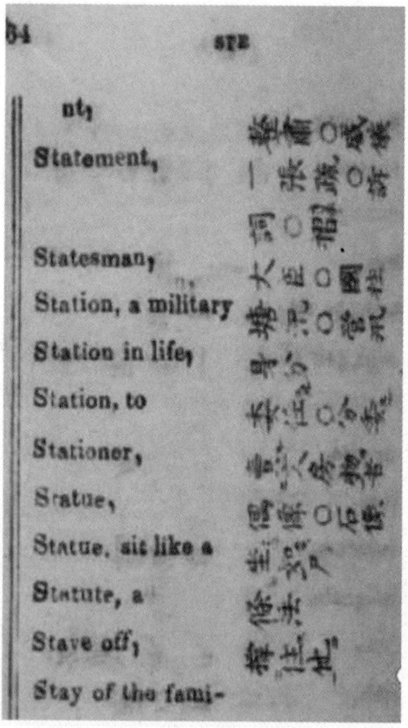
STE
Statement,
Statesman,
Station, a military
Station in life,
Station, to
Stationer,
Statue,
Statue, sit like a
Statute, a
Stave off,
Stay of the fami-

1845年，英国人墨黑士编著了一部《华英字典》。*State* 译为"形势，光景，情形；品级，地位；邦，国；体面"①。

罗布存德编著的《英华字典》中，*State* 除了被译为"国，邦，邦国"外，还被译为"国家"：

> *an affair of state*，国事，国家之事；*a couneillor of state*，国之议士；*the foundation of the empire rests in the state*，*the foundation of the state rests in the family*，

---

① ［英］墨黑士编著：《英华字典》，［日］永峰秀树训译，1881年，第251页。

天下之本在国，国之本在家；all the state，万邦；to deliberate on the affairs of the state，商量国事，商议国事；to found a state，开国，立国，建邦，创国；contending States，战国；a neighboring States，邻国；a dependent state，属国；the States of Christendom，耶稣门徒之国；united States 合邦，合国，合部；state polity or constitution，国法。①

1.《万国公法》中所见"邦""国""邦国""国家"：

（1）"There is no legislative or judicial authority, recognized by all nations, which determines the law that regulates the reciprocal relations of States. The origin of this law must be sought in the principles of justice, applicable to those relations. While in every civil society or state there is always a legislative power which establishes, by express declaration, the civil law of taht State, and a judical power, which interprets that law, and applies it to individual cases, in the great society of nations there is no legislative power, and consequently there are no express laws, except those which result from the conventions which States may make with one another."②

天下无人能定法，令万国必遵；能折狱，使万国必服。然万国尚有公法，以统其事，而断其讼焉。③

（2）"As independent communities acknowledge no common superior, they may be considered as living in a state of nature with respect to each other."④

邦国天然同居，虽无统领之君。⑤

---

① ［德］罗布存德原著，［日］井上哲次郎订增：《英华字典》卷三，藤本氏藏版（1883年），第1011页。
② Henry Wheaton, *Elements of International Law*, Boston: Little, Brown and Company, 1855, p. 1.
③ ［美］惠顿：《万国公法》，［美］丁韪良译，何勤华点校，中国政法大学出版社2003年版，第5页。
④ Henry Wheaton, *Elements of International Law*, Boston: Little, Brown and Company, 1855, p. 3.
⑤ ［美］惠顿：《万国公法》，［美］丁韪良译，何勤华点校，中国政法大学出版社2003年版，第7页。

(3) "The former, in his work, De Cive, says, 'The nature law may be divided into the nature law of men, and the nature law of State, commonly called the Law of Nations.'"①

著书云:"性法分为二种,一则主庶人之往来,一则主诸国之交际,所谓万国之公法也。"②

(4) "This law is applied, not merely to regulate the mutual relations of State, but also of individuals, Human rights in general, and those private relations which Sovereign States recognize in respect to individuals not subject to their authority. The direct relations existing between those States themselves."③

不但诸国赖此以交际,即人人往来,亦遵此法。论世人自然之权,并各国所认,他国人民通行之权利,一也;论诸国交际之道,二也。④

(5) "Cicero, and, after him, the modern public jurists, define a State to be, a body politic, or society of men, united together for the purpose of promoting their mutual safety and advantage by their combined strength."⑤

得哩云:所谓国者,惟人众相合,协力相护,以同立者也。⑥

---

① Henry Wheaton, *Elements of International Law*, Boston: Little, Brown and Company, 1855, p. 6.
② [美] 惠顿:《万国公法》,[美] 丁韪良译,何勤华点校,中国政法大学出版社2003年版,第8页。
③ Henry Wheaton, *Elements of International Law*, Boston: Little, Brown and Company, 1855, p. 14.
④ [美] 惠顿:《万国公法》,[美] 丁韪良译,何勤华点校,中国政法大学出版社2003年版,第16页。
⑤ Henry Wheaton, *Elements of International Law*, Boston: Little, Brown and Company, 1855, p. 27.
⑥ [美] 惠顿:《万国公法》,[美] 丁韪良译,何勤华点校,中国政法大学出版社2003年版,第25页。

（6）"Nor can the denomination of a State be properly applied to voluntary associations of robbers or pirates, the outlaws of other societies, although they may be united together for the purpose of promoting their own mutual safety and advantage. A State is also distinguishable from an unsettled hords of wandering savages not yet formed into a civil society. A State is also distinguishable from a Nation."①

盗贼为邦国所置于法外者，虽相依同护得立，亦不得称为一国。蛮夷流徙无定所，往来无定规，亦不为国。有时同种之民，相护得存，犹不成为国也。②

（7）"Hence the public jurists frequently use the terms sovereign and state as synonymous. So also the term sovereign is sometimes used in a metaphorical sense merely to denote a state, what ever may be the form of its government, whether monarchical, or republican, or mixed."③

盖无论其国，系君主之，系民主之，无论其君权之有限、无限者，皆借君以代国也。④

（8）"Sovereignty is acquired by a State, either at the origin of the civil society of which it is composed, or when it separates itself from the community of which it previously formed a part, and on which it was dependent. This principle applies as well to internal as to external sovereignty. But an important distinction is to be noticed, in this respect, between these two species of sovereignty. The inter-

---

① Henry Wheaton, *Elements of International Law*, Boston: Little, Brown and Company, 1855, p. 28.
② ［美］惠顿：《万国公法》，［美］丁韪良译，何勤华点校，中国政法大学出版社2003年版，第26页。
③ Henry Wheaton, *Elements of International Law*, Boston: Little, Brown and Company, 1855, p. 29.
④ ［美］惠顿：《万国公法》，［美］丁韪良译，何勤华点校，中国政法大学出版社2003年版，第27页。

nal sovereignty of a State does not, in any degree, depend upon its recognition by other State. A new State, springing into existence, does not require the recognition of other States to confirm its internal sovereignty. The existence of the State de facto is sufficient, in this respect, to establish its sovereignty de jure. It is a State because it exists."①

  至于旧国，则其在内之国法，无论如何，执权者不拘何人，即民间有纷争，公法视其国犹存，必待内乱既甚，或外敌征服，而致其主权全灭，始视其国为亡矣。②

（9）"In the first case, the several States are connected together by a compact. Hence it follows, that each confederated individual State, and the federal body for the affairs of common interest, may become, each in its appropriate sphere, the object of distinct diplomatic relations with other nations. the government acts not only upon the State which are members of the confederation, but directly on the citizens. The sovereignty, both internal and external, of each several State is impaired by the powers thus granted to the federal government, and the limitations thus imposed on the several State governments. The compositive State, which results from this league, is alone a sovereign power.

  Germany, as it has been constituted under the name of the Germanic Confederation, presents the example of a system of sovereign States, united by an equal and permanent Confederation. The object of this union is declared to be the preservation of the external and internal security of Germany, the independence and inviolability of the confederated States. All the members of the confederation, as such, are entitled to equal rights. New States may be admitted into the union by the unanimous consent of the members."③

---

  ① Henry Wheaton, *Elements of International Law*, Boston: Little, Brown and Company, 1855, p. 29.
  ② ［美］惠顿：《万国公法》，［美］丁韪良译，何勤华点校，中国政法大学出版社2003年版，第28页。
  ③ Henry Wheaton, *Elements of International Law*, Boston: Little, Brown and Company, 1855, p. 59.

众盟邦，则数邦立约。必须各邦先许之，始立为法度，行于己之疆内。故各邦，或总会，有切己之事，俱可另交他国，无所限制。其权不但及盟约之各邦，且可直及其庶民，各邦因让于总会，以听其限制，则主权无论内外，皆减焉。各邦不能自主，则其所合成之国，独为自主者矣。

日耳曼现为众盟邦，即系自主之国各邦平行，会盟永合者也。所以相合之故，原为保护日耳曼统一之地，使其内外平安，仍于各邦自主之权，无数妨碍，盟内各邦权利，一归均平，众邦应允，则新邦可续入盟会。①

(10) "The legislative power of the Union is vested in a Congress, consisting of a Senate, the members of which are chosen by the local legislatures of several States, and a House of Representatives, elected by the people in each State.

The judicial power also extends to all cases affecting ambassadors, other public ministers, and consuls; to all cases of admiralty and maritime jurisdiction; to controversies to which the United States shall be a party; to controversies between two or more States;; between a States and citizens of another State; between citizens of different States; between citizens of the same State claiming lands under grants of different States; and between a State, or the citizens thereof, and foreign States, citizens, or subjects.

No State of the Union can enter into any treaty. Nor can any State, without the consent of Congress, lay any tonnage duty; keep troops or ships of war in time of peace; enter into any agreement or compact with another State or with a foreign power. The Union guarantees to every State a republican form of government."②

合邦制权之法，在其总会。总会有上、下二房。在上房者，为各邦之邦会所选；在下房者，为各邦之民人所举。

---

① [美] 惠顿：《万国公法》，[美] 丁韪良译，何勤华点校，中国政法大学出版社2003年版，第48页。

② Henry Wheaton, *Elements of International Law*, Boston: Little, Brown and Company, 1855, p. 76.

第三章　近代法学术语的译定（一）

所有关乎公使、领事等案，海上战利管辖等案，上国所有之公案，数邦所有争端，此邦与彼邦之民所有之争端，彼此之民所有之争端，一邦之民凭二邦之权索地基而兴讼者，各邦并各邦之民与他国或他国之民有讼者，凡此，皆属上国法司之权，可审而断也。

国内各邦无权议立约据，平时不可养水师、陆兵，不可与邻邦或外国立盟约。美国保其诸邦各存民主之法。①

（11）"Every State has certain sovereign rights, to which it is entitled as an independent moral being; in other words, because it is a State.

Of the absolute international rights of States, one of the most essential and important, and that which lies at the foundation of all the rest, is the right of self-preservation. It is not only a right with respect to other States, but a duty with respect to its own members, and the most solemn and important which the State owes to them."②

夫国之所以为国者，即因其为自主，而有义之当守，有权之可行也。

诸国自有之原权，莫要于自护。此为基而其余诸权皆建于其上。就他国论之，则为权之可行者；就己民论之，则为分所不得不行也。③

（12）"13. Mediation of foreign States for the settlement of the internal dissentions of a State. Treaties of mediation and guaranty.

The approved usage of nations authorizes the proposal by one State of its good offices or mediation for the settlement of the intestine dissensions of another

---

① ［美］惠顿：《万国公法》，［美］丁韪良译，何勤华点校，中国政法大学出版社2003年版，第50页。
② Henry Wheaton, *Elements of International Law*, Boston: Little, Brown and Company, 1855, p. 85.
③ ［美］惠顿：《万国公法》，［美］丁韪良译，何勤华点校，中国政法大学出版社2003年版，第57页。

State. When such offer is accepted by the contending parties, it becomes a just title for the interference of the mediating power."①

第十三节　他国与闻，或临事相请，或未事有约

此国遭内乱，彼国前来欲为调处，本为正例。若战者允许，则来者有权，可主持于其间。或此国早有约据，许彼国遇事便可居间管理保护，则虽此国未请其调处，亦得有权矣。②

(13) "Every independent State is entitled to the exclusive power of legislation, in respect to the persomal rights and civil state and condition of its citizens, and inrespect to all real and personal property situated within its territory, whether belong to citizens or aliens."③

凡自主之国，制律定己民之分位、权利等情，并定疆内产业、植物、动物，无论属己民、属外人，皆不得操其专权。④

(14) "In general, the laws of the State, applicable to the civil condition and personal capacity of its citizens, operate upon them even when resident in a foreign country."⑤

本国律法制己民之分位权利者，虽其民徙住他国，亦可随地而制之。⑥

---

① Henry Wheaton, *Elements of International Law*, Boston: Little, Brown and Company, 1855, p. 106.
② [美] 惠顿：《万国公法》，[美] 丁韪良译，何勤华点校，中国政法大学出版社 2003 年版，第 71 页。
③ Henry Wheaton, *Elements of International Law*, Boston: Little, Brown and Company, 1855, p. 112.
④ [美] 惠顿：《万国公法》，[美] 丁韪良译，何勤华点校，中国政法大学出版社 2003 年版，第 77 页。
⑤ Henry Wheaton, *Elements of International Law*, Boston: Little, Brown and Company, 1855, p. 121.
⑥ [美] 惠顿：《万国公法》，[美] 丁韪良译，何勤华点校，中国政法大学出版社 2003 年版，第 85 页。

第三章　近代法学术语的译定（一）

（15）"As every sovereign State has the exclusive right of regulating the proceedings, in its own courts of justice."①

各国法院审案条规，为各国自定。②

（16）"Every independent State has a right to send public ministers to, and receive ministers from, any other sovereign State with which it desires to maintain the relations of peace and amity. No State strictly speaking, is obliged, by the positive law of nations, to send or receive public ministers, although the usage and comity of nations seem to have established a sort of reciprocal duty in this respect."③

自主之国，若欲互相和好，即有权可遣使、受使，他国不得阻抑。若不愿遣使，他国亦不得相强。④

（17）"So also nof confederated States; their right of sending punlic ministers to each other, or to foreign States, depends upon the peculiar nature and constitution of the union by which they are bound together. By the Constitution of the United States of America every State is expressly forbidden from entiring, without the consent of Congress, into any treaty, alliance, or confederation, with any other State of the Union, or with a foreign State, or from entering without the same consent, into any agreement or compact with another State, or with a foreign power."⑤

---

① Henry Wheaton, *Elements of International Law*, Boston: Little, Brown and Company, 1855, p. 148.
② ［美］惠顿：《万国公法》，［美］丁韪良译，何勤华点校，中国政法大学出版社2003年版，第90页。
③ Henry Wheaton, *Elements of International Law*, Boston: Little, Brown and Company, 1855, p. 273.
④ ［美］惠顿：《万国公法》，［美］丁韪良译，何勤华点校，中国政法大学出版社2003年版，第141页。
⑤ Henry Wheaton, *Elements of International Law*, Boston: Little, Brown and Company, 1855, p. 274.

合盟各邦互相通使，或遣使至国外，其可否必视其合盟之法而定。但美国之合邦，其合盟之法特禁止各邦或与邻邦、或与外国通使立约，有条款云：若非美国总会允准，不得与外国及本国之邻邦擅自立约。①

(18) "From the moment a public minister enters the territory of the State to which he is sent, during the time of his residence, and until he leaves the country, he is entitled to an entire exemption from the local jurisdiction, both civil and criminal."②

国使至外国者，自进疆至出疆，俱不归地方管辖，不得拿问。③

(19) "Semi-sovereign or dependent States have, in general, only a limited faculty of contracting in this manner; and even sovereign and independent States may restrain or modify this faculty by treaties of alliance or confederation with others."④

属国与半主之国立约之权有所限制，即自主者亦可因特盟而减削其立约之权。⑤

(20) "It is also enjoyed by the public ministers and consuls from the Christian powers in Turkey and the Barbary States."⑥

---

① ［美］惠顿：《万国公法》，［美］丁韪良译，何勤华点校，中国政法大学出版社2003年版，第142页。
② Henry Wheaton, *Elements of International Law*, Boston: Little, Brown and Company, 1855, p. 283.
③ ［美］惠顿：《万国公法》，［美］丁韪良译，何勤华点校，中国政法大学出版社2003年版，第148页。
④ Henry Wheaton, *Elements of International Law*, Boston: Little, Brown and Company, 1855, p. 283.
⑤ ［美］惠顿：《万国公法》，［美］丁韪良译，何勤华点校，中国政法大学出版社2003年版，第148页。
⑥ Henry Wheaton, *Elements of International Law*, Boston: Little, Brown and Company, 1855, p. 304.

第三章　近代法学术语的译定（一）

在土耳其与巴巴里之邦，国使、领事官礼拜亦无阻碍。①

（21）"*In case either of the contracting parties loses its existence as an independent State.*"②

乃因国亡而废者。③

（22）"*Every State has therefore a right to resort to force, as the only means of redress for injuries inflicted upon it by others, in the same manner as individuals would be entitled to that remedy were they not subject to the laws of civil society.*"④

各国倘侵凌，别无他策以伸其冤。惟有用力以抵御报复耳。譬如人民居王法不及之地，无可赴诉，只好量力自护。⑤

（23）"*Each State is also entitled to judge for itself, what are the nature and extent of the injuries which will justify such a means of redress.*"⑥

至邦国有何等委屈始可用力，惟各国自断焉。⑦

---

① ［美］惠顿：《万国公法》，［美］丁韪良译，何勤华点校，中国政法大学出版社2003年版，第165页。
② Henry Wheaton, *Elements of International Law*, Boston: Little, Brown and Company, 1855, p. 342.
③ ［美］惠顿：《万国公法》，［美］丁韪良译，何勤华点校，中国政法大学出版社2003年版，第154页。
④ Henry Wheaton, *Elements of International Law*, Boston: Little, Brown and Company, 1855, p. 361.
⑤ ［美］惠顿：《万国公法》，［美］丁韪良译，何勤华点校，中国政法大学出版社2003年版，第177页。
⑥ Henry Wheaton, *Elements of International Law*, Boston: Little, Brown and Company, 1855, p. 361.
⑦ ［美］惠顿：《万国公法》，［美］丁韪良译，何勤华点校，中国政法大学出版社2003年版，第177页。

（24）"One of the immediate consequence of the commencement of hostilities is, the interdiction of all commercial intercourse between the subjects of the States at war, without the license of their respective governments."①

始战时，若无有特示准行，即不许两国之人民交易往来。②

（25）"The same principle applies to the conduct of sovereign States."③

邦国交际之道亦然。④

（26）"All the members of the enemy State may lawfully be treated as enemies in a public war; but it does not therefore follow, that all these enemies may be lawfully treated alike."⑤

凡遇有公战，敌国人民俱可以敌视之，惟不可一律看待。⑥

（27）"The power to conclude a universal armistice or suspension of hostilities is not necessarily implied in the ordinary official authority of the gemeral or admiral commanding in chief the military or naval forces of the State. The conclusion of such a general truce requires either the previous special authority of the su-

---

① Henry Wheaton, *Elements of International Law*, Boston: Little, Brown and Company, 1855, p. 381.
② ［美］惠顿：《万国公法》，［美］丁韪良译，何勤华点校，中国政法大学出版社2003年版，第187页。
③ Henry Wheaton, *Elements of International Law*, Boston: Little, Brown and Company, 1855, p. 417.
④ ［美］惠顿：《万国公法》，［美］丁韪良译，何勤华点校，中国政法大学出版社2003年版，第198页。
⑤ Henry Wheaton, *Elements of International Law*, Boston: Little, Brown and Company, 1855, p. 419.
⑥ ［美］惠顿：《万国公法》，［美］丁韪良译，何勤华点校，中国政法大学出版社2003年版，第199页。

preme power of the State, or a subsequent ratification by such power."①

至于全停者，将帅不得擅自定拟，必须其国特授其权于先，或特准其事于后，方为妥善。②

(28) "Natural, or perfect neutrality, is that every sovereign State has a right, independent of positive compact, to observe in respect to the wars in which other States may be engaged."③

凡自主之国，遇他国交战，若无盟约限制，即可置身局外，不与其事。④

(29) "The power of concluding peace, like that of declaring war, depends upon the municipal constitution of the State."⑤

宣战之权，谁执其端，必视各国之法度，至议和之权亦然。⑥

"The State does not even touch the sums which it owes to the enemy; everywhere, in case of war, the funds confided to the public, are exempt from seizure and confiscation."⑦

---

① Henry Wheaton, *Elements of International Law*, Boston: Little, Brown and Company, 1855, p. 471.
② ［美］惠顿：《万国公法》，［美］丁韪良译，何勤华点校，中国政法大学出版社2003年版，第214页。
③ Henry Wheaton, *Elements of International Law*, Boston: Little, Brown and Company, 1855, p. 481.
④ ［美］惠顿：《万国公法》，［美］丁韪良译，何勤华点校，中国政法大学出版社2003年版，第222页。
⑤ Henry Wheaton, *Elements of International Law*, Boston: Little, Brown and Company, 1855, p. 417.
⑥ ［美］惠顿：《万国公法》，［美］丁韪良译，何勤华点校，中国政法大学出版社2003年版，第198页。
⑦ Henry Wheaton, *Elements of International Law*, Boston: Little, Brown and Company, 1855, p. 368.

至国家自欠于敌人之债，则不能不还。缘无论何处，有托公信而存钱物者，皆至于捕拿之权外。①

此外，丁韪良在《万国公法》中，还介绍了"国""国家"的内涵：

第二节　何者为国　得哩云："所谓国者，惟众人相合，协力相护，以同立者也。"今之公师，亦从其说，然犹属未尽，而必限制之者，其端有四。一、当除民间大会凭国权而立者，无论其何故而立也。即如英国，昔有客商大会，奉君命而立，得国会申命，为通商东印度等处。此商会，前虽行自主之权，在东方或战、或和，不待问于君，尚不得称为一国，况后每事必奉君令乎？盖此商会之行权，全凭本国之权，惟交际印度诸国之君民，则商会代本国而行，其于他国所有之事，则本国为之经理。二、盗贼为邦国所置于法外者，虽相依同护得立，亦不得称为一国。三、蛮夷流徙无定所，往来无定规，亦不为国。盖为国之正义，无他，庶人行事，常服君上，居住必有定所，且有土地、疆界，归其自主。此三者缺一，即不为国矣。四、有时同种之民，相护得存，犹不成为国也。盖数种人民，同服一君者有之，即如奥地利、普鲁士、土耳其三国，是也。一种人民，分服数君者亦有之，即如波兰民，分服奥、普、俄三国，是也。②

"得哩"即古罗马法学家西塞罗，由于汉语水平有限，丁韪良没有准确表达西塞罗关于国家的定义。该段文字的英语原文为："*Definition of a State*：*Cicero*，*and*，*after him*，*the modern public jurists*，*define a State to be*，*a body politic*，*or society of men*，*united together for the purpose of promoting their mutual safety and advantage by their combined strength. This definition cannot be admitted as entirely accurate and complete*，*unless it be understood with*

---

① ［美］惠顿：《万国公法》，［美］丁韪良译，何勤华点校，中国政法大学出版社2003年版，第37页。
② ［美］惠顿：《万国公法》，［美］丁韪良译，何勤华点校，中国政法大学出版社2003年版，第26页。

the following limitations:

1. It must be considered as excluding corporations, public or private, created by the State itself, under whose authority they exist, whatever may be the purposes for which the individuals composing such bodies politic, may be associated. Thus the great association of British merchants incorporated, first, by the crown, and afterwards by Parliament, for the purpose of carrying on trade to the East Indies, could not be considered as a State, even whilst it exercised the sovereign powers of war and peace in that quarter of the globe without the direct control of the crown, and still less can it be so considered since it has been subjected to that control. Those powers are exercised by the East India Company in subordination to the supereme power of the British empire, the external sovereignty of which is represented by the company towards the native princes and people, whilst the British government itself represents the company towards other foreign sovereigns and States.

2. Nor can the denominations of a State be properly applied to voluntary associations of robbers or pirates, the out laws of other societies, although they may be united together for the purpose of promoting their own mutual safety and advantage.

3. A State is also distinguishable from an unsettled horde of wandering savages not yet formed into a civil society. The legal idea of a State necessarily implies that of the habitual obedience of its members to those persons in whom the superiority is vested, and of a fixed abode, and definite territory belonging to the people by whom it is occupied

4. A State is also distinguishable from a Nation, since the former may be composed of different races of men, all subject to the same supreme authority. Thus the Austrian, Prussian, and Ottoman empires, are each composed of a variety of nations and people. So, also, the same nation or people may be subject to several States, as is the case with the Poles, subject to the dominion of Austria, Prussia, and Russia, respectively."①

---

① Henry Wheaton, *Elements of International Law*, Boston: Little, Brown and Company, 1855, pp. 27, 28.

（今译为：国家定义：西塞罗及其后来的公法学家将国家定义为，由一群关心政府事务的人组成的社会，这群人依靠联合起来的力量，有利于他们的共同利益与安全。除非符合以下要素，从精准意义而言，该定义下之国家不予承认：

1. 经由国家批准的国有或私营公司，由个体联合而成的政治团体，而不管其出于何种目的。比如英国商人协会不能称为国家，该协会为开展与东印度贸易而设，先后获得王室与议会批准。即便没有王室授权，它在占世界四分之一的地区，仍然拥有战争与媾和的权利，甚至拥有对该地区的实际统治权。东印度公司的权力受制于大英帝国，它拥有控制当地王室与人民的权力，但对于其他国家的主权仍然属于大英帝国。

2. 尽管有利于自身的安全与利益，土匪或海盗违法组成的联合体也不能称为国家。

3. 未开化的居无定所的游牧部落不能称为国家。国家必须具备的法定要素为：民众对于由他们授权的领导者习惯性服从；居有定所；明确的疆界。

4. 国家也有别于民族。不同民族的人们可能臣服于一个政权，如奥地利、普鲁士和奥斯曼帝国，均由不同的民族组成。同样，同一民族也可能臣服于不同的国家，如波兰人就分属于奥地利、普鲁士和俄罗斯。）

在丁韪良随后与人合作翻译的《星轺指掌》《公法便览》《公法会通》等几部国际法著作中，State 的四个汉语对译词"邦""邦国""国""国家"，"国"字出现的次数最多。对"邦""邦国""国"三者的区别与联系，丁韪良作了如下说明："邦国二字虽系通用，然书中所称自万乘以至百乘，皆谓之国也。若邦，或偶指自主之国而言，而于屏藩以及数国合一，则以邦名其各国者为常。"①

---

① ［美］丁韪良等：《星轺指掌·凡例》，光绪二年同文馆聚珍版。

第三章　近代法学术语的译定（一）

2.《星轺指掌》（卷三、续卷未见"邦"字）、《公法便览》、《公法会通》（卷十未见"邦"字）所见"邦"字：

（1）虽偶有国君自行函致邻邦，亦例应由总理大臣办理。……昔有遣使他邦，专通庆吊之礼者。……大抵众邦合一之国，其通使之权，皆归上国。至数邦联合之国，其通使之权，仍操之各邦。自威司发里和约以来，凡日耳曼各邦皆操此权。然众邦之公会，虽有遣使接使之权，并未遣使在外常川驻扎。惟于一千八百六十四年，遣柏思为钦差大臣前往伦敦大会，于一千八百四十八年，公会举议重修众邦合一之例。在瑞士数邦，仅止联盟，而非合一，各邦皆有通使之权。当时各国公使驻扎瑞士者，在众邦之公会呈递国书，于各邦亦各呈递一本。……若附庸及民政小邦，与半主之国无此权者，虽遣头等公使，大国概不接焉。①

（2）在蛮夷尚有尊上敬长之礼，则文教盛行之邦，其职分尊卑，岂可无衣冠礼节以辨异乎。……昔威国与邻邦相交，曾云，近邻不如远邻。……使臣驻扎外邦，有保护本国人民之责。②

（3）异邦之人入疆者，无论系奉何教，无不虐待。……譬如两国立约合兵，无故攻伐邻邦。……于邻邦交际之间，自不能攸往咸宜矣。是以教化隆盛之国，莫不自重，亦莫不求美誉于邻邦。③

（4）许在盟诸邦，自与他国立约往来。……末拉达及瓦拉该色耳非亚三邦，赖土耳其保护。此各邦被上国节制不一。美之合众国各邦，论公法均非全权。凡合众邦为一国，其各邦所滋事端，惟合成之国当任其咎。……昔美国会合之时，各邦债款，汇计筹偿。④

（5）异邦之君入境，虽可禁止，然以交谊论之，无不允准。理应达知友邦，而友邦之庆贺吊唁。使臣与他邦君臣往来文件，均遵使臣常用之式。……若不遵照，非失和即疏远友邦也。……如荷兰

---

① ［美］丁韪良等：《星轺指掌》卷1，光绪二年同文馆聚珍版，第7、10、11页。
② ［美］丁韪良等：《星轺指掌》卷2，光绪二年同文馆聚珍版，第22、39、40页。
③ ［美］丁韪良等：《公法便览·总论》，光绪四年同文馆聚珍版，第6、8、11页。
④ ［美］丁韪良等：《公法便览》卷1，光绪四年同文馆聚珍版，第3、4、5页。

联邦与日国纷争自立,日耳曼各邦,屡有遣使劝和。①

（6）无论侵扰他邦以趋利,或力行抵御以避害,皆战也。……除同列之邦外,其何以处之。……彼时各邦诸侯,既得自主战和,自能发给抢偿牌照。……自主之邦,将战以求义而御不义,理应先行明白宣示。古时知礼之邦,多于未战之先,宣示其用战之意。②

（7）凡整备攻害友邦之船只在境内者,禁人民投充兵役。……凡声教未著之国,以及荒远夷狄之邦,均未遵照。③

（8）将布根地方暨附庸小邦数处,让归德皇。……德皇于此许新教各邦,将前后所夺旧教堂产,留用四十年再还。……波兰君主嗣是不得争袭瑞典国君位,及争据芬兰等邦为属藩。……脱斯干巴玛等小邦,遇有国主绝嗣,当以日国太子继其位。④

（9）某邦既列入诸国,不得擅行绝交以独处。……众邦合成之国,多行民政。……众邦联政者,其各邦自主之权,视众邦合成者较重。⑤

（10）国人既服之,外邦即可与之往来。……民政国之伯理玺天德游历外邦,率以绅者待之,惟遇代国行权者,则邀以优免,与国君同。国主游历外邦,应如何接待之处,当视其躬膺主权与否。……遇有专涉某邦事务,各邦亦可遣使办理。惟上国权势日增,而各邦遣使之权渐减矣。⑥

（11）邦国之地舆,不得由国主随意分授他邦。⑦

（12）欲弛禁奴之例,或素有此习,而不愿废之者,诸邦决不任听。⑧

（13）以人属异邦,而将其自有之权利革除。……若无故合兵,

---

① ［美］丁韪良等：《公法便览》卷2,光绪四年同文馆聚珍版,第3、10、11页。
② ［美］丁韪良等：《公法便览》卷3,光绪四年同文馆聚珍版,第2、5、9页。
③ ［美］丁韪良等：《公法便览》卷4,光绪四年同文馆聚珍版,第14、91页。
④ ［美］丁韪良等：《公法便览》续卷,光绪四年同文馆聚珍版,第1、6、14页。
⑤ ［美］丁韪良等：《公法会通》卷1,光绪六年同文馆聚珍版,第13、25、26页。
⑥ ［美］丁韪良等：《公法会通》卷2,光绪六年同文馆聚珍版,第2、5、8、16页。
⑦ ［美］丁韪良等：《公法会通》卷3,光绪六年同文馆聚珍版,第4页。
⑧ ［美］丁韪良等：《公法会通》卷4,光绪六年同文馆聚珍版,第1页。

攻伐邻邦，即属违法。……如局外之邦恐被战国所犯，连兵协护可也。①

（14）两国争执，原无必请友邦调处之责。②

（15）奥、布两国失和，奥尚为日耳曼之盟主，诸邦从奥者过半。谓非两国交战，乃上国讨下邦也。然所论不免矫强，盖实非下邦抗命上国。……有化之国，与蛮夷之邦，胥由此而分焉。③

（16）他国苟非地主之盟邦，则该地无必还之势。……敌国占据地方，复经居民驱逐。若无上国既上国之盟邦襄助者，则上国不得以权遂复。④

（17）若无涉于战事，则盟邦谨守局外，不得视为背盟。……局外之国，若显有疏忽，致己民暗害友邦者，友邦得以照例索偿。……邦国欲封堵敌国海岸，应先期通知各友邦。⑤

3.《星轺指掌》（卷三、续卷未见"邦国"一词）、《公法便览》、《公法会通》所见"邦国"一词：

（1）况今昔情状不同，邦国风俗亦异，常见事同而办法迥异。……凡邦国能自理内政而无外交之权者，谓之半主之国。……邦国应差遣何人，断无听他国指择之理。⑥

（2）不但邦国受其害，恐致有倾覆之忧矣。……近来船只相遇施礼，邦国无分尊卑，亦无挟制之意。⑦

（3）或借他人保护，或本人以力自护，邦国之权利亦复如是。……英国阿斯富学院有教习苏志者，著书名曰《邦国通法》……且邦国交往，莫不出于约。⑧

---

① ［美］丁韪良等：《公法会通》卷5，光绪六年同文馆聚珍版，第4、14、15页。
② ［美］丁韪良等：《公法会通》卷6，光绪六年同文馆聚珍版，第9页。
③ ［美］丁韪良等：《公法会通》卷7，光绪六年同文馆聚珍版，第2、11页。
④ ［美］丁韪良等：《公法会通》卷8，光绪六年同文馆聚珍版，第22、23页。
⑤ ［美］丁韪良等：《公法会通》卷9，光绪六年同文馆聚珍版，第4、15、33页。
⑥ ［美］丁韪良等：《星轺指掌》卷1，光绪二年同文馆聚珍版，第1、10、15页。
⑦ ［美］丁韪良等：《星轺指掌》卷2，光绪二年同文馆聚珍版，第5、69页。
⑧ ［美］丁韪良等：《公法便览·总论》，光绪四年同文馆聚珍版，第3、6、8页。

(4) 故邦国各当永守此权，以保社稷。……邦国无论何等政式，皆可交际外国。……如邦国结为一大盟会，然战和各自主之。①

(5) 夫邦国交际之道，皆出于情谊。……邦国遇公使过境，不以公使待之，不一而足。……邦国互设领事缘由及古昔各例。②

(6) 故公法以为战者，邦国所不免，乃设为规条。……邦国争执而未及失和，拘留商船者少见。……邦国立有此等条约甚多，若尽载书中，不免太繁。③

(7) 邦国战争，其不与事者，谓之局外。……故邦国遇叛乱，以力服力之事，不能徒恃文告之颁，遂可禁绝也。……邦国有揆度时势而论禁者。④

(8) 按那波仑所征服各邦国，往往立其亲属为君。……近时，颇有议割地改归他国，当出居民情愿者，邦国从其法者亦日众。……邦国通例，既告，师不妨随之以出。⑤

(9) 然公法不惟于邦国自主之权无损，且为保障而维持之。……邦国弃其本土而他徙者，亦以是例处之。……邦国非因公法而设，但既已成立，即赖公法维系之。⑥

(10) 邦国外交之权，应归何人操之，并其权有何等限制之处，均由本国法律而定。……以上二国观之，足见邦国不究其得权之原委。……邦国之主权，系在国主一人躬行之与否，皆由本国法律所定。⑦

(11) 邦国之主权，就地而论之，谓之辖地之权。……邦国之地舆，不得由国主随意分授他邦。……邦国既立，必有地舆以归其管辖。⑧

(12) 无论邦国与人民，若欲蓄奴，公法必视为越权而行。……邦

---

① [美] 丁韪良等：《公法便览》卷1，光绪四年同文馆聚珍版，第2、6、11页。
② [美] 丁韪良等：《公法便览》卷2，光绪四年同文馆聚珍版，第1、27、32页。
③ [美] 丁韪良等：《公法便览》卷3，光绪四年同文馆聚珍版，第1、6、16页。
④ [美] 丁韪良等：《公法便览》卷4，光绪四年同文馆聚珍版，第1、17、46页。
⑤ [美] 丁韪良等：《公法便览》续卷，光绪四年同文馆聚珍版，第50、66、72页。
⑥ [美] 丁韪良等：《公法会通》卷1，光绪六年同文馆聚珍版，第3、8、10页。
⑦ [美] 丁韪良等：《公法会通》卷2，光绪六年同文馆聚珍版，第1、4、6页。
⑧ [美] 丁韪良等：《公法会通》卷3，光绪六年同文馆聚珍版，第1、4、6页。

国收纳外人入籍,其章程均由自定。……邦国禁止客民入境,或不准己民通商外国。①

(13) 邦国立盟相合,亦复如是。……邦国之自主,而能从其所欲者,即于立约见之。……邦国遇有早立条约,协力剪出某教。②

(14) 邦国被他国欺凌藐视者,亦得向其理论。……故邦国之起衅,应慎其始。……邦国被屈,其讨索赔补,应至何而止。③

(15) 邦国执兵角力,方谓之战者。……邦国不得专为图利而开战。……邦国既以将战宣告,则作为战始。④

(16) 法院既专为审断此等案件而设,则局外之邦国自无之。……邦国或禁民往来敌境,以令敌速来求和。……和约惟掌邦国之大权者,方能立之。⑤

(17) 邦国间有恒守局外,而仍不弃其战权者。……邦国之守局外,或由自行揆情而甘为之。……邦国或干预战争,或谨守局外,均由己见裁夺。⑥

(18) 今邦国林立,往来较前尤密。……昔者邦国每以灭绝敌国为事。……邦国向来擒获逆首,无不按律惩罚。⑦

4.《星轺指掌》《公法便览》《公法会通》所见"国"字:

(1) 然各国往来事宜,时有变迁互易,皆随国之盛衰,事之虚实,势之分合耳。……须知各国大势,何国志在侵吞兼并,何国志在均势守成,何国志在合盟自固。……查自欧洲分为群国,其各大国有不得不互相往来之势。⑧

(2) 当升平无事之时,若某国私拆公使往来信函,即系显违公

---

① [美] 丁韪良等:《公法会通》卷4,光绪六年同文馆聚珍版,第1、2、9页。
② [美] 丁韪良等:《公法会通》卷5,光绪六年同文馆聚珍版,第1、3、4页。
③ [美] 丁韪良等:《公法会通》卷6,光绪六年同文馆聚珍版,第1、2、3页。
④ [美] 丁韪良等:《公法会通》卷7,光绪六年同文馆聚珍版,第1、3、52页。
⑤ [美] 丁韪良等:《公法会通》卷8,光绪六年同文馆聚珍版,第4、5、14页。
⑥ [美] 丁韪良等:《公法会通》卷9,光绪六年同文馆聚珍版,第1、2、3页。
⑦ [美] 丁韪良等:《公法会通》卷10,光绪六年同文馆聚珍版,第8、16、33页。
⑧ [美] 丁韪良等:《星轺指掌》卷1,光绪二年同文馆聚珍版,第1、3、5页。

法。本国新报讪谤公使，亦为公法所严禁。……若生有子女，亦为本国之人。其驻扎之国，无审讯使臣、勒令追赔、查抄财物、补还欠债之权。……既在本国犯法，仍归本国惩治。①

（3）其遣派领事之权，操之国主，不归郡邑商会。渐则沿海各国市舶云集，彼此互相简派领事，以便办理。……凡领事官皆归总理大臣管辖，无论何等领事遇有事件，皆禀知本国驻京公使。……本国商船水手人等，无论在口岸、洋面，遇有罪名，领事例应查办。②

（4）其文凭由总督寄送彼国公使代请准行执照，其准行执照与本国所出文凭一并由该国公使从邮递送该领事。……在日本国，本地人民有向美国人民追讨者，亦由领事官审讯。……除英、法、意并中华、埃及等国，其总领事驻他国者，皆兼办公使之职。③

（5）是以各国之制法，义与不义，只以人性为准绳。……然凭理而推成之公法，不免与诸国所遵行之公法少有乖舛。……既他国不能旁贷，其权利本恃己力以护之。④

（6）国之为国，当有孑然独立之形，足以立法于国中，以治民臣，以定政体。……所谓自立之权者，乃一国政令之所颁，威权之所驭，不容他国有所干预，与自主之权相为表里。……国犹人也，不惟有可操之权利，且有当任之责守。⑤

（7）各国交际之礼，粗看虽似具文，善用之则非虚设，所以敦和好而杜衅端也。……船只相遇致敬之礼，某国辖内海面，与外洋有别，在外洋各国平行。……各国简派使臣以修和好，或通友谊，或办公务，皆称公使。⑥

（8）或为未遵公法之国，或为化外之人，或国内分争，互相为敌。……两国既有仇隙而情谊非复如故，则当有以明示彼国，如饬令该国使臣出境，而与之绝交等事，……或问两国失和，其民彼此

---

① ［美］丁韪良等：《星轺指掌》卷2，光绪二年同文馆聚珍版，第2、4、12页。
② ［美］丁韪良等：《星轺指掌》卷3，光绪二年同文馆聚珍版，第1、3、8页。
③ ［美］丁韪良等：《星轺指掌》续卷，光绪二年同文馆聚珍版，第5、7、12页。
④ ［美］丁韪良等：《公法便览·总论》，光绪四年同文馆聚珍版，第1、2、3页。
⑤ ［美］丁韪良等：《公法便览》卷1，光绪四年同文馆聚珍版，第1、2、4页。
⑥ ［美］丁韪良等：《公法便览》卷2，光绪四年同文馆聚珍版，第1、3、4页。

第三章 近代法学术语的译定（一）

为仇否？曰：否。①

（9）凡遇两国战争，其邻邦既无论断曲直之责，又与彼此均有友谊，故不得不自处于局外。……战国不得侵犯局外之境，亦不得干冒其主权也。……各国当立保守局外权利之法律，本国分居局外者，其自有之权利亦得如法护卫，以防外人干扰。②

（10）克里斯毕和约，系诸战会立。……诸国会盟于威司发里，立约罢兵。……有国者若改奉他教，或得异教之地而君临之。③

（11）我待他国之民，亦应以此责己。……公法虽出于欧洲，而欧洲诸国不能私之，盖万国共之也。……因天理所在，而各国认之也。④

（12）凡秉国政者，外邦即以代国行权视之。……国主即位秉政，应有相当称号。……国君入邻疆而免其管辖，须三者兼备而后可。客君之权位，主国既知之而又认之。⑤

（13）欧洲各国，属地日增。……此国割地让于彼国者，须问有四。……遇群小国欲合为大国，虽民有不甘心者，强并之以利大局，亦属合理。⑥

（14）昔英国谓他国人民侨寓本国者，生有子女即为我国之民。……天下无无国之民。……人兼隶两国或数国之籍者偶有之。⑦

（15）自主之国无不具立约之权。……某人既无代国之权，其国即无遵约之责。……昔波兰国大臣议约时，某将率兵入会。⑧

（16）此国若不遵约，彼国或向其理论。……此国侵犯彼国人民之权利，虽未直犯其国，亦系违背公法。……某国疆内瘟疫成灾，

---

① ［美］丁韪良等：《公法便览》卷3，光绪四年同文馆聚珍版，第5、14、18页。
② ［美］丁韪良等：《公法便览》卷4，光绪四年同文馆聚珍版，第4、12、13页。
③ ［美］丁韪良等：《公法便览续卷》，光绪四年同文馆聚珍版，第3、5、11页。
④ ［美］丁韪良等：《公法会通》卷1，光绪六年同文馆聚珍版，第1、3、5页。
⑤ ［美］丁韪良等：《公法会通》卷2，光绪六年同文馆聚珍版，第1、4、61页。
⑥ ［美］丁韪良等：《公法会通》卷3，光绪六年同文馆聚珍版，第2、4、6页。
⑦ ［美］丁韪良等：《公法会通》卷4，光绪六年同文馆聚珍版，第3、4、6页。
⑧ ［美］丁韪良等：《公法会通》卷5，光绪六年同文馆聚珍版，第1、2、3页。

邻邦得请其设法，以防传染。①

（17）此国将攻彼国，既知保全无策，应先宣告而后兴。……若两国之兵早已交锋，则战始应自此时计之。……公使在敌国境内者，或由本国召回，或由敌国遣回，是为常例。②

（18）水战意在攻国，不在伤人。……后欧洲余国，以及南亚美利加数国，均皆附从，惟美国尚未允之。……岂非有损于己国，其说不衷于理，明矣。③

（19）小国夹于大国之间，常恐大国用兵强占。……谓战国不得因某国与敌向为合盟，遂以敌待之。……两国暂以一君兼治，遇此国与他国交战，则彼国谨守局外，亦无不可。④

（20）美国南方诸省叛立伪国，抗拒四、五年之久，始克平服。……无论系属敌国，或他国侨寓者，悉归军例管辖。……本国律有明文而无疑义。⑤

5.《星轺指掌》（卷三、续卷未见"国家"一词）、《公法便览》、《公法会通》（卷一、二、六、七、九未见"国家"一词）所见"国家"一词：

（1）查总理大臣之职，有关国家安危利害，责任匪轻，务选才识卓越者，方可膺斯重任。⑥

（2）遇国家庆贺大典，其公使位次，仅逊于亲王、王妃、公主等。……昔者教皇公使，唆法国主教抗违国家一案，法国总理大臣致书于驻扎罗马本国公使，内称教皇公使似此任意妄为，殊属有乖职守。……遇国家大典，每有遣使往行庆吊等礼者，遂成常例。⑦

---

① [美]丁韪良等：《公法会通》卷6，光绪六年同文馆聚珍版，第1、3、5页。
② [美]丁韪良等：《公法会通》卷7，光绪六年同文馆聚珍版，第4、6、9页。
③ [美]丁韪良等：《公法会通》卷8，光绪六年同文馆聚珍版，第1、3、5页。
④ [美]丁韪良等：《公法会通》卷9，光绪六年同文馆聚珍版，第2、4、5页。
⑤ [美]丁韪良等：《公法会通》卷10，光绪六年同文馆聚珍版，第1、2、4页。
⑥ [美]丁韪良等：《星轺指掌》卷1，光绪二年同文馆聚珍版，第5页。
⑦ [美]丁韪良等：《星轺指掌》卷2，光绪二年同文馆聚珍版，第32、35、65页。

第三章 近代法学术语的译定（一）

（3）或谓依此例，只可助国家，而不可助叛民。无论国家与叛民，随意择而助之。……有土地即有物产，可据民间私产为国家公用。然国家所以有用民财之权，非谓民间财产，国家实际有之。然就他国论之，则概谓国家所固有。若就一国而论，国家虽有辖地之权，要不得鬻尺寸以与他国。故居民未愿归并他国，国家毋得擅弃之。……不独国家所建置之官物，直视为浮海兵营，与本国官地无殊，且为国家尊荣所系。①

（4）国家遇有生死昏聘一切事宜，友谊攸关——使臣欲强入国家之禁地。……美国向无偶家，俗尚质朴。……是则国家派设领事等官数百员，在外国料理通商事宜。②

（5）且国家受冤，尚有忍而不报者。……国家有意于战，则遣公报。……富室有损，则国家求和可冀焉。③

（6）凡民间制造船只军火等物，必纳保银于国家。……民间不妨私为之，国家殊不任其咎。……除由国家行文宣示外，又必有该口巡船知照。④

（7）以见国家兴师动众，系公举而非私图也。……必俟其国家通知局外，势诚有所不及。⑤

（8）开垦新地，苟无官吏奉命而行之，人民必由国家允准方得为之。开垦后建官经理，其国始可视为己有。若人民擅行于先，国家允准于后，亦无不可。⑥

（9）今例则直仰国家保护，与本民无异。⑦

（10）国家与他国立约，永保君位。⑧

（11）海上所获船货，系属国家公物。……以和为常，以战为

---

① ［美］丁韪良等：《公法便览》卷1，光绪四年同文馆聚珍版，第8、26、31页。
② ［美］丁韪良等：《公法便览》卷2，光绪四年同文馆聚珍版，第3、16、31页。
③ ［美］丁韪良等：《公法便览》卷3，光绪四年同文馆聚珍版，第3、10、20页。
④ ［美］丁韪良等：《公法便览》卷4，光绪四年同文馆聚珍版，第9、11、63页。
⑤ ［美］丁韪良等：《公法便览》续卷，光绪四年同文馆聚珍版，第72、87页。
⑥ ［美］丁韪良等：《公法会通》卷2，光绪六年同文馆聚珍版，第58页。
⑦ ［美］丁韪良等：《公法会通》卷4，光绪六年同文馆聚珍版，第11页。
⑧ ［美］丁韪良等：《公法会通》卷5，光绪六年同文馆聚珍版，第13页。

变，且系国家大事。①

（12）盖释放之权，系属国家行之，而遵循定章也。②

6. 1880年，与丁韪良同时任职于京师同文馆的法国教习毕利干，翻译了《法国律例》一书。该书中"国""国家"一词频频出现。

  凡此制定之例，其事中有关系之处，系有干国家君民所享升平绥靖之福者，则凡本国人民自应一体钦遵谨慎守。③

  倘其人现时仍在他国寄居，须著明定返本国永远落户，决不浮居。④

  凡如法国之人，何以即可失其本国可得之例应。有如其人隶籍他国，经他国之官准其隶籍，而甘为他国之人，则自应失其本国可邀之一切例应矣。如其于他国所享专宠之荣，而后返之本国，本国之君不准其享受者，则在法国亦失其本国可邀之例应矣。⑤

  如其夫主既经去世，该妇仍返本国，欲邀本国例应之利益者，必须自行呈明永远久居法国，或竟居于外国而本国之君准其仍返法国者，而尤须其人情甘久居法国。如此二情，始得享受本国可邀之例应。⑥

  凡如兵弁人等，设有立具婚丧产育之合同，而于本国所属境界外者，应即遵照上条所定之例办理。⑦

  设该犯所逃之地，在本国界外有法兵驻扎之所，即将该犯发往本处配所。⑧

  凡徒犯未及限满逃归本国者，一经查出，即按其限内所短之数，

---

① ［美］丁韪良等：《公法会通》卷8，光绪六年同文馆聚珍版，第4、9页。
② ［美］丁韪良等：《公法会通》卷10，光绪六年同文馆聚珍版，第17页。
③ ［法］毕利干：《法国律例》之《民律》，日本司法省1894年版，第2页。
④ ［法］毕利干：《法国律例》之《民律》，日本司法省1894年版，第6页。
⑤ ［法］毕利干：《法国律例》之《民律》，日本司法省1894年版，第10页。
⑥ ［法］毕利干：《法国律例》之《民律》，日本司法省1894年版，第11页。
⑦ ［法］毕利干：《法国律例》之《民律》，日本司法省1894年版，第59页。
⑧ ［法］毕利干等：《法国律例》之《刑律》，日本司法省1894年版，第6页。

作为监禁之数，照数监禁，即多亦不过加倍。①

论治煽惑扰乱于国家君民者之罪②

翻译《法国律例》之设，实为本国四民一切行止动作，划一界限，使之有所率循，不致或获于罪也。③

按法国例，国家设有刑曹之官，凡一切刑名之案，是其专资。④

倘该犯身在他国，所获之罪系干本国律例，而于他国法纪毫无干犯，则法国即应从宽，无庸置疑。⑤

即应行知该国，将该犯转解至国，以便归案审办。⑥

其所制《园林则律》，实为国家之要务。⑦

凡遇他国不法之徒，寄居法国界外，不论为首为从，胆敢扰乱法国制度，实于国家君民有所损伤者。⑧

今将园林之区下列明之：其一，论属国家所有平林、遥林；其二，论禁地御林所有平林、遥林。⑨

凡如国家园林，欲于周围分疆立界，植以界椿界石等类者，应于办理此举两月之先，由本处知府之官出发告示，黏贴于各村堡紧沿划界之处。⑩

凡属国家所有之平林、遥林，自今以至将来，不准有给人以权有如上文二条所载之情者。凡不论何等使用情节，不准于国家所有之平林、遥林，而挟有此例应者，除事经于设此定例之时，即有人执有切实之凭，谓于此等平林、遥林分上确有根底，实挟有得以使用之权者，则始可行或由国家查明，给有切实执据。⑪

---

① [法] 毕利干等：《法国律例》之《刑律》，日本司法省1894年版，第12页。
② [法] 毕利干：《法国律例》之《民律》，日本司法省1894年版，第32页。
③ [法] 毕利干：《法国律例》之《刑名定范·凡例》，日本司法省1894年版。
④ [法] 毕利干：《法国律例》之《刑名定范》，日本司法省1894年版，第1页。
⑤ [法] 毕利干：《法国律例》之《民律》，日本司法省1894年版，第3页。
⑥ [法] 毕利干：《法国律例》之《民律》，日本司法省1894年版，第4页。
⑦ [法] 毕利干等：《法国律例》之《刑名定范·序》，日本司法省1894年版。
⑧ [法] 毕利干：《法国律例》之《刑名定范》，日本司法省1894年版，第5页。
⑨ [法] 毕利干：《法国律例》之《园林则例》，日本司法省1894年版，第1页。
⑩ [法] 毕利干：《法国律例》之《民律》，日本司法省1894年版，第7页。
⑪ [法] 毕利干：《法国律例》之《民律》，日本司法省1894年版，第41页。

7. 《中国古世公法论略》（1881 年）中所见"国"：

"Her tributaries included all the petty States of Eastern Asia. These vassal States had few relations with each other. The existence of independent States, so situated as to require or favor the maintenance of friendly intercourse; That those States should be so related as to conduct their intercourse on a basis of equality."①

按亚洲东境诸小国，悉隶中国藩属。此小国者，彼此绝少往来。若于自主之国，境壤相接，舟车可通，势不能不讲信修睦，以联邦交，一也；诸国交际往来，各以平行相接，而无上下之分，二也。②

8. 《陆地战例新选》（1883 年）所见"国""邦国"：

盖邦国欲自主而久存者，不得不有力以自护。然邦国多尚仁义，民俗亦较前归厚，则战争应有定例可遵，以免肆行残忍。一千八百七十四年，诸国于比国京都会议，其议虽未成，足征早有同心。……诸国之会于比京，由俄皇创议，专为此事。……所拟款目八十六条，皆不涉于新奇，均以顺时势、合实用为要，且不期诸国骤能以之入盟约，惟管见所及，恭献于执政者，以资采择而已。③

余前岁经过瑞士国，得识公法家穆尼耶，见惠《新选公法条例》一书。穆公以法学著名家称，素封心好行善，谋道而不谋食。近年诸国设法救济被伤兵卒，而不分畛域者，系由穆公诸君创议。……缘其志不在撰文著论，专在博察远搜，务得诸国所已行者及诸国所愿行者，纂入编册，凡八十六条，皆有所本。或本交战常例，或本历代盟约，或本邦国军律，要视其可法而录之。其业已通行者，固属公法。其尚未通行者，邦国揆之仁义，择而行之可也。行之既久，知其合用，竟至遵为通例，公法由此而渐臻美备。马公法原有息争免战之策，然战有不可免者。则邦国扬威而不失仁，力争而不忘义，

---

① W. A. P. Martin, D. d., Ll. d, *Essays on the History, Philosophy, and Religion of the Chinese*, ShangHai: Kelly Walsh, The Tientsin Press, 1894, p. 113.
② 于宝轩辑：《皇朝蓄艾文编》，上海书局 1903 年版，第 8 册，卷 13，第 19 页。
③ ［美］丁韪良等编译：《陆地战例新选》，上海书局 1897 年版，第 2 页。

第三章　近代法学术语的译定（一）

岂不美哉！①

今览瑞士国穆氏、德国布伦氏，偕英和法、日、俄、奥、义诸国十一人，所成《陆地战例新选》一书，不详战胜攻取之法，而惟以遵条约、严纪律、修好睦邻、医伤恤死为心，与中国圣贤之书大旨符合。②

第一条　交战乃战国军旅持械互掣而已，凡人民之不属军旅者，不得越俎而干预战争（按此条兵民有别，故下文遂将军旅二字辨明）。

第四条　凡背理违义以及残暴不仁之举，亦均不可为之（按彼德堡一千六百六十八年之条约，战国意在破败敌国兵势而已，此外若互相戕害，非正也）。

第六条　此国若占踞必国地方，只可视为暂行管辖。两国未和以前，不得作为己有。

第八条　不得设奸诈之谋以害敌命（如买人行刺，或伴为投降等事），不得冒敌国旗帜、号衣以攻不备。并不得假冒会议白旗以及各国条约所设护身、记号，均不得设诈使用。

第十一条　凡敌兵受伤而被执者，当时送交敌国，任其自行调剂可也。惟须揆度情形，实属可行，或两国业已允准，方得行之。

第十八条　战国之将帅应晓谕居民人等，照料被伤兵卒，并示以因此得邀何等利益。如遇居民前来供是役者，胥免损害。

第二十条　敌兵尸骸未及埋葬，应先查取所带之书籍、信件，以备考证姓氏，而免于混失。此等证据，宜交所属军营，或送交该国可也。

第四十一条　遇彼国军旅闯入此国地方，该地方官或逃遁，或号令不行，而彼国军旅有力以安民，即谓之占踞。其占踞境界之广狭、时日之久暂，皆由是而断。

第四十七条　遇地方被敌国占踞，居民既未成为敌国之民，敌国即不得勒令降服。但居民如有执械抵御者，即可问罪。

---

① ［美］丁韪良等编译：《陆地战例新选》，上海书局1897年版，第2页。
② ［法］毕利干：《法国律例》之《民律》，日本司法省1894年版，第1页。

第四十八条　地方既被占踞，而居民有不愿听受敌国号令者，敌国虽勒令遵照可也。然不得勒令充队以攻击本国，亦不得勒令在军营操作，如筑城、掘地等工（见第四条）。

第五十条　客军虽代敌国暂行管辖，其未经和约，仍不得视其地为己有。惟该敌国之银库、军器库、仓房以及敌国所用以资争战者，均归客军充用。

第五十一条　敌国之舟车用以运载电线，用以通信，亦皆归客军充用。非军务不得已，不可毁坏。俟两国和约后，该地方交还此等公物，应照原来体式归之。

第五十二条　至敌国之公所，如宫殿、衙署树林以及公地，只归客军暂行调摄，仍宜谨加保护，以免损伤。

第五十七条　至客军征税于国，课定例外，不应征以分文，且当用之以资治理如彼国无异。

第六十五条　俘虏遇彼国询问姓名、品级等事，即应吐实不讳。倘有隐瞒情弊，则较他人处治稍严，以示惩警可也。

第六十八条　遇俘虏脱逃而尾追之，应先令其止步。如违，虽以枪击之可也。如尚未越境，或未及本国军营，复被擒拿，可从严看守，以示薄惩，但不可视同罪犯。其业经出境，或已入本国营垒而后被执，则前案置若罔闻，不得追究。然该俘虏若已立誓不逃，后又背誓而潜逸，即革其俘虏之利益，以为惩罚可已。

第六十九条　某国若擒人为俘虏，即应给以养赡之资。若两国未经议立特款，则俘虏养赡之资即当与该国不出战之兵卒等。

第七十条　不得勉强俘虏以令助战，虽事之稍涉于战者，亦不可令其干预，不得勒令出具口供而泄本国之密机。

第七十三条　两国业经讲和，彼此所擒之俘虏俱应释放，盖不复有拘禁之故也。然如何释放之处，均由两国妥议而行。

第七十四条　两国业经讲和，彼此所擒之俘虏，俱应释放。盖不复有拘禁之故也。然如何释放之处，均由两国妥议而行。

第七十五条　战事未毕，两国将帅会议互换俘虏亦可。

第七十六条　两国虽无互换俘虏之举，若律法无所禁阻，将帅将其所擒获者，令之立誓不复充兵而释放之，可也。如遇俘虏立誓得以自由，所许者应详细注册，该俘虏亦当谨遵弗违。既归本国，该国不应令其干预战事，以致背信。

第七十七条　俘虏有不愿立誓以得释放者，断不可勒令立誓。其俘虏之请立誓而得释放者，该国准否，皆听自便。

第七十八条　遇俘虏立誓而得释放者，若充兵而复攻释放之国，一经被执，则不予以俘虏之利益可也。惟其既经释放，而后有登名于互换册者，则所立之誓作为销除，虽当兵而被执者，亦不失其利益焉。

第七十九条　局外之国遇战国败兵逃避入境，应将该败兵择地而划界以居之。俾与战场远隔，以免干预战争。如遇战国之人借局外之地，以加害敌国，该局外之国亦应谨防而阻止之（局外之国若有稍助于战国者，即涉于偏袒。至听战国借地，尤当谨防。然遇战国败兵逃避入境，以期免死，倘该国拒而不纳，是为不仁之甚）。

第八十条　凡此等人（指败兵越境求护者）除划地而禁之，令居营寨或城垣，均无不可（宜斟酌便宜而行也）。至将弁令其立誓，不出国而稍听自由，以示优待亦可。

第八十一条　至于此等拘禁之兵，其养赡之资，若条约未及言明如何办理之处，则一切所需者，均仰给于局外之国。其所携带兵器、炮火等件，皆由局外之国收存。两国和后，或未和以前，该败兵等所属之本国，应将其资费照数归还，以免累及友国。

第八十三条　假道局外之国，以便运载病伤兵卒，虽未为俘虏，亦无所妨碍。惟携带物件，应为病伤所需，非为战者所需也。该局外之过亦应一路加意保护，以免有违例之举。

第八十四条　遇人擅犯以上诸条，敌国若力所能为者，即可惩治。惟须详细审问，而准被告者自行辨明，以便定断。人之违犯军例者，按各国之刑典惩治亦可。然本人若已远飏，断难加罪，则报复于敌国，以警不法，未为不可。至报复之例，罪及无辜，在所不免。故心怀仁义者，决不可轻行之。如用之，应以下文两条节之。

第八十五条　若敌国之人有违例加害之举，而后日行赔补者，断不可以报复。

第八十六条　若不得已而行报复，则所加之害，不可甚于敌国之所为。非将帅允准,亦不可行之。虽行报复,总不得有违于仁义。①

9.《公法总论》所见"邦""国""邦国""国家":

有数条为各文教之国所遵行者,如交战所擒之人、所得之物与封口规例,以及各国公使派往调回等与是也。至若交战时,何种作为常物,何种作为禁物,因何故而可预闻别国之内政,均尚未定。……又交战之国与局外之国亦有分所当得与分所当为之事。……所用之便法,为本国内审判堂所定简便之规例,恐别国律法与本国律法有歧义之处。如遇别国之民与本国之民结讼,则查照别国律法应如何办理,有不宜用本国律法者,故有此便法。②

万国公法专为自主之国而设,无论小邦、大邦,其君有自主之权,不臣服于外人,则可称为自主之国。但难于分别者,因常有数小邦合并成一,会难定其统归一主,或各自为主。即如美国为数十邦并成一国,德国以前亦为数国所合并。从前相待各邦,各国不能定其分合,又有本国弱而托别国保护,后能否作为自主之国亦难定。③

又从前公法内不准买黑人为奴,及国家发凭据准民船遇敌船与之交战而擒获,此两款现载入公法内,凡文教之国无不佩服。……便法为实在之律法,本国能自操其权,不必徇各国之意见,只问分所当为。而公法则不同,非一人一国之事,须视各国之意见能相合与否。总之,便法系两国民人交涉之事,公法则关系两国家交涉之事。……国家所管之地,与民间业主之有其地者,关系相同。……凡领事官到任,必得所到任之国家允准,方得行其职分。④

---

① [美]丁韪良等编译:《陆地战例新选》,上海书局1897年版,第1—7页。
② [美]丁韪良等编译:《陆地战例新选》,上海书局1897年版,第2、3、5页。
③ [英]傅兰雅、汪振声编译:《公法总论》,江南机器制造总局1898年版,第6页。
④ [英]傅兰雅、汪振声编译:《公法总论》,江南机器制造总局1898年版,第2、6、9页。

10. 主持江南机器制造局译事的英国传教士傅兰雅在其翻译著作中，"邦""邦国"逐渐演变为"国""国家"内的一个单位，State 的汉语对译词固定为"国""国家"，而且"国家"出现的更加频繁。

《各国交涉公法论初集》所见"邦""国""邦国""国家"：

> 人不能独立于世，则有交涉之事。人与人有交涉，国与国亦有交涉。……欧罗巴各国自攻回教时，始有与闻他国政事之例。因回教人得土耳其国，与欧罗巴各国交涉大不便。向来奉西教之国不能与土耳其国有交涉，以其教不同也。……英国所用之常律多与他国不同，盖英国不与他国连壤。他国多仿照罗马律法，独英国之律参用其法者甚少。①
>
> 从前国家派赴他国办事之公使人员，大半皆用教主，盖其学识胜于平常有爵之人，且明各种律例。②
>
> 南北亚墨利加交战时，局外之国不偏助一邦，所以英国与他国交战必令各国守此规例。③
>
> 盖自古至今各国皆然，国强则贪得无厌，不以欺侮弱国为嫌。又如波兰国为他国所分据事亦类此。……如有国虽不准民为有害于他国之事，但未经谕禁而他国适受其害，则其咎仍归于本国。……近来各国用相保之法，如土耳其国是也。④
>
> 国家欲得民心最难。如白雷婆息的之法，事必谋于众人，稽众论可否之数，核其多寡以为定。……英国家有权能令其民人不犯中立国所当然之本分，以第二说为是，则疑英国家无此权柄。盖从前各国之交涉，有与现在不同者。即如英国女主以利赛勃并后，有数

---

① ［英］傅兰雅、俞世爵编译：《各国交涉公法论初集·原序》，江南机器制造总局1898年版，第1、4、6页。
② ［英］傅兰雅、俞世爵编译：《各国交涉公法论初集·原序》，江南机器制造总局1898年版，第6页。
③ ［英］傅兰雅、俞世爵编译：《各国交涉公法论初集·续序》，江南机器制造总局1898年版，第18页。
④ ［英］傅兰雅、俞世爵编译：《各国交涉公法论初集·续序》，江南机器制造总局1898年版，第16、20、25页。

主当国,时英人可得国家准其操练兵丁,用英国旗帜,前往他国协助交战。……民之主意统括于国家主意之中。凡与敌国交涉事件必由国家核办,民不可自行举动。①

国内律法可自行增损,固不必问诸他国也。……法的利论国所应为之事内赅应行护卫。故无故受害之各国,虽受害之国未与本国立约,亦必护卫。盖各国本应互相保护,今他国有事而我保之,安知我国有事而他国不相保乎!故保他国即所以自保,无论人与人,国与国其理相同。……如他国人民寄居本国,为本国所轻视,或许其来而虐待之,则他国必先商请于本国。若不允请他国,可以同法待该国所来之民。②

统地球所载人民聚类成国,一国之人必有国家为之办理内外政务。国内之相关为国家之政治,所以安抚其人民者也。……一国之要道在乎除暴安良,因此必设国律法。律法行则国内能享治平之福,故国家应以此为先务。……由里比地士云,分所当得者,为天下尽人皆同,如国家之与臣民皆以此理相联。……兹论国家须讲求如何能用此天然之律法与隐成之律法。③

即如俄国素称大国,而与朱呢伐小邦,以交涉公法论之,则等为一国。即不问其大小也。……土耳其管理以上之各邦,其相关最难辨别。阿非利加北边之两邦,即陀尼司与土利布利,欧洲各国待此两邦,大半有自主之意,不问其为土耳其之属国。欧洲各国待此两邦之法,待之如自主之国。该邦有不是之处可径加责罚。……此两邦之主如赴欧洲各国谒见国王,则由土耳其使臣引见,不以自主之国相待。④

其国又分为数小国也,又有人离其本国而往空僻之处,历年滋

---

① [英]傅兰雅、俞世爵编译:《各国交涉公法论初集·续序》,江南机器制造总局1898年版,第18、22、27页。
② [英]傅兰雅、俞世爵编译:《各国交涉公法论初集》卷1,江南机器制造总局1898年版,第1、4、6页。
③ [英]傅兰雅、俞世爵编译:《各国交涉公法论初集》卷1,江南机器制造总局1898年版,第1、2、8、14页。
④ [英]傅兰雅、俞世爵编译:《各国交涉公法论初集》卷2,江南机器制造总局1898年版,第1、25、26页。

生人民繁庶而合成一国者,或有因国政不善、民心离叛而他适另立一国者,或有叛立而自为一国者。无论如何成国,俱可作国论,惟乱民叛国而自立必得他国公许为国,否则不能作国论。……有为他国所保护而国之内外政事为保护之国管理。……瑞士国各邦所合之国会。北亚墨利加之各邦合为一花旗国,即美利坚合众国。①

所谓一国者,即聚居一处之人,其律法礼节风俗皆相同而合为一大会。其权自国家操之,国家能管理界内一切人民物产,能与他国议和议战,又能与天下各国行交涉事件,而不问其国之大小强弱,俱应确守公法。……如国家不能自守其国,或出于不得已,或情愿属于他者,则必守他国之法,服他国之主,亦与国亡相同。……一人应为之本分,视其为何等人,应为何等事,国家亦然。②

又如一千七百六十八年,止奴阿邦将各西加岛押与法国。③

如有邦或被侵灭,或让或送其地连属于别国,则其民随地改为别国人。④

如海峡之两岸均属于一国,则行船之事可专归一国管理。……大海虽不能属于一国,但海有数处依理而论,视用惯之例与其国之权,可以属于一国管理。……如有一国忽增兵添备军械、兵船,则别国必致疑惧,因其断非无故而然,故恐有害于别国也。所以见有此事,别国可询问其故,视其所答之语,略可知其情形也。⑤

英、美两国应允请沿河地主,或与此河有关系之人,或国家派令督理河工之人,均不得与开河之人为难。……有如国人叛乱,国

---

① [英]傅兰雅、俞世爵编译:《各国交涉公法论初集》卷2,江南机器制造总局1898年版,第1、9、33页。
② [英]傅兰雅、俞世爵编译:《各国交涉公法论初集》卷2,江南机器制造总局1898年版,第1、32、54页。
③ [英]傅兰雅、俞世爵编译:《各国交涉公法论初集》卷3,江南机器制造总局1898年版,第48页。
④ [英]傅兰雅、俞世爵编译:《各国交涉公法论初集》卷3,江南机器制造总局1898年版,第77页。
⑤ [英]傅兰雅、俞世爵编译:《各国交涉公法论初集》卷3,江南机器制造总局1898年版,第1、6、14页。

家兴兵灭之，而谋叛之人逃往邻国界内，再添备军械，思欲回国再逞其志。……一人或数人加害于别国而无可凭之实据，亦不能为国家之过。①

上款言国之界外为本国所不可管理之公理。……如别国之船在本国各口停泊，亦不为本国管理。……如有本国印信签押即可为凭，定其船属于何国，不必另求其买船之凭据，别国不能问其国因何而得此船也。②

如该商人等不愿服本国之律法，则必有许多不便之处，且国家亦为其轻视。故往往有商民犯法，不能问罪。……若在海面行劫，则谓之海盗。国家给凭许人在海面向敌人掳掠，则不作为海盗。……办理有害于人案件，此堂内由船部等官员到堂审问，不必照从前之例，须有国家特发凭据，然后可以审问也。③

《各国交涉公法论二集》所见"邦""国""国家"：

其第一约为各国在黑海内行船之事……凡交战之国借本国口岸或海中为交战之地，并在界内雇佣兵丁采办军械粮饷，俱不准行。④

其一案为法国与日耳曼交战时，英国公司与法国家订一合同，在海中设遭电报。……盗船未经发觉之先，拍卖与人，买者不知其曾为盗船，日后查明，国家不能饬拏充公。⑤

论凡国能保护在他国寄居之民。……论本国寄居他国之民被其欠债能令偿还。……其第一项属于交战之国理所当得者，及中立国

---

① ［英］傅兰雅、俞世爵编译：《各国交涉公法论初集》卷3，江南机器制造总局1898年版，第10、14、16页。
② ［英］傅兰雅、俞世爵编译：《各国交涉公法论初集》卷4，江南机器制造总局1898年版，第1、4、8页。
③ ［英］傅兰雅、俞世爵编译：《各国交涉公法论初集》卷4，江南机器制造总局1898年版，第8、12、15页。
④ ［英］傅兰雅、俞世爵编译：《各国交涉公法论初集·序》，江南机器制造总局1898年版，第1、2页。
⑤ ［英］傅兰雅、俞世爵编译：《各国交涉公法论二集·序》，江南机器制造总局1898年版，第2、3页。

第三章　近代法学术语的译定（一）

之本分与交战国所有之交涉，在此书以下各章论之。①

止奴阿民主之邦并摩勒打岛在各国总不肯待之如有王之国。其两处自云费呢司等品而居瑞士国之前，近来瑞士连邦及美国日耳曼国会并波拉西国均作为有王之品。……萨代合国将摆特物特地方押与瑞士国之白尔捼与富类白哥两邦，因所欠之钱期满未偿，发兵前去收其地方连于自己邦内。②

查明彼国欠债之人是否国家所信任办理国事者，如此项欠款实系国家所用，无论欠一人，或欠一公司，则债主之本国可令欠债之国清偿。其能否强之使偿，尚当酌办。法的利云，凡因国家公事而致有欠项，都为正项债务，国家不能不还，亦无法可以不还者，而债主应行追偿，亦无法能止其不追者。无论所借之项为国家所正用而有利者，或浪费而无益者，此皆与债主无关。因债主将银两借于国用，国家自然当照偿。……国家何能久任延欠而不问乎？随意欲劝令各国赶紧设法将所欠英国百姓之项清偿，恐不久此等百姓大半须来呈请国家核办，而势不能推诿，则国家无奈必设法令别国清还各债也。……如其本国欲收此项税银，可令应发利息之国将此项收存于本国家账簿，作为该国所欠本国之款，则彼此省事。若别国人不住在发给利息之国内，则其国不能向之收税，盖收税之本意为国家充公，以为保护百姓之费。交涉公法中有国家欠人之钱，则债主可以挐百姓之产业以抵之。③

一千七百四十四年，英国派往费呢司邦之公使和德纳司候路经奥地利界，其公使及从人悉被奥地利官员所挐获。④

无论国王身在本国或在别国，有数事为交涉事内当得者，即如王在本国内必得，别国依所应当称者而称之。……英国之各审问堂都不

---

① ［英］傅兰雅、俞世爵编译：《各国交涉公法论二集》卷5，江南机器制造总局1898年版，第1、3、8页。
② ［英］傅兰雅、俞世爵编译：《各国交涉公法论二集》卷5，江南机器制造总局1898年版，第30、41页。
③ ［英］傅兰雅、俞世爵编译：《各国交涉公法论二集》卷5，江南机器制造总局1898年版，第4、5、7页。
④ ［英］傅兰雅、俞世爵编译：《各国交涉公法论二集》卷6，江南机器制造总局1898年版，第40页。

能问控告他国国王之案，凡办理自己国内公事，亦不能审问。……别国之国王前来本国衙门，或为原告，或为被告。①

原告但自称为可仑皮阿国家，被告乃问原告代审之人。在英国审问堂涉讼，不必令国家之一人或一官出名，又不必言明原告为何人。如被告必欲问何人为原告，则可令人出名，然审问堂内如已访问原告为何人，而其国家未经派定何人为原告，则可以停案不办。……如谋害本国国家及国王，可无法以禁止乎？②

此东罗马王名质司的呢恒之将军侵占大利亚地方之谷得邦。……后事已窘迫，知法兰西国王战败，欲害耶稣各邦之回教人。……日耳曼国王恒利第六于一千九百十七年薨，各分国之王多选立苏阿皮阿邦之主，名费利伯接其王位，亦有选举布仑司回哥邦之主名乌吐者。费利伯曾得罪教王，因将教会之产业若干夺之归公，于是教王不准其为王。但此两邦之主已俱立为王，彼此相争，天主教王伊奴生德第三派一公使至日耳曼传谕各邦之主认乌吐为王，萨令歌恩邦之公伯土特，并有各邦主都助费利伯，所以派人至数王处云，教王所派之公使，无论为审问之臣，或为择立国王之人，均属非是。如为择立而来，则此事与公使无关。各邦主转失其应得之名分。③

凡派往领事官驻于自主之国内，此事凭交涉便法而得。盖因各国用惯之规例，并所立之和约，有令领事驻于各国乃为理所当然之事，与公使应驻于各国之理相同。……约一千六百五十年之时，各西国交涉通商之事大改旧章，各国已有常驻公使之例，而各国皆以为应能自主其国内之各事，若他国领事不服我国之律法，则与本国能自主之意不合。……所有欧洲各国，并各洲各国议及领事之和约有五种。④

---

① ［英］傅兰雅、俞世爵编译：《各国交涉公法论二集》卷6，江南机器制造总局1898年版，第1、5、9页。

② ［英］傅兰雅、俞世爵编译：《各国交涉公法论二集》卷6，江南机器制造总局1898年版，第10、35页。

③ ［英］傅兰雅、俞世爵编译：《各国交涉公法论二集》卷7，江南机器制造总局1898年版，第49、50、58页。

④ ［英］傅兰雅、俞世爵编译：《各国交涉公法论二集》卷7，江南机器制造总局1898年版，第1、3、9页。

领事虽为办公之人，但其权柄原为通商而得。如其同国之人失去物件，可以代失主告官追回。惟其领事不能作为国家之臣，又不能为代其国王与别国家办事之人。……总领事、领事，国主既派之后，必先照章发誓，开立合同凭据，而记于国家册档，则能有国家之文凭。所以领事派后，必先亲往管理领事之部，照章发誓，开立合同。该部乃国家办文凭用印之后，送至办理各国事务衙门，转送领事所到之国内。但领事可先到驻扎之处，请其地方官先行准其办事，或俟国家凭照到日。……国家公会定此律法时，想不到公使等臣兼为贸易之事。有人云，为使臣者，必办理国家公事之人，如国家之事与通商之事不同。①

教王与意大里亚巴尔马小邦之事，与法国教会亦有相关。一千七百六十八年，巴尔马邦之主出一告示，内有数款，有为国家之事者。……一千八百五十二年，教王与南亚墨利加之格司达里加自主之邦立约，内有要款如下。……前此与别国相同，近来亦不许教王管理国政而为自主之邦。②

法国王罗义欲令国内所有教会之事永远相安而有益于国于民，故定章程六条以传久远。……从此和约以后，在地球之各国与罗马国之相关与前者大不相同。……如各国所设之教会内有百姓不尽服此教会者，应如何相待？③

在罗马城中立一总教公会，将巴黎与甘司单军士两处总会所定章程复加改定，令各国家、各国会前得之大益处渐渐减去。……此三十年间，各国中人心最恶，其国家之法与教会之法，国王与教王可以作主。……无论何国之君，何国之民，不守教王之约束，即意大里亚国家之事，教王亦毫不能问。④

---

① ［英］傅兰雅、俞世爵编译：《各国交涉公法论二集》卷7，江南机器制造总局1898年版，第7、27、35页。
② ［英］傅兰雅、俞世爵编译：《各国交涉公法论二集》卷8，江南机器制造总局1898年版，第19、32、33页。
③ ［英］傅兰雅、俞世爵编译：《各国交涉公法论二集》卷8，江南机器制造总局1898年版，第3、10、12页。
④ ［英］傅兰雅、俞世爵编译：《各国交涉公法论二集》卷8，江南机器制造总局1898年版，第6、10、14页。

《各国交涉公法论三集》所见"邦""国""国家":

  因美国能自主其本国之事,不必他国前来帮助。但此次别国情愿为美国与起事之邦评理,均为美意。①
  查各国史中,往往有数国之王集议别国之事。……国与国交涉事件内,其便法与理所当得者,交涉界限极难分辨。……取质之事,现在各国均已废去不用,如一人一行铺。虽发此凭据,亦非犯法,而各国却不愿行此事也。②
  国家公会及内阁已设律法,准兵船部发凭,许此种船纳敌人之船只。……带取质之凭,而虏得之货,依交涉公法属于虏到之人至足补其原失之物,并足补其取质之费为限。如有余,则必还于原国之国家,请交还原主。……凡国家所欠之银,无有不还者。③
  凡有交战之事,则各国之相关必有改变之处。……丙克舍格云:交战之时,邻国合于本国,如同一国。……凡船为本国赎回,则敌国开准赎之凭据放回本国,必直行正水路而回。④
  凡通商之事,百姓必听命于国家,无论为本国人民或久居本国之他国人,都在其内。……各国能收回住在别国之人,为保护本国起见,所以国家要用其人,可以令其回来,其人不可不来,别国亦不可阻之。无论径直往来,或辗转往来,一概禁止,除非国家特准方可。尤有甚者,司土纳与著克生等人在英国与阿尔兰国内探听国家防备法国来攻英国之法而报知法国,令法国大得其益也。……已论过私债与国家不相关者。国家借民人之银,每年出利息若干,前已论过。法的利云:国家于所欠敌人之债,凡遇交战时,总不能将

---

  ① [英]傅兰雅、俞世爵编译:《各国交涉公法论三集》卷9,江南机器制造总局1898年版,第4页。
  ② [英]傅兰雅、俞世爵编译:《各国交涉公法论三集》卷9,江南机器制造总局1898年版,第2、5、11页。
  ③ [英]傅兰雅、俞世爵编译:《各国交涉公法论三集》卷9,江南机器制造总局1898年版,第10、12、14页。
  ④ [英]傅兰雅、俞世爵编译:《各国交涉公法论三集》卷10,江南机器制造总局1898年版,第1、6、39页。

第三章　近代法学术语的译定（一）

此债入官。又有法师依墨里哥与马丁士议论亦同。①

局外之国必中立而不可偏向一边。……两国内如有一国与别国战，不助别国，亦不卖兵器。……如其本国不能禁阻，则受害之国力能禁之，可以自行禁阻也。②

百姓喜往各国营生，比国内更能得利。而所作之事，现在各国已不准行所有以前国家准行之事。……英国家愿与美国和好，要防将来有争端之故。……造船之主与质利国家商议卖之凭据最为明白。……凡人有做交战一类之事，而国家未经应许。……可见此二款律法能令国家在交战国面前难得有错处。……英国家做此事后，英国各等人大议论之，国家公会议论得最重。③

第十七款将法国最严之律法改从宽办，所有私货并所有属于敌国之物件，在该邦船上查见，一概充公。④

英荷此约大犯交涉公法，后来两国甚悔之。……各国律法内有事与此相类，不守国内平常之律法。……在友国船上不可虏敌国人之产业，因所虏者属于敌国，不属于友国也。⑤

其原稿云，各国家恒能在本国界内保佑敌国人之产业，此理当为之事。……一千六百五十八年，地回德请国家除此律法。⑥

船行至马他麻拉，因其货要从该处运至别口供美国南邦人之用。⑦

局外之国与交战之国作寻常贸易，为理所当然。……前章论中

---

① ［英］傅兰雅、俞世爵编译：《各国交涉公法论三集》卷10，江南机器制造总局1898年版，第2、4、18页。
② ［英］傅兰雅、俞世爵编译：《各国交涉公法论三集》卷11，江南机器制造总局1898年版，第1、5、10页。
③ ［英］傅兰雅、俞世爵编译：《各国交涉公法论三集》卷11，江南机器制造总局1898年版，第7、15、29页。
④ ［英］傅兰雅、俞世爵编译：《各国交涉公法论三集》卷12，江南机器制造总局1898年版，第19页。
⑤ ［英］傅兰雅、俞世爵编译：《各国交涉公法论三集》卷12，江南机器制造总局1898年版，第1、3、4页。
⑥ ［英］傅兰雅、俞世爵编译：《各国交涉公法论三集》卷12，江南机器制造总局1898年版，第3、7页。
⑦ ［英］傅兰雅、俞世爵编译：《各国交涉公法论三集》卷13，江南机器制造总局1898年版，第8页。

立之国不能任意与战国贸易，然中立之国应行贸易可否出寻常贸易之外，又可否趁两国交战时专行一国之贸易。……丙克舍格之意云，依平常所准之法，战事之器具虽不可运到交战之国，然能在中立国内售与交战之各国。①

前次交战有此事，或因海部信其果有保险之事，或者国家出谕示准之，俱不可知。②

出此谕示之后，美国北邦认巴黎之谕示，请英、法两国准其签名于谕尾。③

中立国又有一事为其总利权之界限，即必让交战之国查验此事。……交战国之船令中立国船停止查验之法，为放一炮弹。……其一国护商之兵船在海面遇见他国之兵船，而他国兵船有战事，则因要免各种乱事，不可相近。④

无国家虏船凭据，或有凭据虏彼国船而无凭拿此国船，则不能得虏船之利益。⑤

如有某国既将其审问堂内，应凭何理何法审问。……此堂必照交涉公法办理，并查别国民人与本国有何相关。……论各国设立审问虏获敌国船案公堂之法。⑥

国家所准民船持械在洋面缉捕敌船，其情形实与强盗无异。……如案内有国家交战时应获之利，可照一千八六十年所定投递诉呈之例。……如国家准民船携带枪炮捕虏敌船，而该民船有不

---

① ［英］傅兰雅、俞世爵编译：《各国交涉公法论三集》卷13，江南机器制造总局1898年版，第1、2、10页。
② ［英］傅兰雅、俞世爵编译：《各国交涉公法论三集》卷13，江南机器制造总局1898年版，第36页。
③ ［英］傅兰雅、俞世爵编译：《各国交涉公法论三集》卷14，江南机器制造总局1898年版，第6页。
④ ［英］傅兰雅、俞世爵编译：《各国交涉公法论三集》卷14，江南机器制造总局1898年版，第1、7、13页。
⑤ ［英］傅兰雅、俞世爵编译：《各国交涉公法论三集》卷14，江南机器制造总局1898年版，第37页。
⑥ ［英］傅兰雅、俞世爵编译：《各国交涉公法论三集》卷15，江南机器制造总局1898年版，第3、4、6页。

遵成例虏船者，应令赔出捕船费用。①

和议之事不惟利于敌国，亦且利于各国。盖用兵之时，不但敌国受害，而他国亦被累矣。……其从中调处之国与处断是非之国，不可混而为一。……不但各国即败北之国，无故用力要挟，亦属有伤和好。盖因败北之国甫就太平，而该国所立之和约，系违通国人民而立者。②

不能移动之产业，不能因战胜而得之，必定有和约或国家所发谕示而得之。……倘应还一国国家之债，其国之地已被据为产业，法令已行，庶事咸理。……国家债户还债于据地之官，不必再议。③

惟日耳曼两三小邦每逐去买主而卖其地。④

《交涉便法论》所见"邦"（不再"指国"，而是"国"的一个组成单位）、"国"、"国家"：

前三集俱论各国交涉公法，此为是书之末集，论各国交涉便法，又谓之交涉私法。……有一事难于考究，即一国之律，在他国境内，依照律法应用，至何为限。……各国应准听讼官于审问此类案内，将他国之律，为判断之权衡。⑤

第二等者，分为五类。一为国家所遣之官。⑥

如夫妻原籍此邦，而妻尚未控告之先，往他邦得新居处，则本邦之审问堂，如何能料理其案。夫能任意改换其居处，所以照以上

---

① ［英］傅兰雅、俞世爵编译：《各国交涉公法论三集》卷15，江南机器制造总局1898年版，第10、21、33页。

② ［英］傅兰雅、俞世爵编译：《各国交涉公法论三集》卷16，江南机器制造总局1898年版，第1、3、4页。

③ ［英］傅兰雅、俞世爵编译：《各国交涉公法论三集》卷16，江南机器制造总局1898年版，第27、29、31页。

④ ［英］傅兰雅、俞世爵编译：《各国交涉公法论三集》卷16，江南机器制造总局1898年版，第38页。

⑤ ［英］傅兰雅、钱国祥编译：《交涉便法论》卷1，江南机器制造总局1898年版，第1、4、6页。

⑥ ［英］傅兰雅、钱国祥编译：《交涉便法论》卷1，江南机器制造总局1898年版，第31页。

之律，居本邦之人，可弃其妻往他邦，与他女同住，而其妻不能在本邦控其夫。因夫之居处在他邦，而依律法，则妻之居处，必从夫之居处。所以依律而论，其妻之居处，亦为他邦，所以两人均不能谓之居于本邦。……如美纳邦内有案，则不许之。如芒得邦内，近有一案。①

此论办国家公事之官居处。②

依罗马律，则兵丁居处，即其当兵之处，而此以为其人在本国，并无产业等语。如其在本国已有产业，则可视其人有两居处，一在本国，一在当兵之处。……如一国派他国人为公使，即派往本国，则其人之居处，仍为其本国，不能改变。……如派本国人往他国充当领事，照常而论，不以所居之处为居处。③

其事可分四类而论之，第一类，本国人得居处于别国所置之场，第二类，得居处于有和约之国，第三类，得居处在回教之国，第四类，得居处在别国，别国有管理其居处之事。……有人云，欧洲各国所公用居处之律，不合居于回教国内之奉耶稣教者。……凡居于英属地内之他国人，均必以英国百姓之规矩看待。④

在印度交战之事，因国家准其公司有权柄。……马得拉司国家之代诉人，于前案中所说之意见如下。……查得居处于别国，其别国有管理其居处之事，如国家已设一律，定他国人居其国内，如何能得居处。⑤

如萨克逊之律，令本国人在别国嫁娶之事，与在本邦内归同类。有如本邦之人，因要免本邦之律，往别国娶亲，则为犯法，可以监禁十五日。如韩诺瓦邦，则别国人娶亲之先，必得其居处官之凭据，

---

① ［英］傅兰雅、钱国祥编译：《交涉便法论》卷1，江南机器制造总局1898年版，第39、55页。
② ［英］傅兰雅、钱国祥编译：《交涉便法论》卷2，江南机器制造总局1898年版，第1页。
③ ［英］傅兰雅、钱国祥编译：《交涉便法论》卷2，江南机器制造总局1898年版，第14、17、22页。
④ ［英］傅兰雅、钱国祥编译：《交涉便法论》卷3，江南机器制造总局1898年版，第1、4、5页。
⑤ ［英］傅兰雅、钱国祥编译：《交涉便法论》卷3，江南机器制造总局1898年版，第6、8、10页。

第三章　近代法学术语的译定（一）

准其携妻回原居处，方可娶亲。①

至于妻之身份所有当为之事，或不在夫有居处之国而得之，而照此国之律，其妻所能作之事，或夫所能作之事，必依居处之律所准者。……此种律与国政相关，所以各国所设之律，与别国之律不相关。……第三轮照料人所管理者产业之事，英律师并各国律师，分别照料之人，管理别国内能移动与不能移动之产业。②

又有一案，原告名灼，被告为美国国家代诉人。……如国家定律，或出谕示，命某人为合法而生者，则别国应否以为合法，此事为交涉便法内，最难料理之事。……有英人得国家保其专做某某物件，后得别国家准其专做于别国内，则不能因此而在英国，遂不专做此物，又因此不能阻其请国家宽其保限。又如英人得本国家保其专做物件，又在别国家得保专做之益处，亦可在英请国家宽限。但国家必详查其事之应该与否。而近来之律法，令国家在数件事内，不能宽限，又有数事，其英国所保之时，不能逾别国所保之期，又必查其物件，为英国先得此新法者，抑别国先得此新法者，所以请于国家时，必查此各事，方能定议，可以宽限与否。③

如有别国人向英国人买之，亦无不合理之处，但此人必为友邦之人。……日耳曼欲令各邦，不印不卖别邦人所著之书，通邦之各府，亦有同例。日耳曼国会一千八百三十七年，在日耳曼国各邦立一和约定此事，所有奥与布不在会内之各邦，亦应允受此和约，又一千八百四十年，奥与萨的尼亚立和约，而意大利各邦，并瑞典一邦，皆应允此和约。④

此各物可以移动其方位，又可以迁至别处，或迁往别国，但此各事为偶然而有者，非主任原意内所能拟到之事。……上论责成之

---

① ［英］傅兰雅、钱国祥编译：《交涉便法论》卷3，江南机器制造总局1898年版，第51页。
② ［英］傅兰雅、钱国祥编译：《交涉便法论》卷4，江南机器制造总局1898年版，第3、7、44页。
③ ［英］傅兰雅、钱国祥编译：《交涉便法论》卷4，江南机器制造总局1898年版，第25、34、56页。
④ ［英］傅兰雅、钱国祥编译：《交涉便法论》卷4，江南机器制造总局1898年版，第55、57页。

权，各国同者固多，即不同者亦不少。三论现在律书，如何处置此事，四论美英两国定案内，有何理可以推求。……三论现在奉教各国通行之例，以本地律治其事宜之理。①

卢衣昔阿纳邦，亦存罗马之律，所以此邦之上审问堂，已定有案，其邦之境内，凡买卖移动之产业，当未交之先，仍为原主人者，如原主任欠银，则可以房其货未质，虽为别国别邦之人，其居处之律准此事，但在此邦内，俱归一律。……瑞士国内各邦之律，亦有彼此互异者。……如以路赀色阿尼亚之律为断，是本邦之人，无论行止何处，皆携带其律，与之俱行。无论在伦敦、在巴黎，与人立约，皆以本邦之律为主。凡属本邦之人，在外行事，皆以本邦之律相绳。②

赔偿款，无论国家人民，统归一律。凡作事误人，无论国家人民，与欠债无异。……因金钱银钱，但论国家行用之值而已，不论钱之实物也。钱者，国家通行之筹码也。③

沙入贰云，欧洲各国行用罗马律者，多将其律小加更变。……在罗马律之国，造一押质动合约，后将该物携至布国，问押主有权柄控取其物否。……如在此国借钱，此国成质，其钱虽实在彼国交付，其约仍为此国之约。④

德国各邦中，律法不同，有袭用罗马律以治押质之事者。……其说自属可行，故布国与邻邦换约皆用之。⑤

又说法人，如经外国国家定为穷户，其在法民之权，有无差减。飞立士谓有差减，马士谓可以准其与法国顾家有账目往来。……在

---

① [英] 傅兰雅、钱国祥编译：《交涉便法论》卷5，江南机器制造总局1898年版，第5、24、28页。
② [英] 傅兰雅、钱国祥编译：《交涉便法论》卷5，江南机器制造总局1898年版，第6、29、38页。
③ [英] 傅兰雅、钱国祥编译：《交涉便法论》卷5，江南机器制造总局1898年版，第52、54页。
④ [英] 傅兰雅、钱国祥编译：《交涉便法论》卷6，江南机器制造总局1898年版，第2、3、5页。
⑤ [英] 傅兰雅、钱国祥编译：《交涉便法论》卷6，江南机器制造总局1898年版，第3、12页。

外国不能行用者，英国亦可行用，唯不能请国家代为催索。……国家虽准外国人在本地做原告，但外国人有一事，较本国人不合算。①

四 中西涵化②之"国家""国"在近代中国的传播

丁韪良将 State 译为"邦""国""邦国""国家"，但傅兰雅等人渐渐放弃了"邦""邦国"，接受了译词"国""国家"。随后，被誉为近代玄奘的翻译家严复，在《社会通诠》（译自英国学者爱德华·甄克斯 Edward Jenks 的著作 *A History of Politics*）一书中，也将 State 译为"国家"：

1. *Character of the State. The new type of community formed by these events differed fundamentally from that which preceded it.* ③

严复译为："国家形性　以前者之二事，而新社会兴。言其形性，有绝异于蛮夷、宗法二社会者。"④

2. *Incidentally, also, its action sowed the seed of the great problem of pauperism, or State relief of the indigent.* ⑤

严复译为："自行社制亡，而鳏寡孤独者不得其养，此国家赈贫之政之所由兴也。"⑥

19 世纪的中国还处于清王朝的专制统治之下，主权在民的思想于人们而言，无异于洪水猛兽。但是，20 世纪初期，在各种思潮的涌动中，

---

① ［英］傅兰雅、钱国祥编译：《交涉便法论》卷6，江南机器制造总局1898年版，第10、34、45页。

② "近代汉字新语较为普遍的制作方式，是用古汉语词汇对译西洋术语。故其生成机制，是中西概念间的对接、渗透，终于走向'涵化'的结局。"——冯天瑜：《新语探源》，中华书局2004年版，第553页。

③ Edward Jenks, *A History of Politics*, Richard Clay: limited, Long. Bungay, 1903, p. 3.

④ ［英］甄克思：《社会通诠》，严复译，上海商务印书馆1931年版，第80页。

⑤ Edward Jenks, *A History of Politics*, Richard Clay: limited, Long. Bungay, 1903, p. 139.

⑥ ［英］甄克思：《社会通诠》，严复译，上海商务印书馆1931年版，第163页。

国家的三个核心要素（主权、领土与人民）逐渐被人们理解、接受，"主权在民"成为革命者的理论工具，并日益深入人心，被大众认可。作为 State 汉语对译词之"国家"通过这种涵化得以广泛传播，"国家"所包含的"公家、帝王"以及"国"之"封地、食邑、国都"等古汉语义渐渐淡出人们的视野：

关于国家的定义：

1903年《复张之洞》一文解释道："国家有定义焉，国家云者，即人民集合之区域，以达共同之志愿，居一定之疆土，组织一定之政治，而有独立无限之主权者也。是故国家之土地，吾民集合之区域也；国家一定之疆土，吾民与他国人民之界限也；……国家独立无限之主权，集合吾民之权力而成也。由此观之，国家之土地、疆域、庶务、政治、主权，何一非本于吾民，故曰国家者，民众之国家也，非一人之私产也。"①

陈独秀在《说国家》中论述："土地，是建立国家第一件要紧的事；……国家是人民建立的，……凡是一国，总要有自己做主的权柄，这就叫做'主权'。这主权原来是全国国民所共有，但是行这主权的，乃归代表全国国民的政府。"②

陈独秀释"国家"更突出人民性：国家者，乃人民集合之团体，辑内御外，以拥护全体人民之福利，非执政之私产也。③

黄摩西编《普通百科新大辞典》的"国家"条目曰：国家二字，起于封建时代。诸侯称国，大夫称家，界限分明，本不能混用。封建废后，此字遂成为单独名词。今日国家学上之界说，则释为有统治权之领地团体而为人格者。

汪荣祖、叶澜编，上海明权社于1903年发行的《新尔雅》设"国家之定义"条目，释曰：有一定之土地，与宰制人民之权力，而为权利义务之主体备有人格者，谓之国家。……国家对臣民有权利有义务，对外国有权利有义务，此国家之所以为权利义务之主体备有人格者。

---

① 张枬、王忍之编：《辛亥革命前十年间时论选集》第一卷下册，生活·读书·新知三联书店1960年版，第771页。
② 《陈独秀文章选编》上册，生活·读书·新知三联书店1984年版，第56页。
③ 《独秀文存》，安徽人民出版社1987年版，第18页。

《法律经济辞典》（日本清水澄著，张春涛、郭开文译，1907年上海群益社发行）亦设"国家"一条，释曰：法律上所谓国家者，根据一定之土地，而以统治权，统一人类社会是也。故国家之要素，须有一定之土地，与人民，及统治权三者为之。

国家与民权密切相关，国家存亡取决于民权的有无，民权的取得要靠国民流血争取：

1900年，梁启超在"中国积弱溯源论"中论及国家与朝廷："不知国家与朝廷之界限也。吾中国有最可怪者一事，则以数百兆人立国于世界者数千年，而至今无一国名也。夫曰支那也，曰震旦也，曰钗那也，是他族之人所以称我者，而非吾国民自命之名也。曰唐虞夏商周也，曰秦汉魏晋也，曰宋齐梁陈隋唐也，曰宋元明清也，皆朝名也，而非国名也。盖数千年来，不闻有国家，但闻有朝廷。"①

《新政旬报》1900年第2期刊载何启、胡礼垣"新政变通"："故谓国而无民权，无异于谓天之无日月。天无日月，人必不以天视天；国无民权，人必不以国视国矣。"②

> 民有权者谓之存，民无权者谓之亡。……夫权者天下之大物也，中国之权既夺于民贼之手，而必力据之以固。今一旦欲冲二千年之罗网，解二千年之束缚，则其势必出于争。昔者，北美洲之争自立也，苏格兰之争平权也，法兰西之争民主也，皆兵连祸结，屡起屡仆，而卒以成今日民权之治。……世有与民贼相抗者，尚以民权为宗旨，斯真为世界流血者哉。③

1919年7月，廖仲恺在《星期评论》发表"三大民权"，明确指出"国家"的主权应该属于人民：

> 国家政府能够活动，是要对人对物都有一种力量。这力量就是

---

① 梁启超：《中国积弱溯源论》，《饮冰室文集》之五。
② 梁启超：《中国积弱溯源论》，《饮冰室文集》之五，第38页。
③ 梁启超：《中国积弱溯源论》，《饮冰室文集》之五，第41页。

权,这权是由最高的主权发生出来。在立法方面活动的就是立法权,在行政方面活动的就是行政权,在司法方面活动的就是司法权。却是这最高的主权在谁的身上呢?谁是主权的主体呢?若是君主的国家,有说主权是在君主,有说是在国会,也有说是在国家全体。但是民主国家的主权总是在人民。我们中国既然叫做中华民国,主权的主体,当然就是人民。①

国家应当重视国民教育,提高国民素质:

1890年3月、1896年10月、1897年1月,《万国公报》载"同文书会实录""阅《时务报》第六册变法通议有感""英国的基督教缘始":"将泰西有益于中国者,潜心翻译,缮成篇帙,散布四方,使人了然于心目。倘一旦国家有所举行,不必家喻户晓,而其为弊为利,为损为益,士庶早洞悉于未告之先,而自公召之,自公令之,有不欢乐从事着乎?则于执事者亦当不无小补云。""凡国之兴,视教化为衡。教化苟足以兴国,亦安用变计哉?否则其所当变者,自有在矣。处今日而策中国,不变,则儒教仍虚悬其名,兴国乃永绝其望。""可知基督之教道,实足以兴国家、利民生,历有成效可证矣。英国如是,推之各国,亦何独不然乎?"②

1903年2月,《湖北学生界》刊载"中国当重国民教育":"凡文章中有一不详之字,一过激之语,即蒙摈斥。学者鉴之,恒以颂扬国政为第一要点,相习成风,积久则牢固不可破,虽遇国家最可悲哀、最可耻惧、最可痛苦呼号之事,而必粉饰其说,回护其词,歌舞而陈之,谈笑而道之。"③

1904年6月,《宁波白话报》载"论女人家应该读书的道理":"大凡国家的强盛,全凭在教育。"④

1904年,《二十世纪大舞台》第1期载"二十世纪大舞台丛报招股

---

① 《陈独秀文章选编》上册,生活·读书·新知三联书店1984年版,第10页。
② 丁守和主编:《辛亥革命时期期刊介绍》第一集,人民出版社1982年版,第607、618、613页。
③ 丁守和主编:《辛亥革命时期期刊介绍》第一集,人民出版社1982年版,第247页。
④ 丁守和主编:《辛亥革命时期期刊介绍》第一集,人民出版社1982年版,第439页。

启并简章":"本报以改革恶俗,开通民智,提倡民族主义,唤起国家思想为唯一目的。"①

关于"国"与"家"的关系,《清议报》1899年9月25日刊载"俄公使论瓜分中国之易":"盖国者,合无数家室而成,乃众人民之公产。故东西贤圣统名之曰国家,言国、家不能离而为二也。国亡即家亡,国存即家存,国衰即家衰。人人有公同保守公产之责,人人有公同保守公产之权。其有败坏吾公产、觊觎吾公产、侵夺吾公产者,合众议谋以抵御之,整顿之,又思所以扩充之。夫是之谓有爱国心,不如是则谓之无爱国心。"②

1903年2月,《湖北学生界》刊载"学生之竞争":"忠于一人不忠于一国不得谓之忠,孝于父母不孝于祖宗不得谓之孝。……民为国之主人,君为国之公仆。"③

关于国家与朝廷:

《国民报》1901年6月刊载"说国民"一文论及两者的区别:"独夫民贼无代不作,率皆敝屣公理,私土地、人民为己有,使天下之人,知有朝廷不知有国家;又恐其民之秀杰者,不满于己之所为,乃施以种种牢笼、束缚、压制、威胁之术,以便其私图。故夫学术者,所以智民也,而民贼感之。取古先儒言论之最便于己者,作一姓机关之学术;利于民者,辟之为邪说;专以柔顺为教,养成奴隶之性质,以便供己轭束役使之用。是故中国之学术,为一人矣,而中国无学术。"④《新民丛报》1902年刊载梁启超"新史学":"一曰知有朝廷而不知有国家。……盖从来作史者,皆为朝廷上之君若臣而作,曾无有一书为国民而作者也。其大敝在不知朝廷与国家之分别,以为舍朝廷外无国家。于是乎有所谓正统闰统之争论,有所谓鼎革前后之笔法。"⑤

1904年,《女子世界》第1期、第2期载"论朝廷与国家之异":"世人知有朝廷而不知有国家,盖以为国家者,皆君主之产业也。岂知

---

① 丁守和主编:《辛亥革命时期期刊介绍》第一集,人民出版社1982年版,第483页。
② 丁守和主编:《辛亥革命时期期刊介绍》第一集,人民出版社1982年版,第8页。
③ 丁守和主编:《辛亥革命时期期刊介绍》第一集,人民出版社1982年版,第253页。
④ 丁守和主编:《辛亥革命时期期刊介绍》第一集,人民出版社1982年版,第100页。
⑤ 梁启超:《饮冰室合集》,中华书局1989年版,第850页。

朝廷者，人君出治之所，而国家者，实吾民之公产业。……故一国之民，当有国家思想，当尽国民之责任。"①

1903 年 6 月，《江苏》载"政体进化论"："建民族之国家，立共和之宪章，凡我同胞，其矢斯志。"②

1903 年，《黄帝魂》载"复张之洞书"："夫人人有国家，乃至不辨国家为何物，岂非大可痛哉！惟其不辨也，乃以国家拱而奉之于朝廷，久而遂视国家为朝廷之物矣。以国家之大而视为朝廷之物，是何异昔之论天文者，以日为地球之一物乎！……欧美诸国，有政治思想普及之法，故三尺童子皆知有国家，皆知国家非朝廷之私物。"③

关于国家与个人的关系：

1905 年，《女子世界》第 1 期、第 2 期载"《〈女子世界〉之颂词》"、"阿企兰女士致姨丈书"、"论女界之前途"："欲造国家，苟非招复女魂，改铸人格，合无量数之杂驳分子，开洪炉而大冶之，女子其终死，国家其终亡。""则不知个人与国家之关系，亦不知国即我，我即国。视国如他人之国，国事，国权，均视如他人之事，他人之权。""夫言论自由而可压制，则与内言不出，外言不入，无才是德者何异？国家之大事，民党之机关，而女子不得与焉，则与妇人无外事者何异？"④

1906 年，《法政杂志》第 1 卷刊载"法政"、"法治国主义"："法者，为一社会之力国家的强制共存准则也。……优者强者出，而国家团

---

① 丁守和主编：《辛亥革命时期期刊介绍》第一集，人民出版社 1982 年版，第 461、472 页。
② 丁守和主编：《辛亥革命时期期刊介绍》第一集，人民出版社 1982 年版，第 333 页。
③ 张枬、王忍之编：《辛亥革命前十年间时论选集》第一卷下册，生活·读书·新知三联书店 1960 年版，第 770、771 页。
④ 丁守和主编：《辛亥革命时期期刊介绍》第一集，人民出版社 1982 年版，第 461、472、464、465 页。

体自可成立。是优者强者为权力之所在。……法之作用者，一方为国家对个人间规矩，一方为个人相互间准绳也。""国家者，由法治国而发达者也。国家之轨道并其界限及臣民之自由范围，不可不以法而精密定之，又不可不以所定之法而巩固保障之。……今日所公认之法治国，其国家之权力，必不可不基于法规而行动。申言之，则国家对于臣民，命之为某事，禁之为某事，其权力之行动，皆基于法规。"①

1906年，《鹃声》载"亡国灭种问题之解释"："据外国人骂我们的话看来，中国人真象似天生的特别有一种奴隶性质了，哪里晓得不是这个说法呢。因为我们中国二千余年来，都是一个专制政体，所受的教育，全是奴隶教育。当少年气盛活泼非常的时候，既把奴隶教育来束缚他，以没其自由的天性，又把些专制野蛮的法律来范围他，使一个人的言论行动都不能自由自主，非养成一种麻木不仁、视国家之事为不痛不痒与我无关的性质，必为专制政府所不容。所以读书人总以束身寡过谨小慎微为宗旨，袖手旁观坐视国家的危亡，同胞的疾苦，他总不动心的。推其所以不动心的原理，皆是二千年来这些独夫民贼压制我同胞之所致。二千年来的独夫民贼，禁止我们的言论自由，稍有发明公理，拥护人权的人，不说他是'妖言'，便说他是'造谤'。又因'造谤'这一句话，不过仅仅反对了政府，不足以动天下人的怒，又无所借口以惧天下人的心，所以必说他是'妖言惑众'。愚弱的人听了这话，岂有不咋舌掩耳，疾走而去吗？"②

1906年6月、12月，1907年9月，《民报》先后发表宋教仁、孙中山、章炳麟等人的文章："故大会宣言，以自由自治之团体组织之，而以土地及其他一切之生产机关，归于代表全国民之国家之所有。""地主有地价值一千元，可定价为一千，或多至二千，就算那地将来因交通发达价涨至一万，地主应得二千，已属有益无损，赢利八千当归国家。""民族必有国家，国家必有政府，而共和政体于祸害为差轻，固不得已而取之矣。"③

---

① 丁守和主编：《辛亥革命时期期刊介绍》第一集，人民出版社1982年版，第490、493页。
② 丁守和主编：《辛亥革命时期期刊介绍》第一集，人民出版社1982年版，第558页。
③ 丁守和主编：《辛亥革命时期期刊介绍》第一集，人民出版社1982年版，第530、516、525页。

1907年,《豫报》载"论中国民无国家思想由于不知国家政府之辨"、"论国民爱国之方针":"国家者,人民共同之国家,而非一人专制所得拥为己有者也。政府不过代表全国之志向,而政府亦国家之一分子也。岂政府所得私用国家之权力而压制一般之国民耶?……中国二千年不知政府与国家之分,而误认政府即国家。历代君主遂攘国家而为一家一姓之私产,二万万疆宇其耕陇也,四万万人民其奴隶也,以弱民为政策保护其家业也,以愚民为心计防制其家贼也。""夫所谓爱国之心者何?国民以独立之精神,伟大之魄力,协力分劳,活泼进取,务使中国实力之膨胀,文明之发达,驾乎五洲万国之上,而不少受他人之鼻息,则国家之威势既张,而个人之利益乃能常保不失,是真能爱国、真能自爱也。"①

1908年2月,《月月小说》载"剧场之教育":"吾以为今日欲救中国,当以输入国家思想为第一义。欲输入国家思想,当以广兴教育为第一义。然教育兴矣,其效力之所及者,仅在于中上社会,而下等社会无闻焉。欲无老无幼,无上无下,人人能有国家思想,而受其感化者,舍戏剧末由。"②

1901年7月、1908年8月、1911年11月,《广益丛报》刊载"论国民宜永久具责任心勿畏政府之威赫"、"国粹说之误解足以驯至亡国论"、"蜀军政府宣言"、"蒲罗诸人与赵贼尔丰订割西藏密约驳议":"国民为国家之代表,凡积极希望国家之成立者,即用种种激烈手段以要求之,亦不嫌其侵犯。何则?盖出于正大之目的以图救亡,倘政府阻遏此进行,即认为国民之公敌,合群力以摧之,亦无不可也。……吾知自此以后,欲解决两方之剧斗。其战胜之数,必在于我国民,而不在政府也。""吾用此方法,以存吾国家,吾国家存,则吾人民爱国之心,亦与之俱存。""中国人之中国,中国人主之;中国之政治,中国人任之。驱除鞑虏之后,光复我民族的国家。""又况国家之贵乎独立,以能支配人而不受人支配也。"③

---

① 丁守和主编:《辛亥革命时期期刊介绍》第一集,人民出版社1982年版,第602页。
② 丁守和主编:《辛亥革命时期期刊介绍》第一集,人民出版社1982年版,第592页。
③ 丁守和主编:《辛亥革命时期期刊介绍》第一集,人民出版社1982年版,第308、319、324、326页。

1910年10月,《蜀报》半月刊载"论度支部划分国家税地方税之标准":"国家税者,以国家收入为主体,而以官治行政为用途;地方税者,以地方自治团体为主体,而以自治行政为用途。"①

1923年1月,《国际公法要略》介绍"国家":"何谓国家,国家者,乃一致治社会。其中社员互相约束而同受制于一中央权力之下。此中央权力所施之命令,乃其群之所常守勿渝者。……国家为一种法人,(Corporate bodies)得有管业权。盖大半假认国家于地面之部分,具有管业权也。"②

1927年,李祖荫主编《法律辞典》释"国家":"State, Staat. 于主权者之下,以一定土地为基础,而为共同生活之人类团体也。国家之发达,分为四期:(1)孤立时代;(2)部落时代;(3)封建时代;(4)国家统一时代。"③

1932年12月,《国际法新趋势》阐述"国家":"自国家统治权意义放弃以来,各国之平等原则,亦同时换一面目,而与国内人民所享受之平等权无异。国家之平等原则与人民之平等原则,两者之间所有差别,均因国际组织未完备而产生。平等云者,法律上平等之谓也。在国际法上凡属国家,均处于平等之地位。因任何国家均得引用国际法以自卫,而同时又须受国际法之裁判。……盖订立预约条款及专约之国家日见增加,不独一洲之国家已耳,即各洲之国家。甚而至于各强国间亦有采用之者。"④

1933年汪翰章主编《法律大辞典》释"国家":"(英)State;(德)Staat;(法)Etat;(意)Stato;(拉)Res publica.(一)意义。国家者,据一定之领土,依一个之主权而统治人民之集团也。由此意义分析,可知国家乃包含领土、主权、人民三要素而成者也。(二)本质。(1)社会的观察。国家亦为一种社会现象。从此点观察,国家乃为一定领土上

---

① 丁守和主编:《辛亥革命时期期刊介绍》第一集,人民出版社1982年版,第356页。
② 李天纲主编,[英]卢麟斯(T. J. Lawrence)著:《国际公法要略》,钟建闳译,上海社会科学院出版社2017年版,第12、30页。
③ 李秀清主编:《清末民国法律史料丛刊·法律辞书》之《法律辞典》,上海人民出版社2013年版,第184页。
④ 李天纲主编,[希腊]鲍烈帝斯(N. Politis)著:《国际法之新趋势》,但荫荪译,上海社会科学院出版社2017年版,第10、72页。

多数之人类于统治关系而结合之团体也。(2) 法律的观察。法律上应如何解释，古来学说不一：(A) 国家有机体说。谓国家之组织与自然的有机体无甚悬殊。此说自古即已盛行，于法律上无甚价值。(B) 国家统治客体说。此说以国家为统治之目的物。其思想胚胎于中世封建时代之视领土、臣民为自己私有物，与近代之国家观不相容。(C) 国家统治关系说。谓国家为治者与被治者相互之关系。骤视之似颇稳妥，然此说不能说明国家之活动力。(D) 国家契约说。认个人有最上之权力，国家之有自由意思，依个人契约而组织之，国家为个人而存在，个人非为国家而存在，因之认个人得为国家契约之解除。此说为十九世纪个人主义思想之反映，不过有历史的意义而已。(E) 国际统治主体说（国家人格论）。谓国家为统治权之主体而有人格，即法人也。近世学者多主斯说。吾人由实际上观察，近日之国家，于国际关系上，国家自身为权利义务之主体而订定条约；其于国内关系，国家有土地、森林、原野等财产所有权，同时负债务。观此种现象，自不能否认国家人格说之存在。"①

20世纪初，从国际法角度全面阐释"国家"，当推京师法律学堂以及朝阳大学使用教科书中关于"国家"的解释：

> 国家之人格，凡国家固有国际能力，然有国际能力者，不能概曰国家，如交战团体，只具有一定条件，则关于战斗事，亦有国际能力。何谓国际能力，即得为国际团体之一员，自法律言之，能成为国际法上权利义务之主体者是。……国际法主体，不以单一体之国家为限，故如联邦或连合国，亦有国际能力。……国家之连结，可分为二，曰物的连结，曰人的连结，物的连结，乃二以上国家之机关的结合，连合各国，均有同一主权者之谓，人的连结，自法律上意义言之，非为国家之连结，特二以上国家之主权者（自然人）偶同耳。国家人格，不因其制度之变更而有变更，故如王国改为共和国，与其国家之人格，仍无影响。②

---

① 李秀清主编：《清末民国法律史料丛刊·法律辞书》之《法律辞典》，上海人民出版社2013年版，第622页。

② 何勤华主编，[日] 岩井尊闻口述，熊元翰、熊元襄记录：《清末民国法律史料丛刊京师法律学堂笔记》之《国际公法》，上海人民出版社2013年版，第71、72页。

第三章 近代法学术语的译定（一）

自国际法上意义言之，国家有统治领土及人民之完全力，乃绝对无限制者。统治人民及领土之完全力，即统治权，或曰主权。……国家之变态，乃国家存立竞争之结果。……永久中立国，因多数国家合议而成立，既受永久中立之保证，故无主动的战争能力。……领土为国家之根本要素，无此，则国家不能存在，故依此意思言之，领土在法律关系上，乃主体之一部，非为权利之目的。①

国家之权利，分为二种，曰根本权利，曰取得权利。国家以人格之故当然所有之权利，曰根本权利。根本权利分为二，曰人格权，曰自裁权。人格权云者，即国家维持其国籍能力之权利耶，人格权分为三种：一、独立权。二、自卫权。三、荣誉权。……国家不受他国之干涉，以自己之意行立法司法行政并结约宣战之权，曰自裁权。第一，立法自裁权，国家自有制定法律之权，甲国非依条约不得制限乙国之自治。第二，司法自裁权，国家有自为裁判之权，然与他国若有条约或因惯例而受限制者，固当然也。第三，行政自裁权，国家为达自国之目的，有自由行政之权，不论何国，苟非因条约或惯例，均不得限制国家行政之自由。第四，缔结条约权。国家为人格者，在国际公法上均属平等，故其缔结条约，本属对等，无受他之限制。国家不得反既有之义务，与他国缔结条约。条约不因国家有反其义务而缔结之故，至失效力。……国家为治外法权之主体，若个人与物，则为其目的，非主体也，学者有认个人为治外法权之主体者，误也。……国家既为国际团体之一员，则各因其生存之必要，相与交通，结各种条约，而得权利，负义务，是即关于国际交通之权利也。……关于司法权利，国家有互谋司法上便宜，关于一定事项，约应缔盟国之请求，为司法上之行为者。……关于行政权利，国家关于行政，本有自裁权，对于他国，不生权利、义务之问题。关于农、工、商业行政权利，国家因谋农工商之便宜，有互结条约而负一定之义务及取得权利者。②

---

① 何勤华主编，[日] 岩井尊闻口述，熊元翰、熊元襄记录：《清末民国法律史料丛刊京师法律学堂笔记》之《国际公法》，上海人民出版社2013年版，第73、74、77、78页。

② 何勤华主编，[日] 岩井尊闻口述，熊元翰、熊元襄记录：《清末民国法律史料丛刊京师法律学堂笔记》之《国际公法》，上海人民出版社2013年版，第107、110、113、118、119、121页。

国法上之国际机关云者，即为国家处理事务之国法上机关也，是为国家机关，非国际团体之机关，故其组织及权限，皆归国家自定，唯对外国，欲使国际商议有效行之，固要国家承认也。国法上之国际机关，分为两种：（一）国际的根本机关。（二）国际的施设机关。国际的根本机关，为国家之国际的代表者，与国家并存，无此，则国家遂失其国际的存在也。此种机关，多系国家之根本机关，然亦不必尽然，只他国认其为事实上国家最高之代表者已足。①

国际行为，即国家之国际的意思表示之谓。……单独行为，依国家单独之意思表示而成立，如抛弃权利、占领、承认、批准、宣言等是。……国家各有独立之目的，而利害又不相同，故欲谋发展，必与他国意见异而生冲突，实势使然。……报复者，即国家利益受侵害时，对于加害国，与以同等或类似之损害，以求其反省之返报的手段也。……复仇者，即权利受害之国家，对于加害国无开战之意，只为与加害行为同等或相等之行为以求其反省手段也。……战争云者，乃有仇敌关系之国家，或政治团体、关于争斗、一时的对与国家同有国际法上能力者、互相强行其政策、作为终局手段所行之武力的争斗也。②

国家之观念，随社会之进步，时有变迁，今就现在之国家为之下一定义如下。凡居住于一定之领域，总率于最高主权一下之人类，政治团体有继续性质者，是为国家。复就此次定义析言如次。第一，国家为人类之政治团体。国家为国际法上权利、义务之主体，故不可不为人类之团体，而其团体以有政治组织为必要。故如游牧人种野蛮团体，不论其团结如何巩固，皆不得谓之国家。第二，有一定之领域。国家之存在，是否以领域为要素，学者议论不一。然就今日之国家观之无不有领域者，故领域实为国家之特征，惟领域之大小在所不同。第三，统率于最高主权之下。国家为国际法上权利义

---

① 何勤华主编，[日]岩井尊闻口述，熊元翰、熊元襄记录：《清末民国法律史料丛刊京师法律学堂笔记》之《国际公法》，上海人民出版社2013年版，第130页。
② 何勤华主编，[日]岩井尊闻口述，熊元翰、熊元襄记录：《清末民国法律史料丛刊京师法律学堂笔记》之《国际公法》，上海人民出版社2013年版，第153、154、164、166、168、175页。

务之主体，欲对于外国维持其独立，则不可不有最高主权者，统率其人类之政治团体。不然，则无以增进其团体之利益，保护其独立。故如英国之东洋印度社会，亚非利加受欧洲各国特许之会社，在国家权力之下，受其监督者，皆不得谓之国家。①

国家，乃自主独立者也。故在法律上为平等，不论其领域之大小，国力之强弱，在国际法上享有同一之权利义务，学者因是称为国家之平等权。然此乃国家之性质上当然之结果，非必称为权利。国家之独立平等，实为国际团体中之一员所必要不可缺乏之条约，因是始可认为具有国际法上之人格者。……由国家之结合上观之，有单纯、复杂二种。凡完全享有主权，无论对内对外，皆单独行使其主权者，谓之单纯国；二个以上之国家，共同戴一政府而结合者，或因特种之关系而结合者，谓之复杂国。第一，君合国（人合国）Personal Union。二个以上之国家，同时奉一君主而统治者，是谓君合国。其性质为一时者，考其合同之时期，每以君主之终身为限。君合国除君主共同而外，政治上皆分离独立者也。第二，政合国（实合国、地合国、物合国）Real Union。政合国之国家，其内政各自独立，唯外交关系，则彼此共同，是谓政合国。第三，联邦 Wonfederate states。二个以上之国家，因保护其共通之利益，互相结合为一国，而并无共通之最高主权存乎其上，唯据联邦条约，或于其宪法所规定，有行使对外主权者，是谓联邦。第四，合众国 United States。二个以上之国家，属于一最高主权之下，设立共同之中央政府，作为单一国家处理外交关系者，是谓合众国。……就国家行使主权之点论之，有主权国、被保护国、隶属国三种，说明如下。第一，主权国 Sovereign States. 对于内外主权，可以完全享有行使之国家，曰主权国。其组织不论为单纯、为复杂，其政体无论为君主、为共和，凡具备以上之性质者，皆为主权国。第二，被保护国 Protected State. 国家以主权之一部，委任外国行使，或因外国而受限制，同时受外国之保护者，谓之被保护国。第三，隶属国 Vassal

---

① 李秀清主编：《清末民国法律史料丛刊·朝阳法科讲义》之《平时国际公法》，上海人民出版社 2013 年版，第 29 页。

State. 服从他国主权之国家曰隶属国，故非独立国。对于隶属国有最高主权之国，曰宗主国 Suzerainstate。①

国家之成立 第一款 国家之发生 近时地球上之陆地，皆属于一定之国家，故设立国家之原因，不外下列三种。一、一国之一部脱离母国，创设独立。二、一国分裂，设立数国。三、二国合并，设立新国。第二款 国家之承认 Recognition of States 第一，承认之性质。国家有一定之要素，要素具备，即为成立，不论承认之有无，故承认非国家成立之要素。所谓承认者，认其独立耶。抑不过以独立之国家，认为国家团体之一员耶。第二，承认之方式。国家之承认，其方式有明示者，有默示者。明示承认，谓经列国会议或宣言，明示承认之意思者是也；默示承认，谓未经明示承认，而实际已与其国家设定国家关系者，如缔结条约、授受公使，是也。第三，承认之条件。条件有二：一、对于他国有相互履行国际法上义务观念；二、有实行此观念之能力。第四，承认之效果。对于既成立之国家，认为国际团体之一员，互享国际法上之权利义务，此种意思表示，谓之承认。故承认之效果，即受国际法之支配是也。……国家之分合 第一款 分合之原因 领土、人民为国家之要素，此种要素之一部，或为他国所合并，或创设新国，是谓国家之分合，其原因如下：一、一国之一部为他之一国或数国所并合时。二、一国之全部为他之一国或数国所并合时。三、一国之一部与其母国分离而创设国家时。四、一国分裂创设二国或数国时。五、一国或数国合并创设一国时。第二款 分合之效果 国家分合之效果，因分合之情形而不同，故分别说明如下。第一，一国之一部独立，或为他国所并合时。以原则言，新立国或合并国对于分割国（即丧失领域一部致国）所有之权利、义务，非由何等之关系。故分割国之权利、义务不因分割而生变，但其权利、义务与分割之土地人民，有密切不可分离之关系者，新立国，或并合国当继承之。第二，一国或数国消灭，建设新立国或为他国并吞时。国家消灭，其权利义务即同时消灭。然国

---

① 李秀清主编：《清末民国法律史料丛刊·朝阳法科讲义》之《平时国际公法》，上海人民出版社2013年版，第31、33、34页。

家遂已消灭，而国家要素中之人民、土地更建设新国，或移转于他国，其权利义务，非尽归消灭。故其关系视国家消灭原因而有异，一言以蔽之曰：凡国家因分合而消灭，旧国之权利义务与所获之土地人民有密切不可分离者，则当由新立国或并合国继承之。国家因丧失其成立要素而消灭，其原因甚多，而直接之原因如下：一、因天灾地变其土地人民归于消灭。二、一国之全部为他之一国或数国合并时。三、一国分裂为二国时。四、二国合并为一国时。……国际法为国家相互遵守之规则，故可为斯法上权利义务之主体者，厥惟国家而已。然在一定之期间，限于特定之事项，有准于国家待遇者，即交战团体是也。第一，交战团体之性质：一国之一部或殖民地，欲离母国而独立，组织政治团体。对于政府战争，其能力达独立之目的与否，尚在未可预测之时，因其所属本国或第三国之承认。关于抗敌行为，得与国际法上之国家，享有同一之权利义务者，谓之交战团体 Belligerant Conmmunities. 第二，交战团体之承认：承认之方法，有明示者，有默示者。承认以何时为宜，当有一定之条件。一、以兵力争斗而非容易镇定者。二、争斗重大，其程度与国家间之战争相等者。三、关于外国之通商航海，即其他权力利益，有重大关系者。第三，交战团体承认之效果 交战团体承认以后，其团体在战争继续期间内战时法之适用上，与国家处于同一之地位。故其结果所属本国对于团体之行动不负责任，由交战团体自负其责。外国对于交战团体，亦得矫正其暴行，使之严守战时法规，是彼此均受其利益者。①

1945年6月，《联合国宪章》："凡其他爱好和平之国家，接受本宪章所载之义务，经本组织认为确能并愿意履行该项义务者，得为联合国会员国。准许上述国家为联合国会员国，将由大会经安全理事会之推荐以决议行之。"②

---

① 李秀清主编：《清末民国法律史料丛刊·朝阳法科讲义》之《平时国际公法》，上海人民出版社2013年版，第37、43页。
② 林纪东等编：《新编六法（参照法令判解）全书》，五南图书出版公司1965年版，第1633页。

20世纪以来，*State* 的汉语对译词逐渐固定为"国家"，但"国"的使用也较为普遍，且两者时常混用，形成两足鼎立之势：

1899年3月，《清议报》载梁启超以笔名"哀时客"发表"爱国论"："国者何？积民而成也。国政者何？民自治其事也。爱国者何？民自爱其身也。故民权兴则国权立，民权灭则国权亡。为君相者，而务压民之权，是之谓自弃其国。为民者，而不务各伸其权，是之谓自弃其身。故言爱国必自兴民权始。"①

1903年3月，《浙江潮》刊载"民族主义论"、"教育学"："人民皆推其国为政府所有，而不与闻其戚也。……不得谓之国，……是国也，必不能存于大地者也。未有国民皆委其责任于一人，而一人能保其国者也。……国之所与立者，国民也。造国民者，教育也。"②

1904年8月，《觉民》载"敬告我国民"、"军国民主义"："国也者，实合多数人热心热力而成者也。国民则其精神也，土地则其形式也，精神不存，形式何附，故贵有精神。……立国要素有四：一国民之性格，二国民之责任，三国民之权利，四国民之义务。盖有完全之性格，而后有救国之责任；有救国之责任，而后有自由之权利；有自由之权利，而后尽自由之义务。……我读日本维新史，而我且化身为西乡隆盛、吉田松阴焉。读意大利建国史，我且化身为马志尼、加富尔、加里波堤焉。读英国战史，我且化身为克伦威尔焉。若是者，所谓吸力也。有此壮极伟极之一段历史以吸纳之，则国家之观念易于发生，有不期然而然者矣。……故某人始以割据土地而称反寇，转瞬间削平大地，即馨香而顶礼之曰，此真人也，此太祖高皇也。窃钩者诛，窃国者侯，人之攘夺神器，史不绝书。又复于某时代书异族入主中夏，而我民作迎新送旧之丑态，是以为分所当然。所以，必取数千年蠹虫之历史，彻底而燃烧之。""盖惟富于国家思想者，知国与身之关系，而后能牺牲个人之利益，以求多数人之幸福，抛头颅，流鲜血，以扬祖国之光焉。亦惟有奋不顾身之气概，而后爱国之热力始能实践。……军国民教育，冶铸新国家之洪炉，而转移国民性质之枢纽也。……我们民族数千年沉沦于专制政体之下，视国

---

① 丁守和主编：《辛亥革命时期期刊介绍》第一集，人民出版社1982年版，第10页。
② 丁守和主编：《辛亥革命时期期刊介绍》第一集，人民出版社1982年版，第276、277页。

家为朝廷之私产,视人民为一家之私臣。"①

1906年,《法政杂志》第1卷载"国":"有机个体以全人类之一部组而成焉者也。……(一)尽括域内之人组为一体耳;(二)凡国皆有政府,以为施政之机关;(三)国者永久者也;(四)凡国必操有主权。……大抵上古之世,国所由立,常由于血统之同,抑信仰一致,有以结合一部之人类而致之。"②

1906年京师法律学堂教科书《国际公法》"国家"与"国"多有混用:

> 国际法上所有国家,皆是平等,虽极弱国,在国际法上,可以主张权利,虽极强国,不能越国际法之范围。研究国法学者,谓国家皆独立,无论何事,皆能为之,无能拒绝者,而在国际法上,又当别论。但谓国家权力,各有一定限制而已,一定限制何,即行使独立权,以不侵害他国独立权为界限也。如甲国行使独立权,侵害乙国独立权,国际法上谓之干涉,如丙国以甲侵乙为不当,亦谓之干涉,皆国际法所不许。按言自由者,谓我之自由,以不侵害他人之自由为界限,此就个人之关系言之,若就国家言,甲国行使独立权,以不侵害乙国之独立权为界限,其理正同。③

> 三千五百年前,即有埃及国家,其立国在非洲东北尼罗河之滨,就其国之外部言之,北有地中海,东有红海。……观此条之规定,国无论大小,必有主权,乃成为国家,此实国际法上之大原则。此外尚有一种规定,凡因战争而占领他国之土地,其土地应收入占领国之版图。……此外尚有一种主义,为普国代表斯叱应所主张,不注重国家利益,专注重人民之利益,如同一民族或同一国语,即应归其国管辖,此主义于普国最有利益。④

---

① 丁守和主编:《辛亥革命时期期刊介绍》第一集,人民出版社1982年版,第418、424、420、422页。
② 丁守和主编:《辛亥革命时期期刊介绍》第一集,人民出版社1982年版,第493页。
③ 何勤华主编,[日]岩井尊闻口述,熊元翰、熊元襄记录:《清末民国法律史料丛刊京师法律学堂笔记》之《国际公法》,上海人民出版社2013年版,第12页。
④ 何勤华主编,[日]岩井尊闻口述,熊元翰、熊元襄记录:《清末民国法律史料丛刊京师法律学堂笔记》之《国际公法》,上海人民出版社2013年版,第25、40、50页。

国家之变态有二，曰保护国，曰永久中立国。……关于交通、行政权利，国家有国际交通之必要，遂使各国关于交通上利益，生有共通利害，以互谋便宜故，至对诸种之交通机关及制度，结有条约，因是之故，国家因自国交通之必要，得利用他国交通机关及制度之权。……国家因保护并奖励自国之科学文艺技术之发达，关于著作物，常与他国结版权同盟及保护著作权条约，使自国人之版权著作权，得受他国尊重。①

---

① 何勤华主编，[日]岩井尊闻口述，熊元翰、熊元襄记录：《清末民国法律史料丛刊京师法律学堂笔记》之《国际公法》，上海人民出版社2013年版，第75、121、123页。

第四章 近代法学术语的译定（二）

第一节 "主权"对译 Sovereignty①

"主权"与 Sovereignty 汉英对译举要：

1. "*Sovereignty is the supreme power by which any State is governed.*"②

　　治国之上权，谓之主权。③

2. "*The State still subsists in contemplation of law, until its sovereignty is completely extinguished by the final dissolution of the social tie, or by some other cause which puts an end to the being of the State.*"④

　　必待内乱既甚，或外敌征服，而致其主权全灭，始视其国为亡矣。⑤

3. "*Some States are completely sovereign and independent, acknowledging*

---

① 参见拙文《近代"主权"概念在中国的传播与影响》，《武汉大学学报》2011 年第 6 期。
② Henry Wheaton, *Elements of International Law*, Boston: Little, Brown and Company, 1855, p. 29.
③ ［美］惠顿：《万国公法》，［美］丁韪良译，何勤华点校，中国政法大学出版社 2003 年版，第 27 页。
④ Henry Wheaton, *Elements of International Law*, Boston: Little, Brown and Company, 1855, p. 29.
⑤ ［美］惠顿：《万国公法》，［美］丁韪良译，何勤华点校，中国政法大学出版社 2003 年版，第 28 页。

no superior but the Supreme Ruler and Governor of the universe。The sovereignty of other State is limited and qualified in various degrees."①

盖国之全然自主，惟认天地至尊之主宰，不认他主者有之；国之主权被限者，亦有之。②

Sovereignty is the supreme power by which any State is governed. This supreme power may be exercised either internally or externally.
Internal sovereignty is that which is inherent in the people of any State, or vested in its ruler, by its municipal constitution or fundamental laws. This is the object of what has been called internal public law, *droit public interne*, but which may more properly be termed constitutional law.
External sovereignty consists in the independence of one political society, in respect to all other political societies. It is by the exercise of this branch of sovereignty that the international relations of one political society are maintained, in peace and in war, with all other political societies. The law by which it is regulated has, therefore, been called external public law, *droit public externe*, but may more properly be termed international law.

（治国之上权，谓之主权）

("Sovereignty is the supreme power by which any State is governed.")

一　西方 Sovereignty 概念的起源

英文 Sovereignty（法文 Souveraineté、德文 Souveränität）源于拉丁文 supremitas 或 suprem a potestas，其含义为："Supreme dominion, authority, or rule",③ 该词译为"最高权力"（今译为"主权"）。

最早提出"主权"（Sovereignty）概念并予以论述的，当首推文艺复兴时期法国著名政治思想家布丹（Jean Bodin，1530—1596）。他认为："主权"（Sovereignty）是"不受法律约束的、对公民和臣民进行统治的

---

① Henry Wheaton, *Elements of International Law*, Boston: Little, Brown and Company, 1855, p. 45.
② ［美］惠顿：《万国公法》，［美］丁韪良译，何勤华点校，中国政法大学出版社 2003 年版，第 37 页。
③ *Black's Law Dictionary*, St. Paul, Minn.: West Pub. Co., 1979, p. 1430.

最高权力"①。"主权"（*Sovereignty*）包括以下内容：第一，它是永恒的，有别于在特定时间内所授予的任何有限的权力。第二，它是非授予的权力，或者是无限制的或无条件的授权。第三，它是不能转让的，也不受法令的限制。第四，它不受法律的约束，因为主权是法律的来源。布丹认为，"主权"（*Sovereignty*）的主要特点，就是不经上级、同级或下级的同意，集体地或分别地具有为公民制定法律的权力和具有宣战求和、委任官吏、行使法院终审职能、准许豁免、铸造货币和征税等。霍布斯进一步发挥了布丹主权理论，突出君主的权力，鼓吹君主是最高的主权者，君主拥有立法权、审判权、宣战和媾和权、任免权、奖惩权。荷兰法学家格劳秀斯（Hugo Grotius, 1583—1645）也提出："所谓'主权'（*Sovereignty*），就是说它的行为不受另一种权力的限制，所以它的行为不是其他任何人类意志可以任意视为无效的。"② 但是，格劳秀斯认为"主权"（*Sovereignty*）原则主要用于调整国家间关系。他将"主权"（*Sovereignty*）划分为对内主权和对外主权，"主权"（*Sovereignty*）属于国家者，称之为对外主权；主权属于一个人或者多数人者，则称之为对内主权。国家对外主权体现在派遣使者、决定战争与和平、缔结国际条约等方面。

"主权"（*Sovereignty*）的归属决定了政体的形式，一人掌握"主权"（*Sovereignty*）的称为君主政体，"主权"（*Sovereignty*）归少数人掌握称之为贵族政体，"主权"（*Sovereignty*）归多数人掌握的称为民主政体。布丹与格劳秀斯都鼓吹"主权"（*Sovereignty*）在君。布丹认为最好的政体是君主政体，君主享有主权，君主的行为不对人民负责，也不受法律约束，"主权"（*Sovereignty*）最重要的任务是制定法律，君主是主权者，当然也就是立法者。格劳秀斯说：当人们订立契约成立国家之时，就把权力交给了君主，并对君主负有服从的义务。与之相反，卢梭提出了人民主权理论，即每一个人都有参加决定社会一切事务的权利，社会应该是一个完全的人民主权的社会，最高权力属于人民。这种"主权"（*Sovereignty*）有两个特点：一是不可转让："'主权'（*Sovereignty*）既然不外

---

① 吕世伦、谷春德：《西方政治法律思想史》，辽宁人民出版社1986年版，第188页。
② 叶立煊：《西方政治思想史》，福建人民出版社1992年版，第173页。

是公意的运用，所以就永远不能转让；并且主权者既然只不过是一个集体的生命，所以就只能由他自己来代表自己；权力可以转移，但是意志却不可以转移。……由此可见，'主权'（Sovereignty）是不可分割、不可转让的，而且它在本质上就存在于共同体的全体成员之中。"① 二是不可分割："由于'主权'（Sovereignty）是不可转让的，同样理由，'主权'（Sovereignty）也是不可分割的。因为意志要么是公意，要么不是；它要么是人民共同的意志，要么就只是一部分人的。在前一种情形下，这种意志一经宣示就成为一种主权行为，并且构成法律。在第二种情形下，它便只是一种个别意志或是一种行政行为，至多也不过是一道命令而已。"②

综合19世纪的主权理论，它有如下特征：（1）最高性（对内属性）：国家对其领土内的人和物享有唯一管辖权，它通过颁布或废除法律、决定国家与政权组织原则、统率军队等形式予以体现。（2）独立性（对外属性）：国家有权独立地决定自己的外交方针政策，不允许其他国家干涉本国在外交领域中的自主活动。

二 Sovereignty 汉语对译词的确定

1. Sovereignty 被译为"主权"

罗布存德编著的《英华字典》中，Sovereignty 被翻译为"Supreme power，主权；supremacy，为主"③。

1864年出版的《万国公法》中，Sovereignty 亦译为"主权"。

（1）"External sovereignty consists in the independence of one political society, in respect to all other political societies."④

主权行于外者，即本国自主，而不听命于他国也。⑤

---

① ［法］卢梭：《社会契约论》，何兆武译，商务印书馆1997年版，第35页。
② ［法］卢梭：《社会契约论》，何兆武译，商务印书馆1997年版，第36页。
③ ［德］罗布存德原著，［日］井上哲次郎订增：《英华字典》卷三，藤本氏藏版（1883年），第994页。
④ Henry Wheaton, *Elements of International Law*, Boston: Little, Brown and Company, 1855, p.29.
⑤ ［美］惠顿：《万国公法》，［美］丁韪良译，何勤华点校，中国政法大学出版社2003年版，第27页。

第四章　近代法学术语的译定（二）

[图：字典页影印，含 Sovereign、Sovereignty、Sow 等词条]

（2）"Sovereignty is acquired by a State, either at the origin of the civil society of which it is composed, or when it seperates itself from the community of which it previously formed a part, and on which it was dependent. This principle applies as well to internal as to external sovereignty."①

一国之得有主权，或由众民相合立国，或分裂于他国而自立者，其主权即可行于内外。其主权行于内者，不须他国认之。②

（3）"The sovereignty of a particular State is not impaired by its occasional obedience to the commands of other States, or even the habitual influence exercised

---

① Henry Wheaton, *Elements of International Law*, Boston: Little, Brown and Company, 1855, p. 30.
② ［美］惠顿：《万国公法》，［美］丁韪良译，何勤华点校，中国政法大学出版社2003年版，第27页。

*by them over its councils. It is only when this obedience, or this influence, assumes the form of express compact, that the sovereignty of the State, inferior in power, is legally affected by its connection with the other. Treaties of unequal alliance, guarantee, mediation, and protection, may have the effect of limiting and qualifying the sovereignty according to the stipulations of the treaties."*①

一遇国事，若偶然听命于他国，或常请于他国，均与主权无碍。但其听命、请议，如已载于约，而定为章程，则系受他国之节制，而主权自减矣。凡国不相依附，平行会盟者，则于其主权，无所谓也。但其会盟，若非平行，惟立约特他国保其事、主其议、护其疆等款，皆按盟约章程，以定其主权之限制。②

（4）"*Personal union under the same sovereign if this union under a common sovereign is not an incorporate union, that is to say, if it is only personal in the reigning; or even if it is real, yet if the different component parts are united with a perfect equality of rights, the sovereignty of each State remains unimpaired.*"③

第十六节　相合而不失其主权　数国之奉一君也，若非以国相合，但以君身相合者，则于各国之主权，无所碍也。④

（5）"*So also, the kingdoms of Sweden and Norway are united under one crowned head, each kingdom retaining its separate constitution, laws, and civil administration, the external sovereignty of each being represented by the*

---

① Henry Wheaton, *Elements of International Law*, Boston: Little, Brown and Company, 1855, p. 45.
② ［美］惠顿：《万国公法》，［美］丁韪良译，何勤华点校，中国政法大学出版社2003年版，第37页。
③ Henry Wheaton, *Elements of International Law*, Boston: Little, Brown and Company, 1855, p. 55.
④ ［美］惠顿：《万国公法》，［美］丁韪良译，何勤华点校，中国政法大学出版社2003年版，第44页。

king. Though the separate sovereignty of each State may still subsist internally, in respect to its coordinate States and in respect to the imperial crown, yet the sovereignty of each is merged in the general sovereignty of the empire, as to their international relations with foreign powers."①

瑞典、挪威二国，亦合奉一君，各存己之国法律例，并一切内务，惟其主权行于外者，则一君操之也。盖其内事，各邦虽自行主权，其外事并君位，则主权合而为一也。②

（6）"The sovereignty, internal and external, of each original kingdom is completely merged in the united kingdom, thus formed by their successive unions."③

各国之主权，无论其行于内者、行于外者，皆归于统一之国也。④

（7）"The sovereignty, both internal and external, of each several State is impaired by the powers thus granted to the federal government, and the limitations thus imposed on the several State governments."⑤

各邦因让权于总会，以听其限制，则主权无论内外，皆减焉。⑥

---

① Henry Wheaton, *Elements of International Law*, Boston: Little, Brown and Company, 1855, p. 56.
② ［美］惠顿：《万国公法》，［美］丁韪良译，何勤华点校，中国政法大学出版社2003年版，第45页。
③ Henry Wheaton, *Elements of International Law*, Boston: Little, Brown and Company, 1855, p. 56.
④ ［美］惠顿：《万国公法》，［美］丁韪良译，何勤华点校，中国政法大学出版社2003年版，第46页。
⑤ Henry Wheaton, *Elements of International Law*, Boston: Little, Brown and Company, 1855, p. 59.
⑥ ［美］惠顿：《万国公法》，［美］丁韪良译，何勤华点校，中国政法大学出版社2003年版，第48页。

(8) "It follows that not only the internal but the external sovereignty of the several States composing the Germanic Confederation, remains unimpaired, except so far as it may be affected by the express provisions of the fundamental laws authorizing the federal body to represent their external sovereignty."①

由是观之，盟内各邦，若无明言以限制之，则仍执内外之主权，无所减也。②

(9) "To give effect to this mass of sovereign authorities, the executive power is vested in a President of the United States."③

其主权职事如此之繁，即有合邦之首领以统行之。④

(10) "The sovereignty of the State was concerned in maintaining its exclusive jurisdiction and possession over its merchant ships on the seas, except so far as the law of national justifies intrusion upon that possession for special purposes."⑤

盖各国商船行于大海者，专归本国主权，而本国如非公法所许之故，不应听他国稽查。⑥

随后的《公法便览》《公法会通》等几部国际法译作中，"主权"一

---

① Henry Wheaton, *Elements of International Law*, Boston: Little, Brown and Company, 1855, p. 67.
② [美]惠顿：《万国公法》，[美]丁韪良译，何勤华点校，中国政法大学出版社2003年版，第49页。
③ Henry Wheaton, *Elements of International Law*, Boston: Little, Brown and Company, 1855, p. 76.
④ [美]惠顿：《万国公法》，[美]丁韪良译，何勤华点校，中国政法大学出版社2003年版，第50页。
⑤ Henry Wheaton, *Elements of International Law*, Boston: Little, Brown and Company, 1855, p. 163.
⑥ [美]惠顿：《万国公法》，[美]丁韪良译，何勤华点校，中国政法大学出版社2003年版，第105页。

词多处可见：

《公法便览》中所见"主权"一词：

（1）盖彼国既认之为自主之国，则其主权国体岂可轻视。……所谓均势之法者，何也？欧洲通例，凡一国有意侵占小国土地，于邻国主权国势不无妨害者，他国得群起阻扰之，以扼其势，是谓均势之法。盖海洋权势，不能逞诸欧洲境内，亦不能以之灭他国主权也。……如邦国结为一大盟会，然战和各自主之，复立条约以保各国主权。……又曰：事非万不得已，我三国并不愿行此干预之事，而仍寓保守各国主权云。①

（2）一千六百年以后，有数国自恃专辖海面，令他国航此海者，行礼以认其主权。有因此而起争端，继以失和而引此以为辞。……在位君王视某国许已废之君主权利，于己之主权有碍，因开衅端而启干戈者有之。……若合盟诸国共推一国为盟主，以主外事，而此盟主复有主权以治内事者，则合成之国直谓之合众国，非独联邦也。然二者皆无定式，而未易区别耳。诸邦如此合盟，各去其主权以归总政，原无不可，惟与他国旧有之约，不得因此而卸责。②

（3）交战之时，敌人虽无权以讨索，然善后则主权复生，而可以行其讨索也。……果其仁义为怀，自当让归旧主，否则照通例，其国之主权已失矣。……议立和约，为主权中最要之一端，故必崇其规模以昭郑重。③

（4）又波兰旧境葛腊谷一邑，亦尝享此局外之例，迨一千八百四十六年，始失其主权而归奥焉。……战国不得侵犯局外之境，亦不得干冒其主权也。……况美国之法原为辅助公法而设，彼以外国之臣而犯美国之主权，即系违背万国公法。④

（5）限制德皇主权，其要端有四。……各邦既有主权，即足以

---

① ［美］丁韪良等：《公法便览》卷1，光绪四年同文馆聚珍版，第8、10、11页。
② ［美］丁韪良等：《公法便览》卷2，光绪四年同文馆聚珍版，第5、13、53页。
③ ［美］丁韪良等：《公法便览》卷3，光绪四年同文馆聚珍版，第18、65、72页。
④ ［美］丁韪良等：《公法便览》卷4，光绪四年同文馆聚珍版，第3、12、15页。

保存欧洲均势之法，而不使大国肆其并吞，以成偏强之患。……执留外国船只以应公用，敌国固视为权利矣。然揆诸事理与邦国主权，则惟危急之际，万不得已而为之。①

《公法会通》中所见"主权"一词：

（1）国之主权有二：其能自立而不倚赖于他国者，一也；其能自主而不听命于他国者，二也。……国无主权即无以交接他国也。邦国不必毫无倚赖他国，亦不必尽能自由，方可视有主权。因主权如各项权利，容有限制故也。主权者，非专指国主之权。盖君民合为一体，权出于民，而君则代秉之耳。公法所以限制主权者，盖欲天下万国共享升平，即遇失和，亦令遵例而战。是邦国不得恃其主权而违背公法。邦国之主权虽为公法所限制，然此外，其主权操之在己，而他国不与焉。国能自立，方得为国。则系独操其主权，不待言矣。故主权有损革之处，必因立约，或因他故，自行推让之也。邦国之主权有五：自立政体一也；自定律例二也；自行治理三也；自选臣工四也；自遣使臣五也。……数年前奥、马二邦合而为一，虽各存主权，而与外交视同一国焉。②

（2）邦国之主权系在国主一人躬行之与否，皆由本国法律所定，而与公法无涉。君政之国莫不视其国君有主权之尊，至今时民政之国，则伯理玺天德实无专权，古之罗马虽行民政，有总统二人同操主权，与他国之君无异。中古之时，威内萨民政之国，其总统与日耳曼列国之君无分轩轾，惟近代民政之国，不愿将主权尽归伯理玺天德一人操之，使不忘其权系出于民也。宗亲与国君同脉而不同其权位，盖属臣民，而于主权无与焉。……国君游历外邦，应如何接待之处，当视其躬膺主权与否。国君公使等既免于外国法律所制，彼国如虑有妨碍本国主权及损伤国体之举，则设法防范以杜祸萌可也。其免于管辖，原为保其自主，岂可恃符以害人耶？此国尊

---

① ［美］丁韪良等：《公法便览》续卷，光绪四年同文馆聚珍版，第9、12、71页。
② ［美］丁韪良等：《公法会通》卷1，光绪六年同文馆聚珍版，第22、23、25页。

彼国之主权，即是尊己之主权。……公使免税之例，一由于本国之主权，不愿服之于人，一由于两国交谊推及。①

（3）蛮夷散处之荒地，若邦国广踞地方，无力设官施教，而仍欲视为己有者，即为无理。盖主权既不能行，即不复谓主权矣。……彼国不俟割让即占据此国之地，而归并者有三，此国已弃其原有之主权，一也。此国弃其主权，彼国不必俟有明文，始踞地面设官，然须此国认之，彼国主权方为巩固。……征服他国之地而归并者，事虽勉强，其主权自随之。②

（4）盖邦国之主权，所以保护人民之权利，乌得托言主权，以灭世人不可夺之权利耶。……人民侨寓某国，应恪遵其法律。盖虽未入民籍，仍当钦服其主权。……至交还逃犯一事，则无故代人追捕，恐致碍于主权。③

（5）他国干预，既与主权有碍，非万不得已，则不可行。④

（6）邦国有冤屈而讨索赔补者，其所索诸端，不应至伤及国体，灭绝主权。……此事与理无有不合，以其于邦国之主权无损也。⑤

（7）其地若业已征服稳妥，胜者秉以主权，则禁令出于新主，故虽令民充兵，亦不可不遵焉。⑥

（8）此国不复能抵御而唯命是听，则彼国所拟章程，即作为和约，败国尽失主权。……和约若有退还地方者，则按当时情形退还。其旧邦之主权亦并复矣。敌国占据地方，则本国之主权暂停，既和则仍其旧。⑦

（9）募兵系属邦国之主权，是以擅行于他国境内者，实为犯其主权。……盖船只既与本国土地略同，若于大海阻截，即为犯其疆

---

① ［美］丁韪良等：《公法会通》卷2，光绪六年同文馆聚珍版，第5、8、9页。
② ［美］丁韪良等：《公法会通》卷3，光绪六年同文馆聚珍版，第3、5、6页。
③ ［美］丁韪良等：《公法会通》卷4，光绪六年同文馆聚珍版，第1、11、13页。
④ ［美］丁韪良等：《公法会通》卷5，光绪六年同文馆聚珍版，第10页。
⑤ ［美］丁韪良等：《公法会通》卷6，光绪六年同文馆聚珍版，第4、6页。
⑥ ［美］丁韪良等：《公法会通》卷7，光绪六年同文馆聚珍版，第23页。
⑦ ［美］丁韪良等：《公法会通》卷8，光绪六年同文馆聚珍版，第13、19、24页。

界，损其主权。……若未遇一昼夜而遇救，应交还原主，逾限则主权已绝，即不必交还。①

2. "主权"的汉语古义

"主权"是一个偏正词组，其古义为"君主的权力"：

（1）藏竭则主权衰，法伤则奸门闾。②

（2）今其徒矫托，皆云由佛，攘天理，窃主权。书曰："惟辟作福，惟辟作威，惟辟玉食。臣有作福作威玉食，害于而家，凶于而国。"③

（3）辽王脱脱，位冠宗室，居镇辽东，属任非轻，国家不幸，有非常之变，不能讨贼，而乃觊幸赦恩，报复仇怨，杀亲王妃主百余人，分其羊马畜产，残忍骨肉，盗窃主权，闻者切齿。④

（4）自古奸臣欲擅主权，必先蛊其心志。如赵高劝二世严刑肆志，以极耳目之娱；和士开说武成毋自勤约，宜及少壮为乐；……而此论尚属未足，缘于所禁海面距岸相近，则敌国尚争其主权。⑤

3. "主权"词义的古典翻新⑥

就字面意思而言，"主权"难以成为"*sovereignty*"的对译词。但是，在古代中国，君主口含天宪，权力至高无上。丁韪良借用"主权"的这一深层含义，将"主权"的古典词义翻新为"自主之权"。因此，在翻译的国际法著作中，丁韪良将"*sovereignty*"既译为"主权"，也译为"自主之权"：

---

① ［美］丁韪良等：《公法会通》卷9，光绪六年同文馆聚珍版，第7、30、31页。
② 谢浩范、朱迎平译注：《管子全译》，贵州人民出版社2009年版，第127页。
③ （北宋）欧阳修等：《新唐书》卷107，中华书局1975年版。
④ （明）宋濂：《元史》卷175，中华书局1975年版。
⑤ （清）张廷玉：《明史》卷188，中华书局1974年版。
⑥ "近代汉字新语不少是由汉语古典词衍生而成的，历经了从古典义向现代义的转换。"这种转换称为"古典翻新"。……冯天瑜《新语探源》，中华书局2004年版，第525页。

第四章 近代法学术语的译定（二）

（1）"*Chapter 2：Nations and sovereign States*"①

论邦国自治、自主之权。②

（2）"*The memorable examples of the Swiss Cantons and of the Seven United Provinces of the Netherlands, which so long levied war, conclude peace, contract alliances, and performed every other act of sovereignty, before their independence was finally acknowledged.*"③

瑞士诸邦，荷兰七省，虽他国未认其自主，彼则历年行其自主之权，交战、讲和、会盟等情。④

何为"自主之权"？丁韪良解释道："所谓自主之权者，乃一国政权所属，外而交邻，内而治民，罔不自我主之，而为他国所不能节制也，四境之内，朝野之间，治统一尊，权无旁贷，如是者谓之自主。"⑤

《星轺指掌》中，不见"主权"，代替该词的是"自主之权"：

若任听罪犯，不论某国人民逃匿公署，使地方官碍难查拿，实于本国自主之权有损。⑥

在《公法便览》《公法会通》中，"自主之权"也多次出现：

---

① Henry Wheaton, *Elements of International Law*, Boston：Little, Brown and Company, 1855, p.112.
② ［美］惠顿：《万国公法》，［美］丁韪良译，何勤华点校，中国政法大学出版社2003年版，第25页。
③ Henry Wheaton, *Elements of International Law*, Boston：Little, Brown and Company, 1855, p.34.
④ ［美］惠顿：《万国公法》，［美］丁韪良译，何勤华点校，中国政法大学出版社2003年版，第33页。
⑤ ［美］丁韪良等：《公法便览》卷1，光绪四年同文馆聚珍版，第2页。
⑥ ［美］丁韪良等：《星轺指掌》卷2，光绪二年同文馆聚珍版，第5页。

（1）此国既归并彼国，则此国即不得复谓之国矣。若于归并约内言明，凡与各国会议等事，必由上国代理，则遣使他国，亦必由上国拣派。虽遇专涉本邦之事，本邦亦不能另遣使臣。盖既立归并之盟，即不能复有自主之权。①

（2）然公法不惟于邦国自主之权无损，且为保障而维持之。……天下分之为邦国，合之为人类。则一国自立自主之权，不得有妨于他国。……遇一国强大，致大势偏重，则他国自主之权易于倾覆。②

（3）国君既代国行权者，游历外邦，总以保守自主之权为要。③

傅兰雅等人翻译的一系列著作中，没有沿用"主权"这一译词，"自主之权"一词也只偶见于《公法总论》中：

后希腊国战胜各国，则设希腊公法，令各国守希腊之风俗政教，各国有自主之权。……无论小邦大邦，其君有自主之权，不臣服于外人，则可称为自主之国。④

如此一来，"主权"——"自主之权"——"sovereignty"之间就具有了某种内在联系。

三　主权理论的输入

丁韪良不仅将"*sovereignty*"的汉语对译词确定为"主权"，也向国人较为全面地介绍了"*sovereignty*"的内涵：

1. 对国内政治、经济的统治权

（1）一国必有专辖土地，以行其统驭之主权，有土地即有物产，可据民间私产为国家公用，可置产于他国境内而输纳赋税，可

---

① ［美］丁韪良等：《公法便览》卷1，光绪四年同文馆聚珍版，第11页。
② ［美］丁韪良等：《公法便览》卷1，光绪四年同文馆聚珍版，第3、23、35页。
③ ［美］丁韪良等：《公法会通》卷2，光绪六年同文馆聚珍版，第8页。
④ ［英］傅兰雅、汪振声编译：《公法总论》，江南机器制造总局1898年版，第3、6页。

贷其财与外国君民，皆属邦国所操之主权也。①

（2）邦国之主权有五：自立政体，一也；自定律例，二也；自行治理，三也；自选臣工，四也；自遣使臣，五也。②

（3）募兵系属邦国之主权，是以擅行于他国境内者，实为犯其主权。③

2. 领土不受侵犯的权力

（1）凡一国有意侵占小国土地，于邻国主权国势不无妨害者，他国得群起阻挠之。……盖其所恃以无禁者，或常例，或明文，而此国之主权仍在焉。④

（2）战国不得侵犯局外之境，亦不得干冒其主权也。……有以商船作本国疆土者。果尔，则战国搜查局外商船，即是侵犯其国主权，而不可行矣。……盖其辖水面之权，乃随陆地之主权而有。然敌国于近岸因未得主权，故行封堵，则封堵之不出于主权，明矣。⑤

（3）邦国之主权就辖地而论之，谓之辖地之权。……征服他国之地而归并者，事虽勉强，其主权自随之。⑥

3. 领海不受侵犯的权力

（1）本国船只在他国海口犯法逃逸，他国可以追缉，虽逾其海界，亦无冒犯本国主权之嫌，非若追捕罪犯，或过其疆而于邻境获之，则为大犯其主权。所谓民船有与地域略同者，如船行大海，苟不在他国海界以内，则本国主权法律常与之俱。⑦

---

① ［美］丁韪良等：《公法会通》卷1，光绪六年同文馆聚珍版，第26页。
② ［美］丁韪良等：《公法会通》卷1，光绪六年同文馆聚珍版，第23页。
③ ［美］丁韪良等：《公法会通》卷9，光绪六年同文馆聚珍版，第7页。
④ ［美］丁韪良等：《公法便览》卷1，光绪四年同文馆聚珍版，第10、27页。
⑤ ［美］丁韪良等：《公法便览》卷4，光绪四年同文馆聚珍版，第12、27、60页。
⑥ ［美］丁韪良等：《公法会通》卷3，光绪六年同文馆聚珍版，第1、6页。
⑦ ［美］丁韪良等：《公法便览》卷1，光绪四年同文馆聚珍版，第30页。

（2）上文所论盘查商船，乃国家平世主权所得为，故必以本国海界为限。①

（3）若于大海截阻，即为犯其边界，损其主权。……此论尚属未足，缘于所禁海面距岸相近，则敌国尚争其主权。②

4. 对外交往的权力

（1）以公法主权而论，凡一国与他国交接，其所用章程，当惟本国主裁。推而言之，虽竟拒绝往来，亦无不可。……邦国交接之道，除以上各条不得违背外，凡遇交涉异邦客商一切章程，均由各国主权自定。③

（2）此国赖彼国以行其主权者，则彼为上国，此为屏藩。屏藩与外国交接，其主权自有限制。衰弱之国仰赖强邻保护而不至于灭亡者，谓之半主之国，以其主权为保护者所限制焉。……半主之国与邻封独操主权之国，得以平行往来与否，率视其所有名分权势而定。④

（3）国君之眷属宗亲，既无主权，即为臣庶。故在外国，必须遵法，不得免于地方管辖。……邦国简派公使，原凭国权，非国君之私遣。故国君薨逝禅位，其国之主权仍存。⑤

5. 司法不受干涉的权力

（1）凡他国商船水手犯罪，在本船以内，并无法人牵连者，不归法国地方官究治。在岸上关涉他人者，归地方官提讯治罪。此例乃斟酌于辖地主权及船作疆土之例。……在他国船内捕逮水手，是行主权于疆外，而于他国辖内强行其法律也。……遇有公案，将何

---

① ［美］丁韪良等：《公法便览》卷4，光绪四年同文馆聚珍版，第76页。
② ［美］丁韪良等：《公法会通》卷9，光绪六年同文馆聚珍版，第30、31页。
③ ［美］丁韪良等：《公法便览》卷1，光绪四年同文馆聚珍版，第37、38页。
④ ［美］丁韪良等：《公法便览》卷1，光绪四年同文馆聚珍版，第27、32页。
⑤ ［美］丁韪良等：《公法会通》卷2，光绪六年同文馆聚珍版，第14、35页。

所从乎？有一简法，案出何处，即归何处之律断之。其坚执主权而不让者，必遵此例。……至无字据恒产，惟因执掌既久而得主权者，佥谓以当地律法为断。惟行产之因久据而得主权者，各国律法即异，论者亦互有不同。①

（2）国君公使等既免于外国法律所制，彼国如虑有妨碍本国主权及损伤国体之举，则设法防范以杜祸萌，可也。②

（3）至交还逃犯一事，则无故代人追捕，恐至碍于主权，况彼此法律不同，焉知其果否秉公审讯。③

四　古典翻新之"主权"与主权理论在近代中国的传播及影响

随着丁韪良《万国公法》等国际法译著的传播，新名"主权"进入中国人的语用实践。在社会危机日渐加深的近代中国，许多知识分子不仅接受、使用词义翻新后的"主权"（*Sovereignty*）一词，还根据自己对"主权"（*Sovereignty*）的理解，尝试着运用"主权"（*Sovereignty*）的相关知识分析、评述时事：

较早运用"主权"概念论事者，当首推郑观应。1874年，他撰成《易言》36篇，后删并为20篇，其"论税务"一文，言及清廷为镇压太平天国等农民起义，"创榷货抽厘之制，藉给军资"，而洋人多方阻扰：

> 洋人遂执洋货免厘之说，以为要挟，显违条约，欲扰我中国自主之权。即使厘捐果累商民，亦须俟国用稍裕时自行酌裁，渐次停免，断非局外人所得而干预也。④

论及通商中的"税饷"问题时，郑观应同样坚持了"主权"观念：

> 约之专为通商者，本可随时更改，以求两益，非一成不变者也。税项通例，皆由本国自定，客虽强悍，不得侵主权而增减之者也。

---

① ［美］丁韪良等：《公法便览》卷1，光绪四年同文馆聚珍版，第46、49、53、60页。
② ［美］丁韪良等：《公法会通》卷2，光绪六年同文馆聚珍版，第8页。
③ ［美］丁韪良等：《公法会通》卷4，光绪六年同文馆聚珍版，第13页。
④ 郑观应著，夏东元编：《郑观应集》上册，上海人民出版社1982年版，第69页。

宜明告各国云：某年之约不便于吾民，约期满时应即重议。①

薛福成也提出："万国公法有之曰，凡欲广其贸易，增其年税，或致他国难以自立自主，他国同此原权者，可扼之以自护也。又曰，若于他国之主权、征税、人民、内治有所妨害，则不行。"②

针对领事裁判权，郑观应颇有感慨："查我国有自主之权，凡外人托庇宇下自应归我管辖，税务亦应在我权衡。今为条约所限，不可措手，殊失国威。臣等每一思维，歉歉欲绝。外人在我国旅居，不隶我国治下，只受彼国公使、领事所辖，一如在本国然。"③

《外交报》第256期刊载"论裁撤领事裁判权之预备"一文论述道：

> 欧亚交通以来，吾外交政策之失败非一端。而言之尤可痛心，使吾国权失而实利亡、变益加厉而至今为梗者，莫如于主权所在之领域，将法权与税权之一部为敌国所操纵，而竟非我有也。法权者何？属人主义，既为文明法律所不容，而一国法律之效力，乃限于所属之地，不能及于所属之人，而无制限。独欧西人士，车辙马迹之涉吾疆域者，其本国之法律辄与之俱来。于是领事有裁判权，不特裁判其本国人民已也，且骎骎而及于我国人民焉。是为法权之丧失。……不但此也。领事裁判权之设定，于名义上，为丧失国权，而患及夫国家；于实际上，刑、民各事牵涉吾民者累累，但一任领事之评判，出入袒庇，无可申诉，而患又及于人民。领事裁判之权存在，则国无完全之主权，民无完全之人格，此可哀者也。④

郑观应等人认为，税务制度（包括关税）、司法制度乃在中国"主权"范围之内，他国不得干涉。可见，近代"主权"概念，为中国抵制列强强加给自己的不平等关税、抨击领事裁判权等，提供了法律依据和

---

① 郑观应著，夏东元编：《郑观应集》上册，上海人民出版社1982年版，第157页。
② 薛福成著，徐素华编：《薛福成集》，上海人民出版社1987年版，第549页。
③ 郑观应著，夏东元编：《郑观应集》上册，上海人民出版社1982年版，第438页。
④ 张枬、王忍之编：《辛亥革命前十年间时论选集》第3卷，生活·读书·新知三联书店1977年版，第164页。

思想武器。

时值清末"新政",中国人使用"主权"一词的频度剧增,对"主权"概念的认知更趋深入和丰富。

《译书汇编》1901年4月第3期刊载德国伯伦知理著"国法泛论",其开篇即"论主权",首明"主权之义":

> 所谓主权者,外以列国之权利为限,内以官民应得之权利为限,非专横无制之谓也。主权有四要焉:独立不羁,一也;尊严不可犯,二也;至尊无上,三也;独一无二,四也;四者缺一,即失其为主权,是不可不知也。①

梁启超关于主权也有精辟论述:"1. 主权者,独立不羁,而无或服从于他种权力者也。2. 主权者,国家之威力也。宜归于人格之国家及国家之首长,其余地方团体及法院议院等,皆隶于国家之一机关耳,于主权无关也。3. 主权者,至尊者也。主权者据之,以立于国内所有一切权力之上。4. 主权者,统一者也。一国中不能有两个主权。5. 主权者,有限者也。主权有受成于国法之权利,即有受限于国法之义务。"②他在文章最后将"主权"与"国家"的关系表述为:"主权者,一国精神所由寄也,故论国家者必明主权。""故有主权则有国家,无国家亦无主权。"③

最需注意的是,这一时期,新名"主权"是与近代"国家""人民""领土"概念连带呈现的④:

1901年5月《国民报》第1期载"原国"一文有云:

---

① 译书汇编社:《译书汇编》1901年4月第3期。
② 梁启超著,范忠信选编:《梁启超法学文集》,中国政法大学出版社2000年版,第164页。
③ 梁启超著,范忠信选编:《梁启超法学文集》,中国政法大学出版社2000年版,第65、67页。
④ 偶见不同意观点:1927年李祖荫主编《法律辞典》:"统治权与主权不同,主权非国家之要素,国家可无主权,必不能无统治权,故非主权国仍不失其为国家。"参见李秀清主编《清末民国法律史料丛刊·法律辞书》,上海人民出版社2013年版,第190页。

若夫所谓中国者，其主权何在？谓主权在民，则民无权；谓主权在君，则君无权；谓主权在诸侯、王大臣，则诸侯、王大臣僻处于万山之中而不敢出；谓主权在疆臣，则疆臣雍坐镇于各省之中，而待国之亡；则中国之主权，外人之主权也。大地之上，焉有主权亡而犹得谓之国者？①

1902年1月《外交报》（*THE DIPLOMATIC REVIEW*）第1号载"外交报叙例"有云：

吾国言排外数十年，撤藩，割地，偿兵费，租界，势力圈，主权尽失，而转为世界诟病，皆排外之效——人与人有伦理，国与国有外交，要之以保有自主权不受凌侮劫夺为解说。②

1903年3月《大陆》杂志第3、4号连载"中国之改造"一文有云：

邦土、住民及主权三要素具备，而始成国家……主权者，固保护自由，不使个人有不平等之事，以维持安宁者也。主权云者，权力之最高发源也。权力者，威力也。于团体中之个人背理行为将发之时，及其团体被暴击于他团体之时，国家主权则出其权力以抵制之，是为主权之本能，而国家组织之目的亦在是。③

夫国家者，从国家学上而言，则有一定之领土与住民，而其住民相集合以成团体，则有主权以保护此团体之自由，而维持其秩序也。即邦土、住民及主权三要素具备，而始成国家。④

1923年1月《国际公法要略》论及"主权"：

---

① 张枬、王忍之编：《辛亥革命前十年间时论选集》第1卷，生活·读书·新知三联书店1960年版，第64页。
② 《外交报》1901年第1号，第2页。
③ 《大陆》1903年第4号，第1页。
④ 张枬、王忍之编：《辛亥革命前十年间时论选集》第3卷，生活·读书·新知三联书店1977年版，第67页。

如其政府非永久臣服于当世他种外力之下，则其国为主权国，或独立国。凡国家之内部主权，乃其元首所施于其庶民之权力。外部主权，乃代表国家对待他国政府之权力，须分别观之。国际法主体之主权国家，须分为二种。①

京师法律学堂、朝阳大学教科书《国际公法》《平时国际公法》的介绍，让人们对"主权"有了更深入的了解：

自国际法上观察国家之主权，统治人民及领土之完全力，即统治权，或曰主权。国家主权，其在内部，得以积极活动，若在外部，则其活动出于消极，故国家只对外国不法之干涉，得以排斥之，此外无论如何，苟非出以合意，不得干与他国事件。国家主权，其对外部，有各不相侵之界限，此种界限，国家往往有对他国以自己之意思而限制之者，于是国家遂有变态。②

保护国因保护关系而生，保护关系云者，即一国对第三国之攻击而保护他国，其受保护之国，以其一部主权让与为保护之国之国际法上关系也。主权本不可分，今云主权可以让与，似与主权不可分之观念不合，其实不然，盖让与云者，并非让与主权，乃让与主权发动之目的事项，让受之国，可以在此事项上行使主权，如以司法权、行政权、租税权、外交权，皆为主权发动之目的事项中之一种，让与他国，由他国活动其主权，是其例也。保护关系之发生，由于国力之薄弱，如甲国为贫弱之国，时虞第三国之攻击，势不得不受乙国之保护，既受乙国之保护即不得不让与主权之一部，故一面有让与主权一部之义务，一面即有为保护之义务，两方均有义务，而保护关系成立，保护关系成立后，只为保护国有保护之义务，被保护国无所谓义务，盖被保护国以主权一部让与保护

---

① 李天纲主编，[英]卢麟斯（T. J. Lawrence）著：《国际公法要略》，钟建闳译，上海社会科学院出版社2017年版，第12页。
② 何勤华主编，[日]岩井尊闻口述，熊元翰、熊元襄记录：《清末民国法律史料丛刊·京师法律学堂笔记》之《国际公法》，上海人民出版社2013年版，第73页。

国，乃已过之事也。①

领土权非一特种权利，乃领土上之主权，即表主权在领土上活动之态样一形容的名称。领土权非土地所有权，所有权为一种物权，即直接支配及利用物体之民法上权利，而领土权乃关于领土所有之主权的行动，非直接支配物体之权利也。……在外水内，沿岸国行其领土主权。……人为的变形，或因人为在领土之境界，施以工事而生者，或因政治的理由，主权领域，至有伸缩者是。……既让渡之土地，作为让受国主权之领域。……数国之主权，互相制限，行于同一土地上相关的状态，曰领土之竞合。……国际地役，非仅领土权之限制，必系在他国领土上行其一部之主权。……消极的地役云者，在他国领土上消极的行使主权，以维持其土地现势之国际关系也。……共领为不可分之关系，属诸共领国共同之主权，共领国设共同之政务机关，各处理其主权事项。共领国对于共领地之相互关系，为国际关系，其行使主权之条件，乃依条约或惯例所定。……独立权即主权独立之意，非必关于主权事项之全部也，即一部主权国，其关于一部主权事项，亦有独立权。独立权与统治权之作用同，主权事项，可分种种如立法、司法、行政，独立权亦可分种种如外交、内政，一部主权国，即保护国及半主国是也。②

沿岸各国，对于自国领内之部分，有完全之主权，得以绝对支配。……近时大都以条约规定，以谋各国交通通商之便宜，同时尊敬沿岸国之主权，务使沿岸国自己警察权及其必要之主权，无碍于行使。……公海云者，即不属于何国主权之海洋是也。公海自由，为近世国际法不易之原则。自由云者，不属于何国主权之下，各国人民皆得使用之谓也。……空中为主权所及，设一定之距离说。自地上至一定距离之范围以内，属于其下之国家之主权，离此而外，则为自由。……对于空域，不设一定之距离制限，而认为国家之主

---

① 何勤华主编，［日］岩井尊闻口述，熊元翰、熊元襄记录：《清末民国法律史料丛刊·京师法律学堂笔记》之《国际公法》，上海人民出版社2013年版，第75页。
② 何勤华主编，［日］岩井尊闻口述，熊元翰、熊元襄记录：《清末民国法律史料丛刊·京师法律学堂笔记》之《国际公法》，上海人民出版社2013年版，第78、81、87、91、95、97、99、101、108页。

权之所及，同时仍许他人无害使用说。空域全为主权所及说。此说以在一国领土以上之空域，类于一国之内海。盖位于一国领土、领水以上之空域，关系于空域以下国家之利害，甚为深切，非以主权属于其空域以下之国家，则其国家之正当利益，无由保护。……公海以自由为原则，然船舶为海上人民生活之根据地，是不可无保护此等人民财产之主权。至军舰则为一国之战斗力代表主权者也，故海上之船舶当为一国主权所行之范围明矣。①

1933年汪翰章主编《法律大辞典》定义"主权"："（英）*Sovereignty*；（德）*Staatasgewalt*（*Herrscaftsreecht*）（*Souuveranitat*）；（法）*Souverainete*；（意）*Sovranita*（*souranita*）；（拉）*Summa*（*rerumpotestas*）（*rerum potestas*）主权及领土、人民为国家成立之要素，即为国家生活最高的、绝对的不可分之力也。分析言之：（一）主权为国家生活最高力。所谓最高力，含有除自己限制之外，不能反乎自己之意思，受其他任何权力所限制之谓。此种性质，更含有三点：（1）自主的。所谓自主的，其意即不因他人之承认而始享有人格，专依自己意思而存立之谓。（2）对外为独立的。即国家非反乎自己意思于法律上受外国所限制之义。（3）对内为最高的。即在国内无有反乎国家之意思而可以限制国家任何意思力之存在，而国内一切团体与个人，皆于国家承认之下始可以享有权利之谓。（二）主权为绝对的。即国家之意思力，无论如何，人民均有服从之义务，又对于地方自治团体，有支配权，并受国家之委任。（三）主权为不可分的。即主权为不可分割，不可让与，盖从国家为单一的人格所生之结果。（四）主权力也。此所谓力，乃社会心意之法也，认基本法同时国家成立，于是国家之权力因之发生，是即主权也。（五）主权之客体为人民。主体即国家。"②

面对近代中国主权频失的现实，人们痛心疾首：

《清议报》1899年10月15日刊载哀时客《论近世国民竞争之大势

---

① 李秀清主编：《清末民国法律史料丛刊·朝阳法科讲义》之《平时国际公法》，上海人民出版社2013年版，第48、49、51、55、56、57页。

② 李秀清主编：《清末民国法律史料丛刊·法律辞书》之《法律大辞典》，上海人民出版社2013年版，第177页。

及中国之前途》："今者虽沙哈拉大沙漠中一粒之沙，亦有主权者矣。"①

《译书汇编》1901年刊载赤门生"支那问题！！！吾支那国民之觉悟！！！"："列强莫不联袂而来，相挟以求。……神圣不可侵犯之主权，在世界各国莫不崇拜之，尊敬之，独于吾支那则蹂躏无视焉。"②

《国民报》1901年5月刊载"二十世纪之中国"："十九世纪之中，白皙种人既领澳大利亚，又出其全力分割阿非利加洲，粒沙寸土，皆有主权；于是登喜望之峰，睥睨全球，见夫太平洋东之大陆，可以染指，遂乃移戈东向，万马骈蹄，群趋并力，移其剧场于亚洲，六十年于兹矣。今既圈其土地，割其港湾，削其主权，监其政治，二千年文明之古国，久已为列强俎上之肉，釜中之鱼，其存其亡，不容自主矣。……故兵权者，所以保护一国之权力者也。乃中国有兵而已不知练，中国有'匪'而已不知平，卒由外人越俎代庖，起而为我练兵剿'匪'，是操我之兵权也，于是中国失兵权。法律者，所以保护国中之安宁、秩序、生命、财产者也，凡其封域之中，人无论贵贱，种无论黄白，法律所立皆有守之之责。乃中国有狱讼，外人得而会审之，中国有罪犯，外人得而惩罚之，是操我之法权也，于是中国失法权。海湾者，为一国文明野蛮贫富强弱之关键，公法离海岸三十哩以内则为领海，凡船舶入其领海者，惟其国之号令是听，其慎重海疆为何如乎！乃中国沿海要隘，莫不为外人占据，长江天堑，莫不为外人所圈定，是操我江海之权也，于是中国失江海权。矿山者，一国之财源也，凡货币器用悉于是赖焉；关税者，岁入之大宗也，凡国中度支多于是取焉。乃中国有矿山，外人得而开采之，中国有关税，外人得而抵押之，是操我财政之权也，于是中国失财政权。铁路者，为一国交通之枢纽，凡载运师旅，输送粮械，搬运货物，利济商旅，悉赖于是。吾尝考之列邦铁路之制矣，有国有者，有民有者……然未闻为外人有者也。乃中国之铁路悉为外人所有，是操我交通之权也，于是中国失交通权。……则中国之主权，外人之主权也。"③ "正仇满论"一文谈及主权："而彼东三省者，犹得为满自治之地，故曰逐满而不曰歼杀满

---

① 丁守和主编：《辛亥革命时期期刊介绍》第一集，人民出版社1982年版，第8页。
② 丁守和主编：《辛亥革命时期期刊介绍》第一集，人民出版社1982年版，第59页。
③ 丁守和主编：《辛亥革命时期期刊介绍》第一集，人民出版社1982年版，第98页。

人。其地未割于俄罗斯欤，则彼犹得保其主权，尚不失其帝位也。"①

1903年3月，《湖北学生界》刊载"论中国之前途及国民应尽之责任"："今外人之对我中国，曰势力范围，曰特别利益，为各国独营之政策；曰国债，曰教务，曰商务，曰开矿筑路，曰内河航行，为各国公同之政策。美其名曰交通利益，输入文明，从表面观之，一似平和无事，依然锦绣河山，而不知夺我主权，灰我民气之狡谋，其毒不知几千万倍于枪林弹雨也。……夫我中国之政府，非国民所持为铁壁金城而托之以身家性命乎？乃其对外也，惟以媚外为宗旨。教案者，治外法权之所在，而孰是孰非，必听外人之指使矣；督抚钦使者，用人权之所在，而孰去孰从，必仰外人之鼻息矣；开矿筑路者，全国利权之所在，国人请之则百方挑剔者，外人一启口则应之如响矣；且也赔款则代索之，民党则代平之，甘心为外人之傀儡而不辞。"②

1903年4月，《湖北学生界》刊载"教育与群治之关系"："前此视外人为蝮蝎，瞵然自尊，不屑与外人通交涉，继经屡次弹烟炮雨，震其顽梦，乃又视外人为神明，排外人之恶习，转化为媚外之丑态，故交涉一次即失主权一次。"③

1903年3月，《浙江潮》刊载芙峰"叙德、俄、英、法条约所载'高权'及管辖权之评论因及'舟山条约'之感慨"："譬之于人，去其头颅，去其胸体，去其四肢，则人身之何属？而主权犹是也。去其立法权，去其行政权，则主权之何存，宜不待智者而决也。"④

1906年，《鹃声》载"说报"："盖如今我们是居于文明国，要讲自由权的。自由权者，思想自由、言论自由、出版自由三大自由也。我做我的报，是我的思想自由、言论自由、出版自由，岂由你们来干涉的了的吗？我实在告诉你，我要讲革命，我就要讲个气醒，要骂哪个，就要骂个不休。口在我身上，笔在我手上，硬有完全的主权，我还怕你吗？"⑤

1906年10月，汪精卫在《民报》发表"满洲立宪与国民革命"：

---

① 丁守和主编：《辛亥革命时期期刊介绍》第一集，人民出版社1982年版，第112页。
② 丁守和主编：《辛亥革命时期期刊介绍》第一集，人民出版社1982年版，第245、246页。
③ 丁守和主编：《辛亥革命时期期刊介绍》第一集，人民出版社1982年版，第246页。
④ 丁守和主编：《辛亥革命时期期刊介绍》第一集，人民出版社1982年版，第271页。
⑤ 丁守和主编：《辛亥革命时期期刊介绍》第一集，人民出版社1982年版，第559页。

"主权尚在彼族之手,汉人徒有地方自治权,于事何济?"①

1908年3月、12月,《广益丛报》刊载:"论政府最近之政策"、"论外部媚外之效果":"自设立外部以来,吾国主权,丧失于若辈之手,不知凡几。""既假借外力,则不得不先献媚于外人。由是牺牲权力,损失主权,务期馈赠之礼,丰腴酝厚。而因此即所以召亡国之祸与否,所不计也。……国民愤政府之自贬损其主权,痛亡国之在即,不得不铤而走险,于无可奈何之中,冀得一当以为尝试也。"②

1919年8月,廖仲恺在"中国人民和领土在新国家建设上之关系"一文中介绍西方国家学说时,论及主权与国家的关系:"构成近世国家最要紧的要素,就是人民、领土、主权三件物事,这是近来国家学者的通说。"③

主权的实质是独立、不受他人干涉,"主权"即"独立权、自卫权":

> 贯彻己之意思,而不受人之干涉曰独立。国家对于内政外交,不受他国之干涉,自由处理之权利,曰独立权。国家在其主权所行之范围内,对于人于物有绝对无限之权力,故当其行使权利也,非可以受外国之拘束。不但对于在领域以内之自国人民及其财产,当支配之,即对于外国人及其财产,亦得支配之。外国人及其财产,离其领域,即非其主权所能及,自国人民异是,虽在他国领域内苟有自国人民之关系者,仍有服从其命令之义务,是内治之独立也。国家得以自由意志与各国交际,以维持国家之权利威严,是外交之独立也。……一国在其领域内,得行使绝对无限制权利,任意制定法令,支配在领域以内之人民。然外国人不过因在其版图内,乃从其土地之主权,非可与自国人民一律相视。故外国人人民之权利、义务,虽从所在地之国法,而自国人民所有特种之权利、义务,非外国人所应享受也。……各国在其国内可以行使绝对之主权,然对于在外国之外国人,以无管辖权为原则。自外国人之在外国者,尚

---

① 丁守和主编:《辛亥革命时期期刊介绍》第一集,人民出版社1982年版,第514页。
② 丁守和主编:《辛亥革命时期期刊介绍》第一集,人民出版社1982年版,第304、305页。
③ 《廖仲恺集》,中华书局1982年版,第14页。

未脱离人民之关系,故须使之服从其国法,与以一定之保护。①

这种用语状况,表明了人们摆脱外来压迫、建设独立自主的近代国家、自立于世界民族之林的精神趋向,预示着中国将正式进入一个崭新的历史阶段。

丁韪良在翻译"主权"(Sovereignty)相关内容之时,不仅全面介绍了"主权"(Sovereignty)的对外属性,还提到了"主权"(Sovereignty)的对内属性:

(1)"Sovereignty is the supreme power by which any State is governed. This supreme power may be exercised either internally or externally.

Internal Sovereignty is that which is inherent in the people of any State, or vested in its ruler, by its municipal constitution or fundamental laws. This is the object of what has been called internal public law, but which may more properly be termed constitutional law."②

治国之上权,谓之主权。此上权或行于内,或行于外。行于内,则依各国之法度,或寓于民,或归于君。论此者,尝名之为"内公法",但不如称之为"国法"也。③

(2)"To give effect to this mass of sovereign authorities, the executive power is vested in a President of the United States, chosen by electors appointed in each State in such manner as the legislature thereof may direct."④

其主权职事如此之繁,即有合邦之首领以统行之。首领乃美国之语,所称"伯里玺天德"者是也。其登位也,系各邦派人公

---

① 李秀清主编:《清末民国法律史料丛刊·朝阳法科讲义》之《平时国际公法》,上海人民出版社2013年版,第69、80、87页。
② Henry Wheaton, *Elements of International Law*, Boston: Little, Brown and Company, 1855, p. 29.
③ [美]惠顿:《万国公法》,[美]丁韪良译,何勤华点校,中国政法大学出版社2003年版,第27页。
④ Henry Wheaton, *Elements of International Law*, Boston: Little, Brown and Company, 1855, p. 76.

议选举。①（3）主权者，非专指国主之权，盖君民合为一体，权出于民，而君则代秉之耳。②

（4）邦国之主权，系在国主一人躬行之与否，皆由本国法律所定，而与公法无涉。君政之国，莫不视其国君有秉主权之尊，至今时民政之国，则伯里玺天德实无专权。古之罗马虽行民政，有总统二人同操主权，与他国之君无异。中古之时，威内萨民政之国，其总统与日耳曼列国之君无分轩轾。惟近代民政之国，不愿将主权尽归伯里玺天德一人操之，使不忘其权系出于民也。③

"主权"（Sovereignty）的对内属性涉及国家的政体，它包括国家最高权力的取得、行使、制约等内容，其影响更大、意义更加深刻。但近代中国社会面临着亡国灭种的千古未有之变局，中华民族与帝国主义的矛盾成为社会的主要矛盾，丁韪良译介的这部分内容未能引起国人足够的重视，殊为可惜。

第二节 "人民"（公民）对译 Citizen④

"人民"与 Citizen 汉英对译举要：

（1）"Whatever the laws of another State, or the private dispositions of its citizens, may provide to the contrary."⑤

无论他国法律如何，并人民各存私见如何，总不能不归该地方管辖。⑥

---

① [美]惠顿：《万国公法》，[美]丁韪良译，何勤华点校，中国政法大学出版社 2003 年版，第 50 页。
② 丁韪良等：《公法会通》，同文馆聚珍版（1880 年），卷 1。
③ 丁韪良等：《公法会通》，同文馆聚珍版（1880 年），卷 2。
④ 参见拙文《"公民"观念的输入及其在近代中国的传播》，《湖北大学学报》2011 年第 6 期；"人民词义的变迁"一文发表于《武汉理工大学学报》2007 年第 3 期，该文被中国人民大学报刊复印资料《文化研究》2007 年第 9 期全文转载。
⑤ Henry Wheaton, *Elements of International Law*, Boston: Little, Brown and Company, 1855, p. 116.
⑥ [美]惠顿：《万国公法》，[美]丁韪良译，何勤华点校，中国政法大学出版社 2003 年版，第 81 页。

（2）"The sovereign power of municipal legislation also extends to the regulation of the personal rights of the citizens of the State, and to every thing affecting their civil state and condition."①

自主之国，莫不有内治之权，皆可制律，以限定人民之权利、分位等事。②

（3）"As to wrongs or injuries done to the government or citizens of another State."③

他国被害，并他国人民受屈。④

（他国被害，并他国人民受屈）

(As to wrongs or injuries done to the government or citizens of another State.)

---

① Henry Wheaton, *Elements of International Law*, Boston: Little, Brown and Company, 1855, p.121.
② ［美］惠顿：《万国公法》，［美］丁韪良译，何勤华点校，中国政法大学出版社2003年版，第85页。
③ Henry Wheaton, *Elements of International Law*, Boston: Little, Brown and Company, 1855, p.37.
④ ［美］惠顿：《万国公法》，［美］丁韪良译，何勤华点校，中国政法大学出版社2003年版，第34页。

一 Citizen 的含义及"公民"概念的演变

Citizen 的含义是"*A person who, by either birth or naturalization, is a member of a political community, owing allegiance to the community and being entitled to enjoy all its civil rights and protections; a member of the civil state, entitled to all its privileges.*"① (参考译文：由于出生或者加入国籍而成为国民，他效忠于该国的同时也享有权利。)

Citizen 这一概念在西方是与特定社会、特定历史时期相联系的，在不同的社会和历史时期有不同的内涵。Citizen 一词最早出现于古希腊，并为古罗马所沿用。希腊语 *polites*（公民）是由 *polis*（城邦）衍生出来的，其含义为"属于城邦的人"。在古希腊，随着社会的变动，Citizen 的内涵也不断地处于变化之中。一般来讲，在雅典，Citizen 仅仅限于父母都是本城邦自由民并拥有财产的成年男性，而妇女、边区居民、城邦中极为贫困的人、农奴及占人口一半左右的奴隶都不在此之列。雅典实行直接民主制，Citizen 享有参加公民大会、陪审法庭、担任官职等政治权利，"公民不仅共同从事一些活动，如行政、军事、法律制定、法律诉讼、宗教仪式、比赛和节日庆典，而且还共同监督和控制在国家政治生活中根本不起什么作用的大多数人口"。②

在欧洲中世纪时期，教会是最大的封建土地所有者，教皇是最高的统治者，"君权神授"的国王享有绝对的权力，国王之下的所有居民都是臣民，他们对国王有着绝对的依附和从属关系，履行封建义务。这一时期只有"臣民"，不存在古希腊、古罗马时期的 Citizen。

17、18 世纪以来，Citizen 的身份逐渐以法律的形式确立下来，法律规定只要是国家的居民，不论等级、家庭出身和财产多寡，原则上都是 Citizen。Citizen 之间在权利与义务的均衡关系是平等的，任何 citizen 不得享有特权，他们享有同等的权利并承担同等的义务。其次，Citizen 之间的关系通过法律得以调整。其财产、自由与活动都受到法律的保护，再次，在近代国家中，Citizen 是国家事务的积极参与者，民主体现为多数

---

① *Black's Law Dictionary*, St. Paul, Minn.: West Pub. Co., 1979, p. 261.
② ［美］赫尔德：《民主的模式》，燕继荣等译，中央编译出版社1998年版，第28页。

决定原则，在必要的情况下，Citizen 有权推翻破坏契约的政府，主权在民是其重要特征。

二 Citizen 被译为"人民"及"公民"内涵的输入

1. "Citizen"被译为"人民"

麦都思在《字典》中，将 Citizen 解释为："邑人，城里住民；a free man 自由之人"①。

《华英字典》中，Citizen 译为"邑人，城里住民"②。

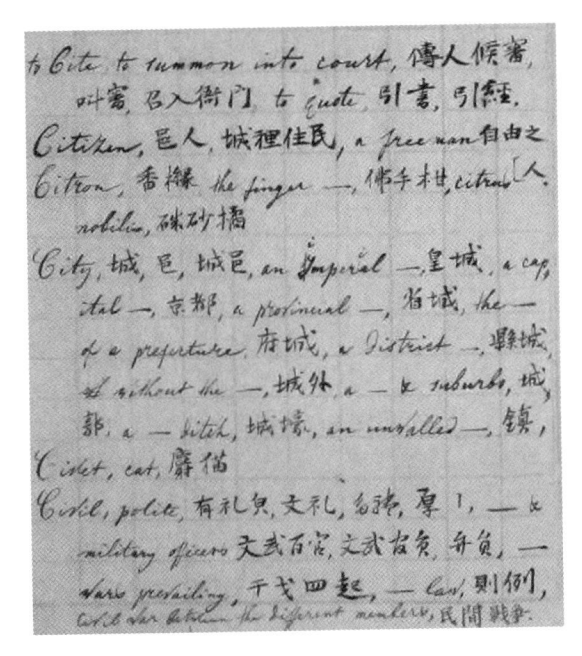

《英华字汇》中，Citizen 译为"城内人"③。

罗布存德编著的《英华字典》中，Citizen 译为："A native of a city，邑人；an inhabitant who enjoys the freedom and privileges of the city in which he resides，池子，入籍客，自由之人；a man of trade，商人；an inhabitant，

---

① ［英］麦都思：手抄本《字典》C 部第 37 页。
② ［英］墨黑士编著：《英华字典》，［日］永峰秀树训译，1881 年，第 54 页。
③ ［英］斯维尔士威廉著，［日］柳泽信大点校：《英华字汇》，1869 年松庄馆翻刻藏版，第 35 页。

居民；*a native*，土人，本处人；*a fellow Citizen*，同邑者。"①

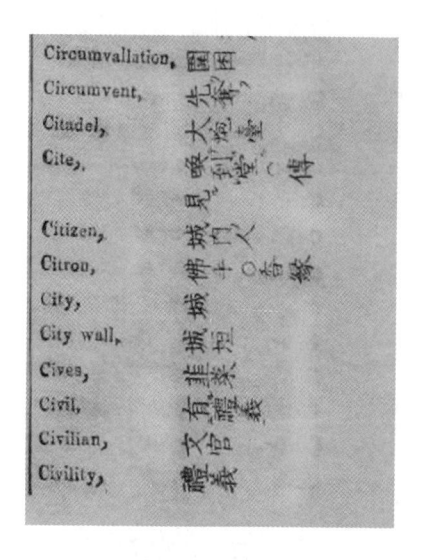

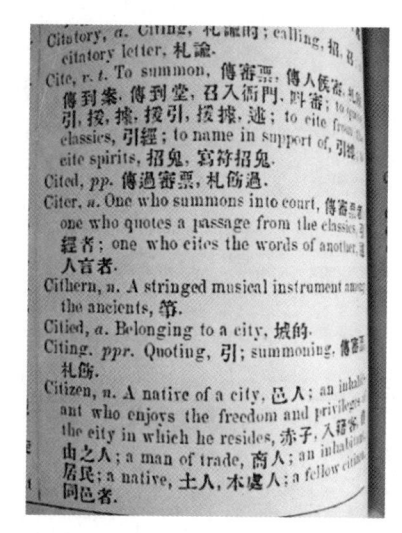

1864年出版的译作《万国公法》中，"*Citizen*"一词译为"人民"。

在《万国公法》中，"人民"是作为"*Citizen*"的对译词出现的。与以往不同的是，"人民"是一个法学术语，其含义与"公民"等同。公民指具有一个国家的国籍，根据该国的法律规定享有权利和承担义务的自然人。公民作为一个法律概念，与民主政治紧密相连。何勤华教授认为："在丁韪良之前，中国政府的文件曾有一次出现了'人民'的用法，即1842年8月29日《中英南京条约》中有一处使用过'华英人民'，但在以后直至《万国公法》出版时为止的中外条约中使用的都是'民人'、'人'的汉字。因此，《南京条约》中出现'人民'一词当属偶然（该条约其他地方也都用'民人'），而丁韪良则将'人民'作为法律术语正式使用。"②

（1）"*Individuals*, *or corporations*, *the subjects of international law.-Private individuals*, *or public and private corporations may in like manner*, *inciden-*

---

① ［德］罗布存德原著，［日］井上哲次郎订增：《英华字典》卷一，藤本氏藏版（1883年），第250页。

② 惠顿：《万国公法·点校者前言》，丁韪良译，何勤华点校，中国政法大学出版社2003年版。

tally, become the subjects of this law in regard to rights growing out of their international relations with foreign sovereigns and states, or their subjects and citizens. These relations give rise to that branch of the science which treats of what has been termed private international law."①

  民人之私权　民人与民间之会，无论公私，有时亦同归公法审断。盖有权利，与他国君民有关涉也。公法，即有一派，专论人民之私权，并各国之律法，有所不合者。②

  （2）"The general comity and mutual convenience of nations have established the rule, that the law of that place governs in every thing respecting the form, interpretation, obligation, and effect of the contract, wherever the authority, rights, and interests of other States and their citizens are not thereby prejudiced."③

  盖依诸国之通例，契据式样、解说、责任、变异等情，如于他国并其人民之权利无所妨害，则皆从其所写之地方。④

  （3）"It cannot apply to cases properly governed by the lex loci rei site, (as in the case, before put, of the effect of a nuptial contract upon real property in a foreign State,) or by the laws of another State relating to the personal state and capacity of its citizens."⑤

---

 ①　Henry Wheaton, *Elements of International Law*, Boston: Little, Brown and Company, 1855, p. 28.
 ②　[美] 惠顿：《万国公法》，[美] 丁韪良译，何勤华点校，中国政法大学出版社2003年版，第27页。
 ③　Henry Wheaton, *Elements of International Law*, Boston: Little, Brown and Company, 1855, p. 140.
 ④　[美] 惠顿：《万国公法》，[美] 丁韪良译，何勤华点校，中国政法大学出版社2003年版，第88页。
 ⑤　Henry Wheaton, *Elements of International Law*, Boston: Little, Brown and Company, 1855, p. 140.

人不能因婚姻契据便继产业在他国者，若应以本国之律，制人民之分位、权利者而断案，则其例亦不行。①

（4）"It cannot apply where it would injuriously conflict with the laws of another State relating to its police, its public health, its commerce, its revenue, and generally its sovereign authority, and the rights and interests of its citizens."②

若于他国之主权、贸易、征税、人民权利、内治、安泰有所妨害，则不行。③

（5）"The claim asserted an extra-territorial authority for the law of British prerogative, and assumed to exercise this extra-territorial authority for the law of British prerogative, and assumed to exercise this extra-territorial authority, to the manifest injury of the citizens and subjects of other States, on board their own veseels, on the high seas."④

此英国之君按理所不能及，而其欲及之者无他，乃强行英法在英之疆外，屈害他国之人民也。⑤

（6）"Laws of trade and navigation cannot affect foreigners, beyond the territorical limits of the State, but they are binding upon its citizens, wherever they may be. Thus, offences against the laws of a State, prohibiting or regulating any

---

① ［美］惠顿：《万国公法》，［美］丁韪良译，何勤华点校，中国政法大学出版社2003年版，第88页。
② Henry Wheaton, *Elements of International Law*, Boston: Little, Brown and Company, 1855, p. 140.
③ ［美］惠顿：《万国公法》，［美］丁韪良译，何勤华点校，中国政法大学出版社2003年版，第89页。
④ Henry Wheaton, *Elements of International Law*, Boston: Little, Brown and Company, 1855, p. 161.
⑤ ［美］惠顿：《万国公法》，［美］丁韪良译，何勤华点校，中国政法大学出版社2003年版，第104页。

particular traffic, may be punished by its tribunals, when committed by its citizens, in whatever place; but if committed by foreigners, such offences can only be thus punished when committed within the territory of the State, or on board of its vessels, in some place not within the jurisdiction of any other State."①

至于贸易航海之章程，则不能及他国人民在疆外者，但本国人民无论在何处，皆可治之也。即如本国律法，或禁止、或范围何等事业，则其人民或有犯者，无论在何处，本国法院可审办也。至他国人犯之，如非在疆内而犯，或在此国船上而犯，或在他国管辖不及之处而犯，则不可审罚也。②

（7）"For the citizens of the United States, then, to commit murders and depredations on the members of other nations, or to combine to do it, appeared to the American government as much against the laws of the land as to murder or rob, or combine to murder or rob, their own citizens; and as much to requre punishment, if done within their limits, where they had a territorial jurisdiction, or on the high seas, one which reached their own citizens only; this being an appropriate part of each nation, on an element where each has a common jurisdiction."③

今美国未经受屈，若美国之人民欲杀诸国之人民，而掳掠其货物，其与诛杀己民、抢劫其货固无少异，是岂不悖律法哉？其悖法同其刑罚亦当一致，故无论在己之疆内，或在海上管辖所及之处，皆必严禁也。④

---

① Henry Wheaton, *Elements of International Law*, Boston: Little, Brown and Company, 1855, p. 175.
② ［美］惠顿：《万国公法》，［美］丁韪良译，何勤华点校，中国政法大学出版社2003年版，第109页。
③ Henry Wheaton, *Elements of International Law*, Boston: Little, Brown and Company, 1855, p. 175.
④ ［美］惠顿：《万国公法》，［美］丁韪良译，何勤华点校，中国政法大学出版社2003年版，第232页。

(8) "In general, the laws of the State, applicable to the civil condition and personal capacity of its citizens, operate upon them even when resident in a foreign country."①

第一种，乃限定人民之分位权利也。本国律法制己民之分位权利者，虽其民徙往他国，亦可随地制之。②

在随后翻译的《星轺指掌》《公法便览》《公法会通》等几部国际法著作中，"人民"一词多处可见：

(1) 某国人民既入外国籍贯，若彼国授以公使之职，驻扎故土，亦无不可。今日耳曼小邦往往有选派奥国人民在奥都充当办事大臣之事。……或与地方大吏往来信函，亦令伊等书写，以及缮录节略，接收禀呈，发给本国人民存亡改籍字据与钤印执照等事。③

(2) 不但使臣不得收受，凡在外邦人民非经本国允准，皆不得收受。……若任听罪犯，不论某国人民逃匿公署，使地方官碍难查拿，实于本国自主之权有损。……我国人民有受屈情事，不可不理明，而仍不得有损于公使之权利。④

(3) 领事职守系稽查航海通商事务，保护本国人民安居乐业。……况间有遴选彼国人民充当领事，其办理两国交涉事宜，欲忠于本国，恐负他国委任，欲护庇他国，又系本国人民，在该员亦难以自处矣。……领事虽非驻扎之国人民，若躬行贸易者，其一切货物财产，皆应输纳各项税饷，与本国人民在本国充外国领事者无异。⑤

(4) 领事官欲向本地人民录取口供，事属可行，其立特款而许

---

① Henry Wheaton, *Elements of International Law*, Boston: Little, Brown and Company, 1855, p. 121.
② [美]惠顿：《万国公法》，[美]丁韪良译，何勤华点校，中国政法大学出版社2003年版，第85页。
③ [美]丁韪良等：《星轺指掌》卷1，光绪二年同文馆聚珍版，第14、37页。
④ [美]丁韪良等：《星轺指掌》卷2，光绪二年同文馆聚珍版，第4、5、11页。
⑤ [美]丁韪良等：《星轺指掌》卷3，光绪二年同文馆聚珍版，第1、2、8页。

第四章　近代法学术语的译定（二）

之者。如比、法、义等十七国。遇美国人民死亡，而遗产在外国者，领事官可以经理。……美国人民在领事界内，遇因财产等情而起争端，可由领事官断定。其立特款而许之者，如中华、日本、土耳其等十一国，在日本国，本地人民有向美国人民追讨者，亦由领事官审讯。……若前任领事存有公项，新领事即应接受。惟遇美国人民物故年余而无遗书者，其遗产仍由前任领事送交本国。①

（5）公法本于自然之理，一若人民相待之分。然国之制法，一以范围君上之权利，一以限定人民待人事国之分。……己民被外国虐待，其本国亦应力护之，然其人民之曲直，不可不察焉。……战后人民甫脱水灾，无论彼君有道无道，邻邦不与问罪之师，以免争端复起。②

（6）夫人民居有定界，而制有定法，以除暴安良，如是者谓之国。……当时国君论云：无论本国、外国人民，若未领执照，擅入吉尼亚东印度陆地海道，暨属葡之他处地方，一律论死。……人民权利当从居家地方律法而定，此条为各国所同举。③

（7）如本国人民侨居外国，外国简为使臣，而遣回本国，本国不愿其免于管辖，则拒而不接，可也。……若使臣伤害人民，以及犯法之举，亦可以力阻之。盖人民本具自护至权。……本国人民若无地方官特准明文，不得同行礼拜，其教士亦不得著礼服而行于街。④

（8）如人民焉，莫不有自护之权，以保其身，而免他人倾毁也。……同教被人窘迫，或人民被人凌虐太甚，他国皆可兴兵讨之。……有发牌照准本国人民与敌国贸易者，若敌国亦不拒之，其贸易可保无虞，且为合例，至本国人民得敌国牌照准其贸易者，亦恒有之。⑤

（9）禁人民在境内受外国委派官职，助攻友国。禁人民在境内

---

① ［美］丁韪良等：《星轺指掌》续卷，光绪二年同文馆聚珍版，第10、11、19页。
② ［美］丁韪良等：《公法便览》总论，光绪四年同文馆聚珍版，第9、10、14页。
③ ［美］丁韪良等：《公法便览》卷1，光绪四年同文馆聚珍版，第1、32、155页。
④ ［美］丁韪良等：《公法便览》卷2，光绪四年同文馆聚珍版，第11、16、21页。
⑤ ［美］丁韪良等：《公法便览》卷3，光绪四年同文馆聚珍版，第3、4、15页。

置办战具，设计攻害友国，水陆一体严禁。凡整备攻害友邦之船只在境内者，禁人民投充兵役，其船即行入官论罚。……人民家居局外之国，而有事业于敌国者，就该处是也而论，例以仇敌视之。……又如毕冉争战之时，有阿国人民商货在冉国船只被虏者。①

（10）若不遵约，或布根等处人民不服德皇，法君愿自投复囚。……有人民愿从新君之教者，弗禁。惟教堂乡塾一切旧章，毋得变更。旧约所指人民改教之款，于本约内申明而固持之。……自一千八百六十三年以来，邦国数有立约，互定人民入籍之例。凡布国、巴国人民寄居美国，或美国人民寄居布、巴等国，有愿呈请入籍者，须以常川居住五年为期。②

（11）邦国之交际，有通例以理之，人民之权利，有通例以卫之。出于理而见于事，邦国赖以联络，人民恃以相安，是为公法。……邦国人民之习尚，莫不见之于例。盖例因文而成形，广布宣传，致邦国人民乐于取法耳。……国既灭亡，其制度自与之俱废。然人民所享权利，间有仍能存留。③

（12）布相行文法国执政大臣，内称若法国人民认之，则我国亦认之云云。……律法之设，原为保护人民之权利起见，人民无论贵贱，其在律法之权利几同。……本国人民一切名分，暨生死等事，由领事官存记。④

（13）邦国辖地之权有二：人民已立为私产而由图秉上权以辖者，一也；人民未立为私产，而邦国以为公产者，二也。……欧洲各属地日增，多由人民迁往新地开垦。……某国人民迁徙垦荒，占据海岸，其附近之内地，应从某国人民。⑤

（14）邦国之主权，所以保护人民之权利。无论邦国与人民，若欲蓄奴，公法必视为越权而行。上章既论人民皆有不可夺之权利，此则反言之。……昔英国谓他国人民侨寓本国者，生有子女，即为

---

① ［美］丁韪良等：《公法便览》卷4，光绪四年同文馆聚珍版，第14、19、29页。
② ［美］丁韪良等：《公法便览》续卷，光绪四年同文馆聚珍版，第1、11、66页。
③ ［美］丁韪良等：《公法会通》卷1，光绪六年同文馆聚珍版，第1、6、19页。
④ ［美］丁韪良等：《公法会通》卷2，光绪六年同文馆聚珍版，第2、9、46页。
⑤ ［美］丁韪良等：《公法会通》卷3，光绪六年同文馆聚珍版，第1、2、3页。

我国之民。……有款曰，我合盟各邦，虽将人民消除籍册，仍不失为上国之民。瑞士之冉邦有款曰，本邦人民，无论迁徙何处，总不失其为民之权利。①

（15）人民立约，若以威赫而得之，其约可废。……至人民结党，假名奉教敬神，以为抗国乱伦之举者，则不得援此以免惩罚。……邦国虽以公书宣告己意，仍不得作为立约，犹人民之有意办理某事，达之于友，而仍无约据也。②

（16）法国古例，人民被屈，得自索赔补。……此国侵犯彼国人民之权利，虽未直犯其国，亦系违背公法。……如彼国将我国之公使、人民等无故拘留，我国亦可如法而行。③

（17）人民虽不得因私执兵而战，遇有聚众设官为公起义者，虽未奉国命，仍作公战论。……人民之兴讼，所以争其权利也。而邦国之兴兵，亦不外护其权利。……战者，邦国也，非人民也。④

（18）不但不得通商，即人民游历以及信函往来，皆当停止。……和约虽立，不能立释仇怨，令两国人民中心和平。……按今之公法，两国虽失和，而人民之权利仍存。⑤

（19）遇人民偏向此国，藉端攻击彼国，则局外者，应揆度情形，先行警戒。……局外人民擅行投军于此战国，彼战国必以敌待之。该人民不得邀免。……人民于他国境内募兵，若未奉公允准，即作为犯法。⑥

（20）按军例，战国既占据地方，则管辖人民、征收税课等权自当归之。……敌国人民亦为敌，因随其本国，而祸福与共焉。……凡散行兵勇，或近地敌国人民，若暗入我营界内，以图凶杀人命，劫掠公文财物、毁坏河渠道路、割断电线等事，若经虏获，皆不得邀

---

① ［美］丁韪良等：《公法会通》卷4，光绪六年同文馆聚珍版，第1、3、5页。
② ［美］丁韪良等：《公法会通》卷5，光绪六年同文馆聚珍版，第3、4、6页。
③ ［美］丁韪良等：《公法会通》卷6，光绪六年同文馆聚珍版，第2、3、14页。
④ ［美］丁韪良等：《公法会通》卷7，光绪六年同文馆聚珍版，第1、3、6页。
⑤ ［美］丁韪良等：《公法会通》卷8，光绪六年同文馆聚珍版，第5、14、17页。
⑥ ［美］丁韪良等：《公法会通》卷9，光绪六年同文馆聚珍版，第5、6、7页。

俘虏宽待之例。①

傅兰雅等人翻译的著作中,"人民"这一译词偶有出现:

> 凡服希腊之各国,彼此相联,与他国之人民有别。……凡两国交战,彼此相敌,则此国人民与彼国人民视同仇雠,杀戮与生擒,势所必至。②
>
> 凡通商之事,百姓必听命于国家,无论为本国人民或久居本国之他国人,都在其内。③

2. "人民"的古汉语义

"人民"是由"人"与"民"组成的一个联合结构词。《说文解字注》将它们解释为:

> 𠔉,天地之性最贵者也。……人者,天地之心也;食味别声、被色而生者也。按:禽兽草木皆天地所生而不得为天地之心,惟人为天地之心,故天地之生,此为极贵。④

"𠄍,众萌也。……萌犹懵懵无知皃也。"⑤ 特指懵懂、胡涂、不明事理的"人"。郭沫若先生在《甲骨文字研究》中指出:"民,(周代彝器)作一左目形,而以刃物以刺之,周人初以敌囚为民时,乃盲其左目以为奴徵。""民"就是奴隶阶级。梁启超在《太古及三代载记——附三苗九黎蚩尤考》一文中也认为"民"就是奴隶:"因其蒙昧,亦谓之民。自注:民之本义为奴虏。"两千余年的中国古代社会,"民"成为与"君主、群臣百官"相对应的、处于被统治地位的群体,如:

---

① [美]丁韪良等:《公法会通》卷10,光绪六年同文馆聚珍版,第3、6、19页。
② [英]傅兰雅、汪振声编译:《公法总论》,江南机器制造总局1898年版,第3、14页。
③ [英]傅兰雅、俞世爵编译:《各国交涉公法论二集》卷10,江南机器制造总局1898年版,第2页。
④ (清)段玉裁:《说文解字注》,上海古籍出版社1981年版,第365页。
⑤ (清)段玉裁:《说文解字注》,上海古籍出版社1981年版,第627页。

官愈多而民愈扰。①

王者主民，当敬民事。民事无非天所嗣常也。②

当"人"与"民"组成"人民"时，其含义与"民"基本一致：

> 上自朝廷，下至人民，得以接欢喜，合殷勤。③
>
> 圣人别其生，使无相获。禽兽有牝牡，置之山原；鸟有雌雄，布之林泽；有介之虫，置之溪谷。故牧人民，为之城郭，内经营术，外为阡陌。夫妻男女，赋之田宅，列其室屋。为之图籍，别其名族。立官置吏，劝以爵禄，衣以桑麻。养以五谷。④
>
> 今天下为牧养人民之君，未有不好杀人者也。言皆好杀人，若有不好杀人者，则天下之人民皆延颈而望王以归之矣。诚如此上言之者，则民皆归之，亦若水之流，自上而下，其势沛然而来，谁能止之？⑤

"人民"的古汉语义与19世纪"*Citizen*"的内涵相去甚远。但是，丁韪良借用"人民"一词，赋予它新的含义，使之成为"*Citizen*"的对译词。与"人民"以往的含义相比较，丁韪良笔下的"人民"不仅指平民、百姓，君主、官员也属"人民"之列。"人民"不仅是承当义务的主体，同时也拥有广泛的权利。

3. 丁韪良对"*Citizen*"内涵的译介

丁韪良将"*Citizen*"译为"人民"的同时，也将"*Citizen*"的内涵介绍给国人：

（1）"*Citizen*"是具有国籍之"人民"

> 按美国律法，美国人民在外国生有子女，其子女亦作为美国之

---

① 顾炎武著，陈垣校注：《日知录校注》卷8，安徽大学出版社2007年版。
② （汉）司马迁：《史记》，中华书局1977年版，卷3。
③ （汉）司马迁：《史记》，中华书局1977年版，卷22。
④ （汉）司马迁：《史记》，中华书局1977年版，卷128。
⑤ 李学勤主编：《孟子注疏》，北京大学出版社1999年版，卷1。

民，惟欲传民籍之权利于子女者，必身曾居住美国方可。①

凡此国人民寄居彼国，一经遵例入籍，即作为彼国之民。其已入籍之人，有愿改归原籍者，准其于此约互换后二年以内，遵照议定章程，呈请归复，至其归复后，所有一切权利，应与国人有无区别减损之处，则由本国酌定。②

（2）"*Citizen*"是拥有广泛权利（如在国外受本国驻外领事保护、迁徙、信仰、生命等）之"人民"

使臣驻扎外邦，有保护人民之责，其随员人等，亦归使臣管辖。③
人民有迁徙外邦之权利：凡人擅去本国而徙居异邦，其究竟于义合否，昔尝疑之。且有酌籍其家产以示惩者，今则各国率皆无禁，惟有定制耳。海氏曰：人民迁徙之权利，自不可夺，除有牵涉官事及未完亏累，别无可以拘制之。④
若所奉之教与所居之国不同，而私行其礼，本属自有之权。故外国人民寄居此地，亦可稍为原谅，不得因教之不同异视其人。⑤
昔公法家论敌之生死在我，非独宾氏一人，并以为兵、民无分。海氏谓战权者，本为生杀之权，惟不能无所限制。愚按人民自具之权利，既不因战而失，则生死祸福之权，不能悉由胜者操之。⑥

（3）"*Citizen*"是承担义务之"人民"

人民侨寓某国，应恪遵其法律，盖虽未入民籍，仍当钦服其主权。⑦

---

① ［美］丁韪良等：《星轺指掌》续卷，光绪二年同文馆聚珍版，第23页。
② ［美］丁韪良等：《公法便览》续卷，光绪四年同文馆聚珍版。
③ ［美］丁韪良等：《星轺指掌》卷2，光绪二年同文馆聚珍版，第40页。
④ ［美］丁韪良等：《公法便览》卷1，光绪四年同文馆聚珍版，第41页。
⑤ ［美］丁韪良等：《星轺指掌》卷2，光绪二年同文馆聚珍版，第18页。
⑥ ［美］丁韪良等：《公法会通》卷7，光绪六年同文馆聚珍版。
⑦ ［美］丁韪良等：《公法会通》卷4，光绪六年同文馆聚珍版，第11页。

我国人民无论有无职任，若暗通消息于敌者，即不问其如何得知，必以死罪处之。①

（4）"*Citizen*"是权利平等之"人民"

夫国内民皆赤子，其守法之责，无论尊卑贫富均同，邦国之平行而权利相等，亦复如是。美国大臣孙纳云，我国法度，以人民本无等差为纪，公法以邦国平行亦然。②

律法之设，原为保护人民之权利起见。人民无论贵贱，其在律法之权利几同。故外国君臣租赁馆舍、建造房屋、承继遗产、写立汇票等事，均照章而行，与常人无异，乌容宽免。③

4. 古典翻新"人民"之传播

丁韪良译定之"人民"逐渐为知识界接受：

1901年，梁启超在《清议报》发表《国家思想变迁异同论》："公法、私法，界限极明。国家对于人民，人民对于国家，人民对于人民，皆各有其相当之权利义务。"④

1901年5月，《国民报》载"原国"："譬之一公司，人民其股东也，君主其会计也，官吏其司事也，聚股东、会计、司事各人谓之公司，聚人民、君主官吏各部而谓之国，其义一也。"⑤

1901年6月，《国民报》载"说国民"："凡为国人一律平等，无贵贱上下之分；各人不可夺之权利，皆由天授；生命自由及一切利益之事，皆属天赋之权利；各人权利必需保护，须经人民公许建设政府，而各假以权，专掌保护人民权利之事；无论何时，政府所为有与以上诸条不合者，人民即可革命，颠覆旧日之政府，而求遂其安全康乐之心。迨其既得安全康乐之后，经众公议，整顿权利，更立新政府，亦为人民应有之

---

① ［美］丁韪良等：《公法会通》卷1，光绪六年同文馆聚珍版，第21页。
② ［美］丁韪良等：《公法会通》卷1，光绪六年同文馆聚珍版，第28页。
③ ［美］丁韪良等：《公法会通》卷2，光绪六年同文馆聚珍版，第9页。
④ 梁启超：《饮冰室合集》，中华书局1989年版，第12页。
⑤ 丁守和主编：《辛亥革命时期期刊介绍》第一集，人民出版社1982年版，第112页。

权利。"①

1902年3月,《教育世界》载罗振玉的文章"教育赘言八则":"今日立学,必定义务教育主义,必使全国人民悉受普通之教育,悉具尊爱之知识。"②

1903年2月,《湖北学生界》载"宪政平议":"欧洲列国中央集权之制,达于极点,其君主恣意暴戾,逞其压制之手段,奴隶其人民,无所不至。朕即国家一语,实足为其时君主之代表,人民苦之。方当痛心疾首,无可如何之时,适有持哲学之理论者,大声疾呼,宣言于众曰:'人与人平等者也,故不可不享有平等之权利。'又曰:'民之声神之声也。'简明之理论,印入国民之脑中,投其机会,新其思想,作其精神,于是法国大革命之风潮,直如千军齐发,万马奔驰,勃然不可遏抑,而全欧宪法政治之基础定矣。"③

1903年6月、7月,《江苏》刊载"政体进化论"、"露西亚虚无党"、"新政府之建设",论述了"人民"与国家的关系:"专制国所忌者,莫忌于人民之团结。""民权之大小,恒视人民竞争之烈否。"④

1903年,《江苏》刊载"新政府之建设",论述了"人民"与国家的关系:"有分布全国之人民,有握一国主权之君主,有任一国政务之百工,非几然一国之主人耶,而吾乃曰无主之国,斯又何言也?不知在有主之国,人民为国家之主人,国家为人民之产业。国中一片土、一尺地、一草一木,莫不有主人,外人不得而掠攫焉。人民与国家有密切之关系,亡则人民与国家俱亡,存则人民与国家俱存,从未有国家亡而人民存,人民与国家离为二体者。使吾中国而果为有主之国也,则吾中国者中国人之公共中国,何至忽落于大盗巨贼之手,忽陷于阉宦妇人之手,忽沦于蛮夷戎狄之手,国家屡亡,土地屡失,而人民终无变迁也。此犹是变乱时耳。言夫平时,则以理而论,中国主权自应中国人握之,中国政务自应中国人公治之,何以主权为人握,政务由人治,人民对之除纳税讼狱以外,相隔相绝而永无关系也。试问有主之国果若是也耶?人

---

① 丁守和主编:《辛亥革命时期期刊介绍》第一集,人民出版社1982年版,第107页。
② 丁守和主编:《辛亥革命时期期刊介绍》第一集,人民出版社1982年版,第115页。
③ 丁守和主编:《辛亥革命时期期刊介绍》第一集,人民出版社1982年版,第249页。
④ 丁守和主编:《辛亥革命时期期刊介绍》第一集,人民出版社1982年版,第333页。

民既失其主人之地位，而犹是夫上有君主，下有百工，以为国家之主人在是矣。我固无论其君主百工之固能为主人与否，止一质问其君王官吏固有主人之资格乎，固有主人之性质乎，即从可知矣。若是乎则吾中国之主人翁其又安在耶？吾中国复乌在为有主之国也！"①

1904年7月，《觉民》载"欧贤语录"："政府者，人民之政府也，依于人民而立者也，为人民而设立者也。"②

在《论政府与人民之权限》中，梁启超论述："天下未有无人民而可称之为国家者，亦未有无政府而可称之为国家者，政府与人民皆构造国家之要具也。故谓政府为人民所有也，不可谓人民为政府所有也。尤不可言政府、人民之上，别有所谓人格之国家者。"③

1903年，《复张之洞书》一文载："下议院者何？全国人民之代表者也。曷谓之代表？全国人民不能人人皆入议院以议定其政事，故于人民中选举若干人以代议其事所谓代议政体也。代议者，人民之权利不能以君主之威而使之不议，即不能以君主之威而使之无权，此谓民权也。"④

1904年，《东方杂志》发表《论中国民气之可用》一文，作者崇有说："然至国家有事，招募士卒，其趋而应之者，皆此乡僻愚民及穷无聊赖者也。一日临敌，各鸟飞兽散，无复平日气概，勇于私斗，怯于公战，虽为驭之不得其道，而求其大原因，则在人民无国家思想，故视胜败荣辱与己若毫不干涉。夫民无国家思想，非民之罪，政体实为之。善乎的格维尔之言曰：'欲人民之爱国，必与以参政权，参政权与爱国心常为正比例。'孟德斯鸠之言曰：'不使人民参预政事，则人民与国漠不相关。'"⑤

1906年，《鹃声》载"四川人之生活程度"："他的宗旨，就是因为看见世界上的一般人民，苦的就非常苦，任你怎样节俭勤劳，终是衣食

---

① 张枏、王忍之编：《辛亥革命前十年间时论选集》第一卷下册，生活·读书·新知三联书店1960年版，第580页。
② 丁守和主编：《辛亥革命时期期刊介绍》第一集，人民出版社1982年版，第424页。
③ 梁启超：《饮冰室合集》，中华书局1989年版，第1页。
④ 张枏、王忍之编：《辛亥革命前十年间时论选集》第一卷下册，生活·读书·新知三联书店1960年版，第768页。
⑤ 张枏、王忍之编：《辛亥革命前十年间时论选集》第一卷下册，生活·读书·新知三联书店1960年版，第939页。

不够下台。乐的就非常的乐，任他怎样奢华懒惰，终是繁华度日，这个总不算世界公理，所以他就标出一个宗旨，叫做均贫富。他的目的在把这一国的财产，都拿来归一公家，公家又拿来分配众人，使这一国的人民，莫得顶穷的，也莫得顶富的，那才算是世界上的公理。"①

1913年朝阳大学使用的教科书《平时国际公法》论及"人民"时，将其与国籍连在一起：

> 居今之世，棋布星罗，四周于天下者，各国其国，而内外人民之别于是生焉。所谓内国人者，即有其国之国籍者是也。例如有中华民国之人民是也。故于中国之国籍以外，而兼有他国之国籍者，其人民不失为中国人；其不有何国之国籍者，以无中国之国籍，故非中国人也，外国人也。易词以言，不有外国之国籍者，亦为外国人。国籍与人民之关系如此其重，故不可不为之说明如下。②

1923年1月《国际公法要略》、1932年12月《国际法新趋势》论及"人民"时也是如此：

> 当渔场存在于一国领土水流内时，其使用全归该国人民，他人不得染指。惟若在领土水流之外，则各国之人民皆得任意使用。……自然生产之人民，各国民法均有规定何种生产之情形，足以构成某国人民。如英国以其国土内所生产之儿童为其人民，不论其先代若何也。又其父母为英国人者，则无论何处生产亦为英国人。又使其父或其祖为英国人者，则亦为英人也。若同一人而两国或数国争其所属时，则国际之困难以起。归化人民，归化人民者，于国家及人民间，其人民资格之维系，乃以人力为之也。各国法律均有外国人入籍之条件及形式。英国之规定，以在该国曾经居五年之久，或曾在政府服务五年之人，而誓愿忠于该国，且续居或服务如前者。有时

---

① 丁守和主编：《辛亥革命时期期刊介绍》第一集，人民出版社1982年版，第561页。
② 李秀清主编：《清末民国法律史料丛刊·朝阳法科讲义》之《平时国际公法》，上海人民出版社2013年版，第63页。

国家不准其人民入籍他国，或虽准而有限制者，则该国对于收入其人民之国家间纠纷又起矣。①

虽然个人之与国际亦不无连带之关系，以其能与异国及异国之人民发生关系也。然此种关系仅能以一种特别国内法管理之，国际法只有间接顾问之权，如国际法所订之条文，常有为国内法所采用者，故只得于此种方式之下，干涉个人之行动。若人民与人民之间需要一国际之保护，亦仅能由国家为媒介而获得之。……或谓尊重无国籍人民权利之条款，已由国内公法规定，可毋须乎国家法，此说未必尽然。设一国之任何机关，不负保护无国籍人民之责者，则文明国人士得以野蛮民族称之。实则国内公法之所规定者，即属国际法之法规，对于无国籍人民，既可如此立论，则于其他情形中，援用国际法以直接管辖个人，当无不可。②

1945年6月，《联合国宪章》："我联合国人民同兹决心，……运用国际机构，以促成全球人民经济及社会之进展，用是发愤立志，务当同心协力，以竟厥功。……发展国际间以尊重人民平等权利及自决原则为根据之友好关系，并采取其他适当办法，以增强普遍和平。"③

将"人民"本义彻底颠覆的是孙中山先生：

专制国以君主为主体，人民皆其奴隶，共和国以人民为主体④
今日我国为共和国，应以人民为主体。⑤

中华民国者，人民之国也。君政时代则大权独揽于一人，今则主权属于国民之全体，是四万万人民即今之皇帝也，国中之百官，

---

① 李天纲主编，[英]卢麟斯（T. J. Lawrence）著：《国际公法要略》，钟建闳译，上海社会科学院出版社2017年版，第41、42页。
② 李天纲主编，[希腊]鲍烈帝斯（N. Politis）著：《国际法之新趋势》，但荫荪译，上海社会科学院出版社2017年版，第26、29页。
③ 林纪东等编：《新编六法（参照法令判解）全书》，五南图书出版公司1965年版，第1633页。
④ 《孙中山全集》（第2卷），中华书局1982年版，第451页。
⑤ 《孙中山全集》（第2卷），中华书局1982年版，第481页。

上而总统，下而巡差，皆人民之公仆也。①

上述例句中的"人民"含义不仅与其本义不同，也与含有法律意义的"人民"有别。孙中山先生已经流露出某些人不属"人民"之列的意思，这为日后毛泽东对"人民"的阐释埋下了伏笔。

20世纪30年代以后，"人民"一词愈益流行，影响也更大。尤其经过毛泽东的阐释，"人民"的内容更为丰富，含义更为深刻。毛泽东继承了孙中山的"人民"理念，同时又予以发展。毛泽东著作中"人民"词义具有如下特点：

1. "人民"主体的阶级性：何种人可以称为"人民"？何种人是"人民"中坚力量？孙中山认为，工人、农民、资产阶级和小资产阶级（包括知识分子）都可称为"人民"，但"人民"的核心力量是资产阶级和小资产阶级。毛泽东关于"人民"主体的认识与孙中山大体一致，但"人民"的核心却是工人、农民。工人阶级是领导阶级，"民族资产阶级"和"少数开明士绅"是"人民大众的一部分，但不是人民大众的主体，也不是决定革命性质的力量"。②

2. "人民"主体的时代性：随着革命形势的变化，毛泽东笔下"人民"的内容也不一样。

第一次国内革命战争时期，毛泽东指出："工业无产阶级是我们革命的领导力量，一切半无产阶级（主要指农民阶级）、小资产阶级，是我们接受的朋友。"③

在新民主主义革命时期，"所谓人民大众，是包括工人阶级、农民阶级、城市小资产阶级、被帝国主义和国民党反动政权及其所代表的官僚资产阶级（大资产阶级）和地主阶级所压迫和损害的民族资产阶级．而以工人、农民（士兵主要是穿军服的农民）和其他劳动人民为主体。"④

毛泽东关于人民主体的论述，直接将一部分人划出了"人民"的范围，但从法律意义上讲，这部分人仍然具有国籍，也有相应的权利和义

---

① 孙中山：《孙中山选集》，人民出版社1981年版，第173页。
② 《毛泽东选集》（第4卷），人民出版社1991年版，第1272页。
③ 《毛泽东选集》（第1卷），人民出版社1991年版，第9页。
④ 《毛泽东选集》（第1卷），人民出版社1991年版，第9页。

务，理应属"人民"之列。显然，毛泽东著作中的"人民"已经不再是法律词语，而是一个政治术语。

3. "人民"地位的重要性：继孙中山之后，毛泽东将"人民"推到十分崇高的地位，"我们一定要坚持下去，一定要不断地工作，我们也会感动上帝的。这个上帝不是别人，就是全中国的人民大众。"① 在1944年12月16日《解放日报》上发表的《一九四五年的任务》一文中，他反复强调"我们一切工作干部，不论职位高低，都是人民的勤务员，我们所做的一切，都是为人民服务"。他还提出了一个著名的口号：卑贱者最聪明，高贵者最愚蠢。当游行的人群高呼"毛主席万岁！"时，毛泽东则以"人民万岁！"予以呼应。

4. "人民"的作用十分伟大：与历代统治者贬抑"人民"相反，毛泽东对"人民"的作用予以充分肯定。"真正的铜墙铁壁是什么？是群众，是千百万真心实意地拥护革命的人民群众。这是真正的铜墙铁壁，什么力量也打不破的，完全打不破的。反革命打不破我们，我们却要打破反革命。"② 针对日本帝国主义侵略中国，毛泽东指出："战争的伟力之最深厚的根源，存在于民众之中。"③ 不仅如此，毛泽东还彻底推翻帝王将相创造历史的论断，充分肯定人民在历史上的作用，"人民，只有人民，才是创造世界历史的动力。"④

毛泽东著作中"人民"的含义与古希腊、古罗马的"Citizen"有相似的一面：首先，"人民"和"Citizen"都赋予了很大的权力。"Citizen"可以陪审法庭、担任公职。毛泽东著作中的"人民"可以监督政府。"人民"与政府是主人与仆人的关系。其次，在古希腊、古罗马时期，并不是每个人都能成为"Citizen"的，奴隶、妇女以及极度贫困的人在雅典都不是"Citizen"。在古罗马，最初也只有贵族才是"Citizen"。在毛泽东著作中，随着革命形势的变化，不同时期"人民"的范围也是不同的。新民主主义时期的"人民"和社会主义时期的"人民"不一样，同样是新民主主义时期，抗日战争时期的"人民"与解放战争时期的

---

① 《毛泽东选集》第3卷，人民出版社1991年版，第1102页。
② 《毛泽东选集》第1卷，人民出版社1992年版，第189页。
③ 《毛泽东选集》第2卷，人民出版社1991年版，第511页。
④ 《毛泽东选集》第3卷，人民出版社1991年版，第1031页。

"人民"又不一样。但在谁是核心、谁占主导地位的问题上,毛泽东著作中"人民"的含义与古希腊、罗马的"Citizen"的观点截然相反:梭伦统治时期,根据财产的多少,"Citizen"被划分为四个等级,第一、第二等级凭借雄厚的财产担任重要官职、享有很多特权,他们是"Citizen"的核心。毛泽东则始终将贫苦的工人、农民当作"人民"的中坚力量。

三 从"人民"到"国民""公民"

继丁韪良将"Citizen"译为"人民"之后,又出现了多个表达"Citizen"含义的汉语词汇,其中以"国民""公民"较为常见。

"国民"在古汉语中指诸侯国之臣民:

(1)《左传·昭公十三年》:"国民信之。"

(2)《管子·山国轨》:"上立轨于国民之贫富,如加之以绳,谓之国轨。"

(3)《宴子春秋·内篇》:"昔者管子事桓公,桓公义高诸侯,德备百姓;今宴婴事君也,国仅齐于诸侯,怨积乎百姓,婴之罪多矣,而君欲赏之,岂以其不屑父为不屑子厚受赏以伤国民义哉?"

19世纪末,国民被赋予了新的含义:

1899年,梁启超在《论近世国民竞争之大势及中国前途》一文中,诠释"国民":"中国人不知有国民也。数千年来通行之语只有以国家二字并称者,未闻有以国民二字并称者。……国民者,以国为人民公产之称也。国者,积民而成,舍民之外,则无有国。以一国之民,治一国之事,定一国之法,谋一国之利,捍一国之患。其民不可得而侮,其国不可得而亡,是之谓国民。"①

梁启超在《爱国论》一文中分析民众的奴性及其根源:"我国蚩蚩四亿之众,数千年受治于民贼政体之下。如盲鱼生长黑壑,出诸海而犹不能视;妇人缠足十载,解其缚而犹不能行。故见自封,少见多怪。曾不知天地间有所谓民权二字。有语之曰:尔固有尔所自有之权,则且瞿然若惊,蹙然不安,掩耳而却走。是直吾向者所谓有奴隶性、奴隶行者。又不惟自居奴隶而已,见他人之不奴隶者反从而非笑之。呜呼!以如此

---

① 丁守和主编:《辛亥革命时期期刊介绍》第1集,人民出版社1982年版,第10页。

之民而与欧西人种并立于生存竞争优胜劣败之世界,宁有幸耶,宁有幸耶?——民之自居奴隶呜呼起乎?则自后世暴君民贼私天下为一己之产业,因奴隶其民。民畏其威,不敢不自屈于奴隶。积之既久,而遂忘其本来也。"①

1902年至1906年,梁启超又在《论新民为今日中国之第一急务》《政治学大家伯伦知理之学说》《论权利思想》《论义务思想》等一系列文章中,进一步论述了"国民"与君主、"国民"与国家、"国民"与权利、"国民"与义务的关系:

> ……国家为完全统一永生之公同体,而此体也,必赖有国民活动之精神以充之,而全体乃成。有国民即有国家,无国家亦无国民,二者同物而异名耳。②
>
> ……吾中国人数千年来不识权利之为何状,亦未始不由迂儒煦煦之说阶之厉也。质而言之,则权利之诞生,与人类之诞生略同。……国民不能得权利于政府也,则争之。政府见国民之争权利也,则让之。③
>
> ……夫朝纲紊乱,从而正之者,国民之义务也;国中有乱,从而戡之者,国民之义务也;
>
> 吾言中国人无义务思想,吾请举其例。政治学者言国民义务有两要件:曰纳租税也,曰服兵役也。夫国也非能自有恒产也,民不纳租税,则政费何所出?民不服兵役,则国防何由立?而吾国民最畏此二事,若以得免之为大幸者,此最志行薄弱之征也。今之论者,每以中国人无权利思想为病,顾吾以为无权利思想者,乃其恶果;而无义务思想者,实其恶因也。④

20世纪初,古典翻新之"国民"一词还屡见于学者、政治人物之笔端:

1900年,《开智录》刊载"义和团有功于中国说":"今日者民权独

---

① 丁守和主编:《辛亥革命时期期刊介绍》第1集,人民出版社1982年版,第10页。
② 梁启超:《饮冰室合集》,中华书局1989年版,第67页。
③ 梁启超:《新民说》,中州古籍出版社1998年版,第91页。
④ 梁启超:《新民说》,中州古籍出版社1998年版,第160页。

立、政体自由之议论,已入人脑髓,正所谓时势造英雄矣。霹雳一声,开二十世纪之风云,腕力高扬,张自由之旗鼓,席卷二十一省,尽苏亿兆人,尽国民之责任,种同胞之幸福。纵事不成,以血相继。不然则印度、埃及之苦,即渡太平洋而进我黄河、扬子江之间矣。凄风飒飒,苦雨潇潇,每念及此,毛骨洒折,不知我同胞国民,其一致意于此否耶?"①

1901年6月《国民报》载《说国民》一文:"何谓国民?曰:天使吾为民而吾能尽其为民者也。何为奴隶?曰:天使吾为民而卒不成其为民者也。故奴隶无权利,而国民有权利;奴隶无责任,而国民有责任;奴隶甘压制,而国民喜自由;奴隶尚尊卑,而国民言平等;奴隶好依傍,而国民尚独立。此奴隶与国民之别也。何谓权利?……若夫以一己之权利,拱手而授他人,君主以一人而占有权利,我不敢与之争;贵族以数人而私有权利,我又不敢与之争;甚且外人盗我权利、诈我权利,我亦不敢与之争;是所谓放弃其权利者也,无权利者,非国民也。何谓责任?……国民之遇事也,有勇往冒险之心,故一国之事即一人之事,一人之事即一国之事,是率一国之人而皆任事者也。然则理乱不知,黜陟不闻,视国家之利害休戚如秦越之相肥瘠,孳孳焉、汲汲焉求保其身家妻子,以偷生苟活于斯世者,皆放弃其责任者也。无责任者,非国民也。何谓自由?……故凡受君权之压制而不能为法国人之所为也,非国民也;凡受外国之压制而不能为美国人之所为者,非国民也。且也欲脱君权、外权之压制,则必先脱数千年来牢不可破之风俗、思想、教化、学术之压制。盖君权、外权之压制者,犹所谓自由之形体;若能跳出于数千年来风俗、思想、教化、学术之外,乃所谓自由之精神。无自由之精神者,非国民也。"②

1902年,《新民丛报》载梁启超"论专制政体有百害于君主而无一例":"然则为国民者,当视专制政体为大众之公敌;为君主者,当视专制政体为一己之私仇。"③

---

① 丁守和主编:《辛亥革命时期期刊介绍》第1集,人民出版社1982年版,第89页。
② 张枬、王忍之主编:《辛亥革命前十年间时论选集》第1卷(上册),生活·读书·新知三联书店1960年版,第72—77页。
③ 张枬、王忍之主编:《辛亥革命前十年间时论选集》第1卷(上册),生活·读书·新知三联书店1960年版,第241页。

1902年,《游学译编》载杨度"《游学译编》序":"国民云者,对外族而言之也。族与族相竞争,故谋国也不仅使人人有国民之资格,尤必使人人有军国民之资格。……政府者,所以为国民谋公益者也,所以拒他民族之妨我民族之权利者也;故各国之政府,无不以国民利益之所在,而为举动之方针。"①

1902年,《游学译编》载文:"夫各国政府,孰不思夺他国国民之利,以自利其国民?我国民若以此而怒人,不如其求自立也。至我政府之甘为人所用,或为人所愚,吾以为皆不必论之。何也?我国民若又以此而咎之,谓其不为国民谋利,而转夺其利以利他国国民,为不足受国民之付托,是则是矣,而然何责之之高也。况此不自咎而咎人之心,已自损失其国民之资格,放弃其所以为国民之天职。"②

1903年1月、3月、5月、7月,《湖北学生界》刊载"论中国之前途及国民应尽之责任""思潮一勺""支那女子之爱国心""汉声":"女子无才便是德、百忍成金……国民高尚之人格丧失殆尽。""使我国民自由独立之国旗,高飐于灿烂庄严之新世界。""国民者,一国之主人翁也。""支那之女子非完全人而附庸人也,非国民而家民也;女子之生命与财产之全权,皆操之为夫者。""今之时代共和立宪几遍全球,专制国之国民触之立败,盖亦天然之真理。……呜呼,我国民宜速持定主义,破坏倒灭满清之政府,而自建设政府,毋待今时代之立宪国与共和国之支配之宰割纷纷而来乃始悟也!"③

1903年,《浙江潮》载"近时二大学说之评论":"十年以来,吾国民知识之进步奚若,而政府者,割地也,赔款也,矿约也,商约也,路约也,凡兹数端,无一事不可以使我世世子孙永失其立国之资格,而长为奴隶永永沉沦万劫不复者也。……中国之亡,其罪万不能不归之于政府。国民之不责政府,国民之罪也。……归亡国之罪于国民,而又劝其

---

① 张枬、王忍之主编:《辛亥革命前十年间时论选集》第1卷(上册),生活·读书·新知三联书店1960年版,第251、254页。
② 丁守和主编:《辛亥革命时期期刊介绍》第1集,人民出版社1982年版,第229页。
③ 丁守和主编:《辛亥革命时期期刊介绍》第1集,人民出版社1982年版,第248、254、249页。

不责政府,则又何说焉?"①

1903年7月、8月,《江苏》刊载"露西亚虚无党""新政府之建设":"专制政体者,国民之公敌;专制政府之压制者,实生人之蠹,社会之蟊贼。……是故真行革命者,其始也,则鼓吹革命之主义,发挥革命之言论,使国民人人知革命之不可缓,而孕育增长之革命之思潮,夫而后一举而可以成也。""第一、政府必由全国国民所组织,而以全国国民为政府之实体;第二、政府必为全国国民之机关,而以全国公共事务为政府之职掌;第三、政府必以全国国民为范围,而以专谋全社会幸福为目的。……国之蠹也,民之敌也。国民否认之可也,改革之可也。"②

1903年6月,《苏报》刊载"论江西学堂学生无再留学之理""中国四民总会处知启""敬告国民议政会诸君":"吾观于今日之学生界,而知吾国民改变性质之时期至矣!……实我国民竞自由权之起点也,……国民脱羁轭而独立之起点也。""欲抵拒外祸,保固内权,亦菲克望诸他人。其责任惟在我国民而已。""为我国民计,当推翻彼族之政府,建立汉种之政府,然后不负我国民。"③

1903年,《国民日日报汇编》载"箴奴隶""黄帝纪年论":"奴隶者,国民之对点也。民族之实验,只有两途,不为国民,即为奴隶,断不容于两者之间,产出若国民非国民,若奴隶非奴隶,一种东倾西倒不可思议之怪物。""民族者,国民特立之性质也。"④

1903年,《国民日日报》刊载"奴隶狱序""国民日日报发刊词""近四十年世风之变态""薈之来简""德国之社会民主党":"奴隶者,国民之对待也,民族问题,只有两途,不为国民,即为奴隶。……驯服专制政体之下既久,一切横敛惨杀之毒,亦已司空见惯,以为吾侪小人,侥幸寝馈于黑甜之乡,而老死于黄馘槁项,不见兵戎,亦即了此一生,安问所谓国民,安问国之属于谁?""以当今狼豕纵横,主人失其故居,窃愿作彼公仆,为警钟适铎,日聒于我主人侧,敢以附诸无忘越人之杀

---

① 丁守和主编:《辛亥革命时期期刊介绍》第1集,人民出版社1982年版,第281页。
② 丁守和主编:《辛亥革命时期期刊介绍》第1集,人民出版社1982年版,第333、334页。
③ 丁守和主编:《辛亥革命时期期刊介绍》第1集,人民出版社1982年版,第370、374、386页。
④ 张枏、王忍之编:《辛亥革命前十年间时论选集》第一卷下册,生活·读书·新知三联书店1960年版,第702、721页。

而父之义,更发狂呓,以此报出世之期,为国民重生之日。""吾民族无有此进步之世风则已也,吾民族既有此进步之世风,吾请吾族独立不羁之国民,断不容以立宪二字误乃公事也。""有人若无人,而一国之人皆死。人已死矣,何尤乎其为奴,何遽与之言国民!""推其所以,盖因近年来,德之军费日加,国民不堪负担,食物日贵,国民多怀不平。……自今以后,吾知凡国之民,将日厌君主之专制,而社会民主党势力之增加,更有不可限量者。"①

1904年,《女子世界》第7期载"论铸造国民母";1905年,《女子世界》第1期载"女学生亦能军操欤":"吾国民之半部分,则忧愁惨淡,家庭被压制,娇躯弱质,身体被戕贼,得永远监禁之罚,以三从七出而终。而且谄妇煽动之,淫婢引诱之。三姑六婆相左右之,僧道妖蛊乃间入以摇惑之。塞聪堕明,弃圣绝智,或流为人奴,或转为人妖。""今日女子之教育,断以体育为第一要义,不特养成今日有数之女国民,且以养成将来无数之男国民。……今日办学之宗旨,非以养成几辈文学士也。吾中国女子固能文者,文弱之因也。恐女子愈多文,而国民愈多弱。"②

1904年1月、3月、7月,《中国白话报》载"国民的意见""说种界"、《论合群》:"凡国民对着国家,都应该服从法律。但甲辰以前的法律,我们却不能服从他,因为那法律实在没有道理。甲辰以后的新法律,我们却要细细的去定出来。好给大家遵守。""他们动不动说如今国民没有实行的能力,做不得这排满的事情。唉!惟其没有实行的能力,所以这排满的事情愈不可不做。""我们所应该对付的有两种:一是共同一致对着满州政府,实行攘夷;一是共同一致对着大陆各国,实行自卫。这两事共你们列位国民,都有生死存亡的关系。"③

1904年5月、8月,《觉民》刊载"敬告我国民""女子唱歌""国民与人民之区别":"我今敢大声疾呼曰:国民其早醒,国民其自立。"

---

① 丁守和主编:《辛亥革命时期期刊介绍》第1集,人民出版社1982年版,第393、394、407、412、413页。
② 丁守和主编:《辛亥革命时期期刊介绍》第1集,人民出版社1982年版,第464、467页。
③ 丁守和主编:《辛亥革命时期期刊介绍》第1集,人民出版社1982年版,第459、449、450页。

"勤操练，强体育。勤学问，明公德。我虽女子亦衣食，同为国民宜爱国。""忧时之士，慨然伤焉。于是敝厥舌，焦厥唇，走相告曰：立宪，立宪。彼其陈义非不甚高，某则以为欲立宪，果望诸君主之应允乎？稍明外事者，当无不曰由于国民之要求。"①

1904年，《萃新报》第2期、第4期载"论处金衢严四府之关系及其处置之方法"："一民族中无爱国思想与国民资格，即将辙红轨黑而成纵棕，罔足生存于二十秩。"②

1904年，《中国白话报》载"国民意见书"："我今要替我们中国四万万同胞汉种，定个名号，叫做'国民'。这'国民'两字，却也难说得很。原来几万年前的世界，找不着一个人影，遍地都是畜生。后来畜生之中，有一种猴类的，智识倒还灵动，渐渐的会立起来行走，又渐渐的会说话，因此就变做人了，所以这般会说话的，就称他做'人'。后来这般人，也渐渐的多了，那知识比从前更好些，自然便晓得结成一个帮侣，立个头目，许多的人都要听头目的号令，自己帮侣里头，也有相保护、相救助的，所以这般帮侣称他做'人民'。人民本来没有一定的地方，到后来大家据者一个国土，聚了许多同种同族的，都在这一国土之内居住，国家的规模个人都晓得去整顿，地方的团体个人都晓得去联络，人人都有精神，人人都有力量，人人都有知识，能够把自己的国土守得牢牢固固，能够把国内的政事弄得完完全全，这便不愧为一国之民了，所以这般人民，就称他做'国民'。'人'比畜生是高一层的，'人民'比'人'又高一层的，直到'人民'再进做'国民'，那真是太上老君，没有再高的了。列位，你不要高兴，你若要做国民，却不是学着从前糊里糊涂做去，到后来'画虎不成反类狗'，又不免变做什么小民、愚民哩！——所以我们既做了'国民'，却不能没有一番意见，但是这意见起先原藏在心里头，如今就写在纸上面，你们大家看了，若是都有这个意见，就要不慌不忙实实在在的行动起来。这便是我白话道人做国民意见书的意思了，你道这意见光是我一个人的意见么？大家是国民，便大家都有

---

① 丁守和主编：《辛亥革命时期期刊介绍》第1集，人民出版社1982年版，第416、429、424页。

② 丁守和主编：《辛亥革命时期期刊介绍》第1集，人民出版社1982年版，第478页。

着一番的意见，我白话道人不过替你们大家发表发表罢了。"①

1905年汪精卫在《民报》上发表《民族的国民》："国民云者，法学上之用语也。自事实论而言，则国民者构成国家之分子也。盖国家者团体也，而国民为其团体之单位，故曰国家之构成分子。自法律论言，则国民者有国法上之人格者也。自其个人的方面观之，则独立自由，无所服从；自其对于国家的方面观之，则以一部对于全部，而有权利义务，此国民之真谛也。此惟立宪国之国民惟然。专制国则其国民奴隶而已，以其无国法上之人格也。"②

1906年5月，《民报》发表朱执信"德意志社会革命家小传"："由国民银行及独占事业集信用于国家，为公众而增加国民工场中生产器械，且于土地加之开垦，更时为改良。"③

1906年，《新民丛报》载"开明专制论"："今日中国国民未有可以行议院政治之能力者也。……故今日中国国民非有可以为共和国民之资格者也，今日中国政治非可采用共和立宪制者也。"④

1907年1月、6月，《民报》载"演说录""答铁铮"："用宗教发起信心，增进国民的道德；用国粹激励种姓，增进爱国的热肠。""佛家之学，非中国所常习，虽上智之士，犹穷年累月而不得，况于一般国民，处水深火热之中，乃望此迂缓之学以收成效，何异待西江之水以救枯鱼。"⑤

1907年1月、2月，《汉帜》载"驱满酋必先杀汉奸论""吊国民庆祝满政府之立宪"："倡为维新之论，保皇之名。种族之历史不通，国民之原理不晓，惟鳃鳃鼓其开明专制政治革命之丑论。""其自专制而立宪也，必国民购之以铁血。若英、法、日诸国，其明证也。今我国民，不费吹嘘之力，汗血之劳，立宪幸福，拱手以得，谓非创闻而何？"⑥

---

① 张枬、王忍之编：《辛亥革命前十年间时论选集》第1卷下册，生活·读书·新知三联书店1963年版，第893、894页。
② 张枬、王忍之编：《辛亥革命前十年间时论选集》第2卷上册，生活·读书·新知三联书店1963年版，第83页。
③ 丁守和主编：《辛亥革命时期期刊介绍》第1集，人民出版社1982年版，第528页。
④ 丁守和主编：《辛亥革命时期期刊介绍》第1集，人民出版社1982年版，第512页。
⑤ 丁守和主编：《辛亥革命时期期刊介绍》第1集，人民出版社1982年版，第520、522页。
⑥ 丁守和主编：《辛亥革命时期期刊介绍》第1集，人民出版社1982年版，第551、552页。

1907年7月,《万国公报》载"论中国维新之现状":"今预备立宪之旨下矣,是当轴者知所要务矣。……国民程度其能企及乎?……况重之以革命党时出轰击,满汉之界自相仇也。世之趋时者,辄曰:维新,维新,不知真能实行维新者有几人哉。"①

1907年10月,梁启超在《政论》撰文:"谓国民程度不足,坐待其足,然后立宪者,妄也。……从种种方面以训练国民,务养成其政治上之能力。"②

1907年,《云南杂志》发表的《论国民保存国土之法》一文将"国民"视为构成"国家"的三要素之一:"夫国家成立之三要素,统治权固居其一。而统治权之总揽者,实不过国民集合之一机关,代表国民,以保卫国土者也。而国家之质素,实惟国民与国土而已。当总揽国权者不能保民而王,且屡失可宝可贵之土地,则保存国土之责,舍国民其奚属乎?我国民果真知其责,即宜讲求其法。"③

1907年,《中国新女界》载"男女并尊论":"一国之中,重彼轻此,陷其国民半数于无能力之地,是不止举国之半而自亡矣。"④

1907年10月、11月,《月月小说》载"论小说与改良社会之关系""中国历代小说史论":"夫小说者,不特为改良社会,演进群治之基础,抑亦辅德育之所不逮者也。吾国民所最缺乏者,公德心耳。""呜呼!吾国有翟铿士、托而斯太其人出现,欲以新小说为国民倡者乎?不可不自撰小说,不可不择事实之能适合于社会之情状者为之,不可不择体裁之能适宜于国民之脑性者为之。"⑤

1910年8月、9月、10月,《蜀报》半月刊载"本报之三大特色""国会期迫敬勖国民""流年之慨":"凡为立宪国之国民,必当周知立宪之性质与其作用。""当国者筹国民生计,行保护工商政策,改良币制诸端,不可一日缓;而国民亦当自为计,不使国中有限金银为漏卮,以填

---

① 丁守和主编:《辛亥革命时期期刊介绍》第1集,人民出版社1982年版,第634页。
② 丁守和主编:《辛亥革命时期期刊介绍》第1集,人民出版社1982年版,第513页。
③ 张枬、王忍之编:《辛亥革命前十年间时论选集》第2卷下册,生活·读书·新知三联书店1963年版,第823页。
④ 丁守和主编:《辛亥革命时期期刊介绍》第1集,人民出版社1982年版,第568页。
⑤ 丁守和主编:《辛亥革命时期期刊介绍》第1集,人民出版社1982年版,第591、592页。

外人无厌之欲壑，尤不可一日缓也。""宣统三年乎，去诏定开国会之期仅隔一年，将来国民能否举其实以监督政府，固当决于吾国民之能力，然政府则早以第二资政院待之无疑也。"①

1911年11月，《广益丛报》刊载"蜀军政府宣言"："故前代为英雄革命，今日为国民革命。所谓国民革命者，一国之人皆有自由平等博爱之精神，即皆负革命之责任，军政府特为其枢机而已。……今者由平民革命，以建国民政府，凡为国民皆平等，皆有参政权，大总统由国民公举，议会以国民公举之议员构成之，制定中华民国宪法，人人共守。敢有帝制自为者，天下共击之。……所有革命后社会改良进步之增价，则归于国家，为民所共享，造社会的国家，俾家给人足，四海之内，无一夫不获其所。敢有垄断以制国民之生命者，与众弃之。"②

20世纪初，新名"国民""人民"二词常常混用，两者的含义并无区别：

1901年5月《国民报》载"二十世纪之中国"："政治者，国民公共之机掾也，而民贼专之。举一切用人行政之大权，悉出于一人之喜怒爱憎，其喜且爱者，不计国民之利害而妄行之，其怒且憎者，不计国民之利害而擅废之；于其喜且爱之人，则可加以非常之荣宠，其怒且恶之人，则可处以无名之杀戮。是故中国之政治，为一人矣，而中国无政治。法律者，国民之公器，称之曰国法，非一家之法也，而民贼私之。以五刑为不足，又设种种严酷惨毒之制，恃为威胁人民、摧锄士气之具，且更畀以私号，曰'祖法'，曰'祖制'。是故中国之法律，为一人也，而中国无法律。"③

1901年5月，《教育世界》刊载夏偕复"学校刍言"一文："首宜标以国民主义，此主义所以陶铸通国之民，无论贵贱上下，贫富智愚，皆自知为中国之民；皆有戴奉皇朝，扶翼主权，恢复国土，保卫同胞之思想"。张元济同期发表的"答友人问学堂事书"一文中亦说："吾国民多愚蠢，饮食男女之外，几无所知。国之危亡非所问，种之衰灭非所计，

---

① 丁守和主编：《辛亥革命时期期刊介绍》第1集，人民出版社1982年版，第350、355、353页。
② 丁守和主编：《辛亥革命时期期刊介绍》第1集，人民出版社1982年版，第324页。
③ 丁守和主编：《辛亥革命时期期刊介绍》第1集，人民出版社1982年版，第101页。

屯蒙混噩，蠕蠕于群动之中。临如是之人民，虽有善政，行且见恶。"①

1933 年，汪翰章主编《法律大辞典》中，"人民"即"国民"：

> （英）Citizen、people、Nation；（德）Staatsangehoriger、Staatsburger、Volk、Nation；（意）Cittadino、Popolo、Nazione、Nazionale；（法）Citoyen、Peuple、Nation；（拉）Cives、Populus、Natio（一）意义。即国民之义也。由国家地位观察之，其为组织国家之全体的人，称为人民。人民为构成国家不可或缺之要素，国家无人民，则不成其为国家。（二）资格。（三）权利。人民之权利，依各国宪法通例，约分四种：（1）自由权。即人民于一定范围内，有享受下列各种自由之权利：（a）人民有选择住居及职业之自由。（b）人民有集会、结社之自由。（c）人民有言论、著作及刊行之自由。（d）人民有信仰宗教之自由。（2）排除权。即人民有排除一切权利受侵犯之权：（a）人民非依法律不受逮捕、监禁、审问或处罚。（b）人民之住处非依法律不受侵入或搜索。（c）人民之财产所有权，不受侵犯。（3）要求权。（a）请愿及陈诉之权。（b）在他国之本国人民有要求保护之权。（c）有依法律诉于法院之权。（4）参政权。（a）人民依法律有选举权及被选举权。（b）人民依法律有从事公职之权。（四）义务。（1）纳税之义务。（2）服兵役之义务。（3）受初等教育之义务。（4）参政之义务。（5）行政命令服从之义务。（6）司法裁判服从之义务。②

但是，在许多场合，"国民""人民"二词不仅混用，而且其内涵仍然与专制时代义务与权利不对等的"臣民"无异：

> 但当时君主之权力，仍沿封建时之旧惯，一切由君主专制，君主以领土为其所有权，人民对于君主，为绝对的服从，无所谓服从之条件，君主之意思，即成为国家之法律，德儒 PoliZeistant 颇立斯

---

① 丁守和主编：《辛亥革命时期期刊介绍》第 1 集，人民出版社 1982 年版，第 116 页。
② 李秀清主编：《清末民国法律史料丛刊·法律辞书》，上海人民出版社 2013 年版，第 9 页。

达称此等专制国家为警察国家。……关于立法权利,国家关于特定事项,有约不妄自制定法律者,如对于缔盟国之货物,课以不相当之关税,或对缔盟国臣民予以虐待等法律不自制定是。……关于教育行政权利,国家有行政自裁权,故凡实施教育,无受他国干涉之事,然今日国际交通既盛,各国臣民相与往来,此国之民,常有留于彼国者,故国家对其在外臣民,欲施教育,不能无赖于滞在国政府之施设,此国家所以互结条约负教育一方臣民之义务也。故各国互结条约,为在外之自国臣民,使滞在国保证其信教自由之权,是即关于宗教行政权利。……战争为国家间之争斗,臣民以不受直接害恶为理想,惟事实与之相反,往往受种种痛苦,至害通商交通。①

人民自外包关系言之,与领土同为国家之要素,有主体的地位,自内包关系言之,乃为统治之目的,有客体的地位,盖人民之居客体的地位,即其所以有主体的地位也,故个人苟非服从国家,不能取得国民资格(国籍)。国民资格,即成国民之能力,个人之服从国家,非仅因其居住领土之故,故虽移住外国,并不丧失国民资格及服从之义务。然国家之领土权,对在领土上一切之人均得活动,若是,则国家对在外人民,若实行其主权,必侵害他国之领土权,反之在外人民,其本国与滞在国间,若无国际法上之关系,则无使违背本意服从滞在国法律之义务。因其为国民,故有服从国家之义务,或疑服从义务,既以国民为限,则非本国人民,即无服从之义务。②

1910年11月初一,《资政院第一次常年会第二十三号议场速记录》,政府特派员杨度发言:"所有主张人民程度不足之说者,此种议论,在讨论刑律之时,极有势力。人民程度无标准,只好以誊黄清单为标准。国家既认全国人民必至宣统九年始有奉行宪法之能力,亦必至宣统九年始有奉行《新刑律》之能力。……现在所谓人民程度之说,早有贵院诸

---

① 何勤华主编,[日]岩井尊闻口述,熊元翰、熊元襄记录:《清末民国法律史料丛刊京师法律学堂笔记》之《国际公法》,上海人民出版社2013年版,第38、119、123、278页。
② 何勤华主编,[日]岩井尊闻口述,熊元翰、熊元襄记录:《清末民国法律史料丛刊京师法律学堂笔记》之《国际公法》,上海人民出版社2013年版,第102页。

君子请开国会之时，已经说明白了。政府对于人民程度，虽然确实把握的，然而资政院议员是全国人民的代表，对于人民程度，较之政府观察，必能深切著明。究竟应该适用何种刑律，人民有何种程度，不能不凭诸君之论断。……据本员看起来，人民程度不齐，一由于教育没有普及；一由于民法没有颁出来。……人民程度是以教育使之进行，不能以法律使之进行的。然而法律也可以强迫使人民进步。譬如就日本而论，该国从前的人民程度迥不如中国之现在，因为该国是取法中国，断没有程度在中国之上的，然彼时日本政府毅然决然颁布一种完全新法律，其意在藉法律强迫人民程度之进步，这是法律可强迫人民进步之凭证，亦是国家使人民进步之一种方法。本员原未说法律一行，人民可以进步，因贵议员之问特别说明。"①

四　从"人民"到"公民"

"公民"的古汉语义有三：

（1）指古代为公之民。《韩非子·五蠹》："是以公民少而私人众矣。"

（2）指君主之民，公家之民。汉刘向《列女传·齐伤槐女》："妾之衍，幸得充城郭公民。"

（3）指公共土地上的人民。康有为《大同书》："凡未辟之岛皆为公地，居者即为公民。"

20世纪初，"公民"的内涵发生了变化。对古典翻新之"公民"阐述得较为透彻的学者，当推戊戌变法领袖人物康有为。1902年，康有为在《新民丛报》发表《公民自治篇》②，报刊编辑还专门写了一段编者按："但其以立公民之事，望诸政府，又以立公民为筹款一法门，则与记者所见，不无异同。记者以为公民者，自立者也，非立于人者也，苟立于人，必非真公民，征诸各国历史，有明验矣。至公民之负担国税，则权利义务之关系，固当如是，非捐得此名以为荣也。"

---

① 李启臣点校：《资政院议场会议速记录——晚清预备国会论辩实录》，上海三联书店2011年版，第308页。

② 张枬、王忍之编：《辛亥革命前十年间时论选集》第1卷上册，生活·读书·新知三联书店1960年版，第172—176页。

康有为论述道：西方国家之所以强大，是因为这些国家的老百姓是享有权利、承担义务的"公民"："夫今欧美各国，法至美密，而势至富强者何哉？皆以民为国故也。人人有议政之权，人人有忧国之责，故命之曰公民。……昔法之偿德兵费也，十五万万，限期三年，法人年半而偿之，此非公民而能得是哉。……故有公民者强，无公民者弱，有公民虽败而能存，无公民者经败而即亡。"

因此，中国要想自立于世界强国之林，唯有迅速培养重视自身权利并勇于承担责任之"公民"："各国皆有公民，而吾国无公民，则吾国孤孑寡独而弱败。若吾国有公民，则以吾四万万人选公民至多，以多公民与少公民者较，吾国必列国而尤强。故今之变法，第一当立公民矣。……但在立定律，举公民以为之，则长官劣绅不能武断，而公民为公益，得以自为谋焉。故人人与之俱死，而后可与俱生，人人与之俱亡，而后可与俱存，公民哉！人人与之同忧，而君可免忧，人人与之同患，而国可免患，公民哉！人人与之同权，而君权益尊，人人与之同利，而君利益大，公民哉！……故明夷子曰：今中国变法，宜先立公民！"

为了方便国人对"公民"制度的了解，康有为详细介绍了西方"公民"如何参与国家事务："凡公民之制，美国则男子年二十无过犯，人人得为之，德则有租三千，纳税十二马克，英则纳四十喜林，奥则百金，其法、意、瑞、荷琏、挪各国，皆数十金不等。公民者，担荷一国之责任，共其利害，谋其公益，任其国税之事，以共维持其国者也。既有公民之资格，则可被选举为乡、县、郡国之议员乡官。若无公民之资格，则不得举充乡、县、郡国之议员乡官，亦不得自举乡、县、郡国之议员乡官。……苟非贫极无聊者，无不发奋蹈厉而争为公民矣。"

康有为还模仿西方，设计了一套在中国推行"公民"之制的方案："今中国举公民之制，凡住居经年，年二十以上，家世清白，身无犯罪，能施贫民，能纳十元之公民税者，可许为公民矣。凡为公民者，一切得署衔曰公民，一切得与齐民异，如秦汉之爵级然矣。既为公民，得举其乡、县之议员，得充其乡、县、府、省之议员，得举为其乡、市、县、府之官。不为公民者，不得举其乡之议员，不得举充其乡、县、府、省之议员，不得举充为其乡、市、县、府之官，一切权利，不得与公民等。"

最后，康有为对实行"公民"制度的中国寄予了无限期望："如此则荣辱殊绝矣。民将皆发愤为公民，民将皆自爱而重犯法而期为公民，民将皆务施舍而为公民，民将皆以清白贻子孙而为公民，民将皆勉输十元而为公民，民将皆好学而期为议员为乡官之公民。其未能为公民者，皆将有进愤愧耻之心；其已为公民者，皆将有爱国施舍自重好学之志。……一举公民，则四万万之民，进于爱国，进于公益，进于自重，进于好施，进于学识，踊跃磨濯，如大海之鼓潮，如巨风之振山也，其孰能御之！"

1901年，《清议报》载"义和团有功于中国说"："使普天率土，弹丸莫非公国，匹夫莫非公民，国民皆公，共享世界公权，不言自明矣。"①

1902年，《新民丛报》载梁启超"论立法权"："奴隶不入公民，农佣随田而鬻，此不问而知为贵族所立之法也；信教不许自由，祭司别有权利，此不问而知为教会所立之法也。"②

1903年，《国民日日报》刊载"上海之黑暗社会自序"："我知社会主义畅行，则举国皆公民，而道德心弥漫于天地，虽有娼妓，亦无荡子，无旷夫，无怨女，无贫民，然则娼妓何从而来乎！"③

1933年，汪翰章主编《法律大辞典》定义"公民"："（英）*Citizen*；（德）*Burger*；（法）*Citoyen*；（意）*Cittadino*；（拉）*Cives*。谓地方人民之有公权，得享有直接选举权、罢免权、创制权、复决权者，谓之公民。"④

19世纪中期以来，"Citizen"不仅有多个汉语对译词，而且，这些不同的词语除了如上所述出现在同一个人的不同文章之中外，还出现在同一个人的同一篇文章之中：

1901年6月，《国民报》载"中国灭亡论"："世界文明之邦，其民之所以能革独裁专制之乱政，脱压抑羁绊之巨祸，享自由平等之幸福，操代议监政之实权者，岂有他哉，是必先有豪杰之士，其威望及于一部

---

① 张枬、王忍之编：《辛亥革命前十年间时论选集》第一卷上册，生活·读书·新知三联书店1960年版，第59页。
② 张枬、王忍之编：《辛亥革命前十年间时论选集》第一卷上册，生活·读书·新知三联书店1960年版，第162页。
③ 丁守和主编：《辛亥革命时期期刊介绍》第1集，人民出版社1982年版，第401页。
④ 李秀清主编：《清末民国法律史料丛刊·法律辞书》，上海人民出版社2013年版，第60页。

之国民，率彼以化导一国之舆论公议而日进于文明，以结成一公党为彼野蛮政府之劲敌，卒能组织内阁、出入国会以统辖一国人民，而一国骤至昌盛，此一定不拔之原因也。"①

1902年，杨度发表《"游学译编"叙》："有人民、有土地、有生产而后成国；人民者，所以利用此土地生产以自供奉者也。……凡人生无不须此以为生养自奉之具，而当民族相争，国界未破，则必积国民之劳动力，以成国家之劳动力，积国民之竞争力，以成国家之竞争力。"②

1903年，《新政府之建设》一文："人民与国家有密切之关系，亡则人民与国家俱亡，存则人民与国家俱存，从未有国家亡而人民存，人民与国家离为二体者。……虽然，吾中国固明明有国也，所以陷于无国之域者，惟吾国民不能尽政治上之责任故；吾中国固明明有主也，所以陷于无主之域者，亦惟我国民不能尽政治上之责任故。……有国与无国，有主与无主，全在吾国民能尽政治上之责任与否间耳。"③

1904年，刊载于《扬子江》的《论民族之自治》一文："亚美利加当一千七百八十七年，开全州会议于费城，立元老院以代表各州，立代议院以代表全国人民，其主权由全国人民公举，故国民实为全国行政之总机关，此合众国民族自治之大较也。……试即民族自治之要素，区七事，列于后：一、平民之于贵族：平民有任意自建之权，贵族必不能故事阻扰。一、公民之于政府：公民有组织枢务之权，政府当引为公共事益。一、国民之于他族：国民有建立自主之权，他族不许有毫末侵占。……今我民族苟能如法、德、英、日地方自治之法，由公民中举议员，由议员中举乡市长，有正有副，有参事会员，有议会名誉员，有收税役，有常委员，有特委员，有医长，听都市镇自治，听乡邑自治，此制颇与古者封建大国附庸合。"④

---

① 丁守和主编：《辛亥革命时期期刊介绍》第1集，人民出版社1982年版，第106页。
② 张枬、王忍之编：《辛亥革命前十年间时论选集》第1卷下册，生活·读书·新知三联书店1960年版，第252页。
③ 张枬、王忍之编：《辛亥革命前十年间时论选集》第1卷下册，生活·读书·新知三联书店1960年版，第581页。
④ 张枬、王忍之编：《辛亥革命前十年间时论选集》第1卷下册，生活·读书·新知三联书店1960年版，第954、955、956页。

此外，在历年颁布的宪法条文中，人民、国民、公民也长期混用①，如：

《中华民国临时约法》："第 2 条，中华民国之主权，属于国民全体。……第 12 条，人民有选举及被选举权。第 13 条，人民依法律有纳税之义务。"

《中华民国宪法》："第 2 条，中华民国主权，属于国民全体。……第 4 条，凡依法律所定，属中华民国国籍者，为中华民国人民。……第 14 条，人民有集会及结社之自由。"

《中华人民共和国宪法》（1954 年）："第 2 条，中华人民共和国的一切权利属于人民。……第 87 条，中华人民共和国公民有思想、言论、出版、集会、结社、游行、示威的自由。……第 101 条，中华人民共和国的公共财产神圣不可侵犯。爱护和保卫公共财产是每一个公民的义务。第 102 条，中华人民共和国公民有依照法律纳税的义务。第 103 条，保卫祖国是中华人民共和国每一个公民的神圣职责。依照法律服兵役是中华人民共和国公民的光荣义务。"

《中华人民共和国宪法》（1982 年）："第 2 条，中华人民共和国的一切权利属于人民。……第 33 条，凡具有中华人民共和国国籍的人都是中华人民共和国公民。中华人民共和国公民在法律面前一律平等。国家尊重和保障人权。任何公民享有宪法和法律规定的权利，同时必须履行宪法和法律规定的义务……第 35 条，中华人民共和国公民有思想、言论、出版、集会、结社、游行、示威的自由。"

这种现象表明：在具有两千多年专制历史的中国，人们很难理解、接受近代西方"公民"的内涵，而近代中国所面临的民族危机，又进一步迟滞了建立公民社会的步伐。直至 20 世纪末、21 世纪初，随着法治社会目标的确立，公民意识的形成、公民社会的建设才具备了相应的历史条件。

---

① 毛泽东使用"人民"一词时，"人民"的内涵不断变换。参见拙文《"人民"词义的流变》，《武汉理工大学学报》2007 年第 5 期（或《中国人民大学报刊复印资料》之"文化研究"2007 年第 9 期）。

第三节 "疆""境""土地"（领土）对译 Territory

"疆"与 Territory 汉英对译举要：

1. "*Each belligerent State refers the jurisdiction over such cases to the courts of admiralty established under its own authority within its own territory, with a final resort to a supreme appellate tribunal, under the direct control of the executive government.*"①

是以战者，各自即有战利法院，凭本国之权，在本国之疆内，专司此等公案。②

2. "*The legal ideal of a State necessarily implies that of the habitual obedience of its members to those persons in which the superiority is vested, and of a fixed abode, and definite territory belonging to the people by whom it is occupied.*"③

盖为国之正义，无他，庶人行事，常服君上，居住必有定所，且有地土、疆界，归其自主。此三者缺一，即不为国矣。④

3. "*So Long, indeed, as the new State confines its action to its own citizens, and to limits of its own territory, it may well dispense with such recognition.*"⑤

---

① Henry Wheaton, *Elements of International Law*, Boston: Little, Brown and Company, 1855, p. 23.
② ［美］惠顿：《万国公法》，［美］丁韪良译，何勤华点校，中国政法大学出版社2003年版，第22页。
③ Henry Wheaton, *Elements of International Law*, Boston: Little, Brown and Company, 1855, p. 28.
④ ［美］惠顿：《万国公法》，［美］丁韪良译，何勤华点校，中国政法大学出版社2003年版，第26页。
⑤ Henry Wheaton, *Elements of International Law*, Boston: Little, Brown and Company, 1855, p. 31.

但新立之国，行权于己之疆内，则不必他国认之。①

```
CHAP. II.]    NATIONS AND SOVEREIGN STATES.    81

require recognition by other States in order to render it perfect
and complete. So long, indeed, as the new State confines its
action to its own citizens, and to the limits of its own territory,
it may well dispense with such recognition. But if it desires to
enter into that great society of nations, all the members of which
recognize rights to which they are mutually entitled, and duties
which they may be called upon reciprocally to fulfil, such recogni-
tion becomes essentially necessary to the complete participation
of the new State in all the advantages of this society. Every
other State is at liberty to grant, or refuse, this recognition, sub-
```

（但新立之国，行权于己之疆内，则不必他国认之。）

("*So Long, indeed, as the new State confines its action to its own citizens, and to limits of its own territory, it may well dispense with such recognition.*")

一 Territory 的含义

Territory 的含义为："*A geographical area included within a particular government's jurisdiction; the portion of the earth's surface that is in a state's exclusive posession and control.*"② （参考译文：特定政府拥有管辖权的地区；专属国家拥有、控制的地区。）

领土的起源可追溯至远古时期，人类逐渐由游牧转至农耕，并由氏族转至部落，拥有独自的首领。部落拥有自己的农田、活动范围，且阶级制度开始形成，渐渐形成势力范围。势力范围是一个部落的管控地区，领土的基本概念形成。后来，势力范围便转变成领土，部落转变成国家，首领转变成皇帝或君主，领土正式形成，成为国家的一个象征。领土在初时定义模糊，且疆界不清，难以考察国家的实际领土。直至近几百年，领土疆界才逐渐清晰。

---

① ［美］惠顿：《万国公法》，［美］丁韪良译，何勤华点校，中国政法大学出版社 2003 年版，第 29 页。

② *Black's Law Dictionary*, St. Paul, Minn.: West Pub. Co, 1979, p. 1512.

二 "疆""境""土地"的汉语古义

1. "疆"的古汉语义：

（1）国界、边界。

《尚书·泰誓》："我武惟扬，侵于之疆。"

《孟子·滕文公下》："出疆必载质。"

（2）田边。

《文选·东京赋》："兆民劝于疆场，感懋力以耘耔。"

（3）划分疆界。

《诗经·小雅》："我疆我理，南东其亩。"

（4）极限。

《诗经·豳风》："跻彼公堂，称彼兕觥，万寿无疆。"

2. "境"的古汉语义为：

（1）疆界。

《商君书·垦令》："五民者不生于境内，则草必垦矣。"

（2）所处地方。

《陶渊明集·饮酒》："结庐在人间，而无车马喧。"

（3）境界。

《世说新语·排调》："顾长康啖甘蔗，先食尾。人问所以。云：渐至佳境。"

3. "土地"的古汉语义为：

（1）田地，土壤。

《周礼》："乃经土地而井牧其田野。"

（2）封疆，领土。

《孟子·尽心下》："诸侯之宝三：土地、人民、政事。"

《荀子·王霸》："彼其人苟一，则其土地且奚去我而适它？"

三 Territory 译为"疆""境""土地"

麦都思《字典》中，Territory 解释为："Territory 封；境壤；境界；

京师同文馆输入的国际法术语研究

地方；卫所。territory of an emperor 畿内。"①

---

① [英] 麦都思：手抄本《字典》T部，第13页。

斯维尔士威廉《英华字汇》中，Territory 译为"地方"①
墨黑士编著的《华英字典》中，Territory 译为"封境；土地；地方"②。
罗布存德《英华字典》中，Territory 译为："地；地方；境界；境壤；封；卫所；封境；土地；domain，畿；皇畿。"③
1864 年出版的《万国公法》中，Territory 译为"疆"：

1. "which was declared by the conference of London to constitute the invariable basis of the separation, independence, neutrality, and state of territorial possession of Belgium, subject to such modifications as might be the result of direct negotiation between that kingdom and the Netherlands."④

公议出诰云"此约即为比利时分立永不变之章程，断其疆界，定其自主，并其永守局外之分，非比利时与荷兰自行公议，则于此不得改移。"⑤

2. "and the Supreme Court therefore concluded and adjudged, that the Cherokee nation was a distinct community, occupying its own territory, with boundaries accurately described, within which the laws of Georgia could not rightfully have any force, and into which the citizens of that State had no right enter but with the assent of the Cherokees themselves, or in conformity with treaties, and with the acts of Congress."⑥

法院于是断曰："奇罗基苗人，另为一国，自据己地，自有定

---

① [英]斯维尔士威廉著，[日]柳泽信大点校：《英华字汇》，1869 年松庄馆翻刻藏版，第281页。
② [英]墨黑士编著：《英华字典》，[日]永峰秀树训译，1881年版，第263页。
③ [德]罗布存德原著，[日]井上哲次郎订增：《英华字典》卷三，藤本氏藏版（1883年），第1070页。
④ Henry Wheaton, *Elements of International Law*, Boston: Little, Brown and Company, 1855, p. 33.
⑤ [美]惠顿：《万国公法》，[美]丁韪良译，何勤华点校，中国政法大学出版社2003年版，第32页。
⑥ Henry Wheaton, *Elements of International Law*, Boston: Little, Brown and Company, 1855, p. 54.

疆，若邦律法，不得行于其疆内，而若邦之人，若无苗人自许，与照美国之和约章程所准，则亦不得过其疆也。"①

3. "By the treaty signed at Paris, in 1815, between the Allied Powers and France, it was stipulated that the fortifications of Huningen, within the French territory, which had been constantly a subject of uneasiness to the city of Basle, in the Helvetic Confederation, should be demolished, and should never be renewed or replaced by other fortifications at a distance of less than three leagues from the city of Basle."②

于一千八百十五年间，法国与五盟国立约，许毁虎凝炮台。盖虽在己之疆内，常致瑞士不安，故法国许不复建，其距离巴细耳城三十里之地，亦不另添炮台。③

4. "and, so long as the struggles and disturbances of Spain should be confined within the circle of her own territory, they could not be admitted by the British government to afford any piea for foreign interference."④

西班牙人在己之国内互相征战，而未出疆外，则英国与他国无此管制权也。⑤

5. "Hostile inroads into the territory of Portugal were concerted in Spain, and executed with the connivance of the Spanish authorities, by Portuguese

---

① ［美］惠顿：《万国公法》，［美］丁韪良译，何勤华点校，中国政法大学出版社2003年版，第44页。
② Henry Wheaton, *Elements of International Law*, Boston: Little, Brown and Company, 1855, p. 86.
③ ［美］惠顿：《万国公法》，［美］丁韪良译，何勤华点校，中国政法大学出版社2003年版，第58页。
④ Henry Wheaton, *Elements of International Law*, Boston: Little, Brown and Company, 1855, p. 96.
⑤ ［美］惠顿：《万国公法》，［美］丁韪良译，何勤华点校，中国政法大学出版社2003年版，第63页。

troops, belonging to the party of the Pretender, who had deserted into Spain, and were received and succoured by the Spanish authorities on the frontiers."①

即准葡萄牙谋反之人，借地招兵而袭葡疆。②

6. "By the 3d article it was ageed, that the details of this arrangement, and the limits of the territory to be included under it, should be settled in a separate negotiation between the high contracting powers and the two contending parties."③

第三条云："此事细目并土地疆界等情，须三大国与之另议而定也。"④

7. "The first genenral principle on this subject results immediately from the fact of the independence of nations. Every nation possesses and exercises exclusive sovereignty and jurisdiction throughout the full extent of its territory. It follows, from this principle, that the laws of every State control, of right, all the real and personal property within its terrtory, as well as the inhabitants of the territory, whether born there or not, and that they affect and regulate all the acts done, or contracts entered into within its limits.

Consequently,' every Sstate possesses the power of regulating the conditions on which the real or personal property, within its territory, may be held or transmitted; and of determining the state and capacity of all persons therein, as well as the validity of the contracts and other acts which arise there, and the rights and obligations which result from them; and finally, of prescribing the conditions

---

① Henry Wheaton, *Elements of International Law*, Boston: Little, Brown and Company, 1855, p. 99.
② ［美］惠顿：《万国公法》，［美］丁韪良译，何勤华点校，中国政法大学出版社2003年版，第65页。
③ Henry Wheaton, *Elements of International Law*, Boston: Little, Brown and Company, 1855, p. 101.
④ ［美］惠顿：《万国公法》，［美］丁韪良译，何勤华点校，中国政法大学出版社2003年版，第67页。

on which suits at law may be commenced and carried on within its territory.

　　The second general principle is, 'that no State can, by its laws, directly affect, bind, or regulate property beyond its own territory, or control persons who do not reside within it, whether they be native-born subjects or not. This is a consequence of the first general principle; a different system, which would recognize in each State the power of regulating persons or things beyond its terrtory, would exclude the equality of rights among different States, and the exclusive sovereignty which belongs to each of them.'

　　From the two principles, which have been stated, it follows that all the effect, which foreign laws can have in the territory of a Sstate, depends absolutely on the express or tacit consent of the State. —The express consent of a State, to the application of foreign laws within its territory, is given by acts passed by its legislative authority, or by treaties concluded with other States. Its tacit consent is manifested by the decisions of its judicial and administrative authorities, as well as by the writings of its publicists."①

　　其一，原本于各国自主之权，即各国疆内自操专权，以制法、行法也。故凡疆内产业、植物、动物、居民，无论生斯土者、自外来者，按理皆当归地方管辖。且疆内行止举动，契据事件，莫不归其所制也。

　　各国疆内，即有权以定植物、动物如何授受之例，可定疆内之人何等分位、何等权利，可断契据事件之或行或废，并立契据者之分所当为，及疆内兴讼之例等情。②

　　其二，无论是己民与否，非现住疆内者，各国不能以法律制之。此与第一纲同义，特反言以明其理。使不循此大纲，谓此国有权，以制疆外人物，则彼国虽在己之疆内，亦不得专操其权。而各国之权利，不得均平，有是理乎？

---

① Henry Wheaton, *Elements of International Law*, Boston: Little, Brown and Company, 1855, pp. 113, 114.

② ［美］惠顿:《万国公法》，［美］丁韪良译，何勤华点校，中国政法大学出版社2003年版，第78、79页。

即此二端论之，如非各国或默许，或明许，则他国之律法，皆不得行于其疆内……至于明许他国之律法，行于疆内者有二：或制法者定议而许之，或公使会他国立约而允之。其默许者亦有二：有司断案，并公师论理，是也。

8. "and the provision in the treaty of 1794, between the United States and Great Britain, by which the citizens and subjects of the two countries, who then held lands within their respective territories, were to continue to hold them according to the nature and tenure of their respective estates and titles therein."①

美、英两国，于一千七百九十四年有约互准人民，在彼此疆内，存其从前已有之产业。②

9. "It extends (with certain exceptions) to the supreme police over all persons within the territory, whether citizens or not. -There are also certain cases where the municipal laws of the State, civil and criminal, operate beyond its territorial jurisdiction."③

有权可管辖疆内之人，无论本国之民，及外国之民。……至地方律法、刑典行于疆外者。④

10. "The sovereign right of every independent State to regulate the property within its territory constitutes another exception to the rule. -in this case, does not affect the territory immediately, but only in an incidental manner, and that by

---

① Henry Wheaton, *Elements of International Law*, Boston: Little, Brown and Company, 1855, p. 118.
② ［美］惠顿：《万国公法》，［美］丁韪良译，何勤华点校，中国政法大学出版社2003年版，第83页。
③ Henry Wheaton, *Elements of International Law*, Boston: Little, Brown and Company, 1855, p. 121.
④ ［美］惠顿：《万国公法》，［美］丁韪良译，何勤华点校，中国政法大学出版社2003年版，第85页。

the implied consent of the sovereign, for the benefit of his subjects, without prejudicing his or their rights. But the practice of nations is certainly different, and therefore no such consent can be implied to waive the local law which has impressed certain indelible qualities upon immovable property within the territorial jurisdiction. -and that the laws of other States cannot be permitted to have an extraterritorial operation to the prejudice of the authority, rights, and interests of the State where the property lies. "①

凡一国自立、自主者，有权定律，以制疆内之产业、货物。……盖外国之法律，行于疆内，非本于分之当然，乃由于君之允准，以使其然也。其所以允之者，以于庶民有利，与国权无害也。窃思诸国未有如此而行者，难以为该国默许弃置地方律法，不管疆内之产业也。……即不准他邦之律法行于疆内，而废该邦之律也。②

11. "*The municipal laws of the State may also operate beyond its territorial jurisdiction, where a contract made within the territory comes either directly or incidentally in question in the judicial tribunals of a foreign State.*"③

若有契据写在某国，而后在他国兴讼，则本国之律法，可就事而行于疆外。④

12. "*The person of a foreign sovereign, going into the territory of another State, is, by the general usage and comity of nations, exempt from the ordinary local jurisdiction. -The person of an ambassador, or other public minisyer, whilst*

---

① Henry Wheaton, *Elements of International Law*, Boston: Little, Brown and Company, 1855, pp. 131, 133, 139.
② [美]惠顿：《万国公法》，[美]丁韪良译，何勤华点校，中国政法大学出版社2003年版，第86、87页。
③ Henry Wheaton, *Elements of International Law*, Boston: Little, Brown and Company, 1855, p. 140.
④ [美]惠顿：《万国公法》，[美]丁韪良译，何勤华点校，中国政法大学出版社2003年版，第85页。

*within the territory of the State to which he is delegated, is also exempt from the local jurisdiction. -A foreign army or fleet, marching through, sailing over, or stationed in the territory of another State, with whom the foreign sovereign to whom they belong is in amity, are also, in like, exempt from the civil and criminal jurisdiction of the place."*①

此国之君主往彼国者，不归彼国管辖，此乃诸国友谊之常也。……钦差等国使，在其所遣往疆内，亦不归地方管辖。……兵旅、水师，驶行过他国疆域，或屯在他国疆内者，若其君与他国之君和好，则不归地方律法管辖。②

13. *"the jurisdiction of courts of justice was a branch of that possessed by the nationas an independent sovereign power. The jurisdiction of the nation, within its own territory, is necessarily exclusive and absolute. -All exceptions, therefore, to the full and complete power of a nation, within its own territories, must be traced up to the consent of the nation itself. They could from no other legitimate source."*③

法院所操之权无他，乃本国自立、自主之权也。若非自许不专其权，则本国管辖在己之疆内俱无限制。……故自主之国在己疆内，或有不行全权者，溯其由来，若非自许，则非正法也。④

14. *"One of these was the exemption of the person of the sovereign from arrest or detention within a foreign territory. —should one sovereign enter the territory of another, without the consent of that other, expressed or implied, it would*

---

① Henry Wheaton, *Elements of International Law*, Boston: Little, Brown and Company, 1855, pp. 143, 144.
② ［美］惠顿:《万国公法》，［美］丁韪良译，何勤华点校，中国政法大学出版社2003年版，第90、91页。
③ Henry Wheaton, *Elements of International Law*, Boston: Little, Brown and Company, 1855, p. 145.
④ ［美］惠顿:《万国公法》，［美］丁韪良译，何勤华点校，中国政法大学出版社2003年版，第91页。

present a question which did not appear to be perfectly settled, a decision of which was not necessary to any conclusion to which the court might come in the case under consideration."①

　　如君身虽在他国疆内,他国不得捕拿拦阻其过疆也。……至于君之不待邻国或明许或暗许而过疆,则当如何处之尚无定例,然与本案无涉也。②

15. "A third case, in which a sovereign is understood to cede a portion of his territorial jurisdiction, was where he allows the troops of a foreign prince to pass through his dominions.—but if, without such express permissions, an army should be led through the territories of a foreign prince, might the territorial jurisdiction be rightfully exercised over the individuals composing that army? Without doubt, a military force can never gain immunities of any other description than those which war gives, by entering a foreign territory against the will of its sovereign."③

　　国君准他国兵旅过疆,亦以地方管辖之权稍让。……试问兵旅若无明文准过他国之境,其各兵各人应归地方管辖与否? 云:"兵之无准而过疆也,若非强占则不因而增加权利明矣。"④

16. "Every State has an incontestable right to the service of all its members in the national defence, but it can give effect to this right only by lawful means. Its right to reclaim the military service of its citizens can be exercised only

---

① Henry Wheaton, *Elements of International Law*, Boston: Little, Brown and Company, 1855, pp. 146, 147.
② [美] 惠顿:《万国公法》,[美] 丁韪良译,何勤华点校,中国政法大学出版社2003年版,第92页。
③ Henry Wheaton, *Elements of International Law*, Boston: Little, Brown and Company, 1855, p. 148.
④ [美] 惠顿:《万国公法》,[美] 丁韪良译,何勤华点校,中国政法大学出版社2003年版,第94页。

within its own territory, or in some place not subject to the jurisdiction of any other nation."①

各国有权可令庶民协力护国，但不按例而行，则不可行也。惟能行之于己民，或在己之疆内者，或在他处不归他国管辖者。②

17. "Impressment of seaman, out of and t beyond the England territory, and from on board the ships of other nations; it went, therefore, further than English prerogative could legally extend; and was nothing, but an attempt to enforce the peculiar law of England beyond the dominions and jurisdiction of the crown. The claim asserted an extra-territorial authority for the law of British prerogative, and assumed to exercise this extra-territorial authority for the law of British prerogative, and assumed to exercise this extra-territorial authority, to the manifest injury of the citizens and subjects of other States, on board their own veseels, on the high seas."③

若出疆向他国之船勒索水手，则为干犯他国之权利。此英国之君按理所不能及，而其欲及之者无他，乃强行英法在英之疆外，屈害他国之人民也。④

18. "We speak of the right of a State to bind its own native subjects everywhere, we speak only of its own claim and exercise of sovereignty over them, when they return within its own territorial jurisdiction, and not of its right to compel or require obedience to such laws on the part of other nation, within their own

---

① Henry Wheaton, *Elements of International Law*, Boston: Little, Brown and Company, 1855, p. 159.
② [美] 惠顿：《万国公法》，[美] 丁韪良译，何勤华点校，中国政法大学出版社2003年版，第102页。
③ Henry Wheaton, *Elements of International Law*, Boston: Little, Brown and Company, 1855, p. 161.
④ [美] 惠顿：《万国公法》，[美] 丁韪良译，何勤华点校，中国政法大学出版社2003年版，第104页。

territorial sovereignty. On the contrary, every nation has an exclusive right to regulate persons and things within its own territory, according to its sovereign will and public policy."①

所谓各国有权在各处以制其本民,即谓其本民既复于疆内,则本国便可以行管辖之权,非云可令在他国疆内遵己之律法也。盖各国本操专权,随己之意见,为己之公益,以辖疆内之人物焉。②

19. "The municipal laws and institutions of any State may operate beyond its own territory, and within the territory of another State, by special compact between the two States. Such are the treaties by which the consuls and other commercial agebts of one nation are authorized to exercise, over their own countrymen, a jurisdiction within the territory of the State where they reside."③

此国之律法可行于己疆之外,而及于彼国之疆内者,盖因二国相约而然。即如二国立约,许此国之领事等官住在彼国疆内,而行权于其本国人。④

20. "To the punishment of all offences against the municipal laws of the State, by whomsoever committed, within the territory. —It is evident that a Statate cannot punish an offence against its municipal laws, committed within the territory of another State, unless by its own citizens; nor can it arrest the persons or property of the supposed offender within that territory; but it may arrest its own citizens in a place which is not within the jurisdiction of any other nation, as the high seas, and punish them for offences committed within such a place, or within

---

① Henry Wheaton, *Elements of International Law*, Boston: Little, Brown and Company, 1855, p. 163.
② [美]惠顿:《万国公法》,[美]丁韪良译,何勤华点校,中国政法大学出版社2003年版,第105页。
③ Henry Wheaton, *Elements of International Law*, Boston: Little, Brown and Company, 1855, p. 165.
④ [美]惠顿:《万国公法》,[美]丁韪良译,何勤华点校,中国政法大学出版社2003年版,第106页。

第四章　近代法学术语的译定（二）

the territory of a foreign State."①

　　凡在疆内犯地方律法之事，无论犯之者何人。……倘有人在彼国疆内犯此国律法，若非此国之民，则此国固不能审罚之。即犯者为其本民，亦不能在他国疆内捕拿之。但其本民既至他国管辖不及之地，如在大海等处，则可捕拿审罚其事。无论犯事地方系在海上或在他国疆内，皆同此例也。②

21. "*Extraterritorial operation of a criminal sentence.*"③

　　法院定拟旁行于疆外④

22. "*Extent of the judicial power as to property within the territory. The judicial power of every State extends to all civil proceedings, in rem, relating to real or personal property within the territory.*"⑤

　　疆内植物之争讼审权可及。凡在疆内因植物、动物而起争讼者，各国审事之权皆可及之。⑥

23. "*Every sovereign State has the exclusive right, in virtue of its independence and equlity, to regulate the maritime ceremonial to be observed by its own vessels towards each other, or towards those of another nation, on the high seas,*

---

① Henry Wheaton, *Elements of International Law*, Boston: Little, Brown and Company, 1855, p. 174.
② ［美］惠顿：《万国公法》，［美］丁韪良译，何勤华点校，中国政法大学出版社2003年版，第108页。
③ Henry Wheaton, *Elements of International Law*, Boston: Little, Brown and Company, 1855, p. 181.
④ ［美］惠顿：《万国公法》，［美］丁韪良译，何勤华点校，中国政法大学出版社2003年版，第111页。
⑤ Henry Wheaton, *Elements of International Law*, Boston: Little, Brown and Company, 1855, p. 196.
⑥ ［美］惠顿：《万国公法》，［美］丁韪良译，何勤华点校，中国政法大学出版社2003年版，第114页。

or within its own territorial jurisdiction. "①

自主之国既行均权，即可随意制定本国船只之礼，或行于大海、或行于己之疆内，或通本国船只、或遇他国船只应用何礼。②

24. "*The national proprietary right, in respect to those things belongs to private individuals, or bodies corporate, within its territorial limits, is absolute.*"③

至疆内人民并民间公会之物，管制之权亦不为他国所限。④

25. "*Rivers forming part of the territory of the State. The territory of the State includes the lakes, seas, and rivers, entirely inclosed within its limits. The rivers which flow through the territory also form a part of the domain, from their sources to their mouths, or as far as they flow within the territory, including the bays or estuaries formed by their junction with the sea. -The same principle is applicable to rivers flowing from one State through the territory of another into the sea, or into the territory of a third State.*"⑤

疆内江湖亦为国土。各国疆内所有湖海江河皆为国土，应归其专管也。江河发源于外，顺流过疆者，并其入海之澳湾等处，亦为国土，应归其专管也。……即如一国疆内有狭海，或通大海、或通邻境，不可禁止他国无损而往来，此与上言所言江河发源此国而过

---

① Henry Wheaton, *Elements of International Law*, Boston: Little, Brown and Company, 1855, p. 215.
② [美] 惠顿：《万国公法》，[美] 丁韪良译，何勤华点校，中国政法大学出版社2003年版，第129页。
③ Henry Wheaton, *Elements of International Law*, Boston: Little, Brown and Company, 1855, p. 217.
④ [美] 惠顿：《万国公法》，[美] 丁韪良译，何勤华点校，中国政法大学出版社2003年版，第131页。
⑤ Henry Wheaton, *Elements of International Law*, Boston: Little, Brown and Company, 1855, pp. 252, 253.

流彼国者例同。①

26. "From the moment a public minister enters the territory of the State to which he is sent, during the time of his residence, and until he leaves the country, he is entitled to an entire exemption from the local juridiction, both civil and criminal."②

国使至外国者，自进疆至出疆，俱不归地方管辖。③

27. "They are exempt from every species of visitation and search, in passing through the territories of those powers with whom their own government is in amity."④

经过友邦之疆，无论何故不得查问。⑤

28. "But he is not the less entitled to be treated, in the territory of a third power, with the respect due to the envoy of a friendly sovereign. —If the sovereign, through whose territories he is about to pass, has reason to apprehend that he may abuse the liberty of entering them for sinister purposes, he may refuse the passage. —that the inviolability of a public minister in this case depends upon the same principle with that of his sovereign, coming into the territory of a friendly State by the permission, express or implied, of the local government. Both are e-

---

① ［美］惠顿：《万国公法》，［美］丁韪良译，何勤华点校，中国政法大学出版社2003年版，第136、137页。
② Henry Wheaton, *Elements of International Law*, Boston: Little, Brown and Company, 1855, p. 283.
③ ［美］惠顿：《万国公法》，［美］丁韪良译，何勤华点校，中国政法大学出版社2003年版，第148页。
④ Henry Wheaton, *Elements of International Law*, Boston: Little, Brown and Company, 1855, p. 298.
⑤ ［美］惠顿：《万国公法》，［美］丁韪良译，何勤华点校，中国政法大学出版社2003年版，第151页。

qually entitled to the protection of that government, against every act of violence and every species of restraint, inconsistent with their sacred character. We have used the term permission, express or implied; because a public minister accredited to one country who enters the territory of another, making known his official character in the usual manner, is as much entitled to avail himself of the permission which is implied from the absence of any prohibition, as would be the sovereign himself in a similar case."①

然所历之友邦以其为友国使臣过疆，亦当尊而护之无异也。……若猜度其所以往他国之故，即是谋害于我国，遂疑其将用过疆之权利以恣横行，则禁而不许可也。……他国使臣过疆，无论明许默许，俱当保护。其不可或犯者，与遣之之君亲自过疆同例，盖同其君身之尊也，是宜保护以免扰害、阻止。不仅明许者当如是行，即默许者亦皆当如是行也。盖国使过疆，既照例告知，而此国未尝禁止，即可为默许矣。②

29. "Such are treaties of cession, boundary, or exchange of territory, or those which creat a permanent servitude in favor of one nation within the territory of another. —where treaties contemplated a permanent arrangement of territory, and other national rights, or in their terms were meant to provide for the event of an intervening war, it would be against every principle of just interpretation to hold them extinguished by war."③

让地换地、改立疆界、臣服他国等事，俱归旧约……如所约于定疆界自主、自护等权有相关者，岂因不平而废，实乃与理不合也。

---

① Henry Wheaton, *Elements of International Law*, Boston: Little, Brown and Company, 1855, pp. 301, 303.

② ［美］惠顿：《万国公法》，［美］丁韪良译，何勤华点校，中国政法大学出版社2003年版，第152、153页。

③ Henry Wheaton, *Elements of International Law*, Boston: Little, Brown and Company, 1855, pp. 332, 333.

第四章 近代法学术语的译定（二）

况约上明言不因干戈而废乎?①

30. "It may be applied to every species of right and obligation that can exist between nations; to the possession and boundaries of territories, the sovereignty of the State, iys constitution of government, the right of succession."②

无论何权何利，或疆界之不改者，或法度之不变者，或自主之无限者，或君王之继位者，皆可恃此等盟约以保之。③

31. "By laying an embargo or sequestration on the ships and goods, or other property of the offending nation, found within the territory of the injured States."④

此国负屈，将彼国船只、财货在其疆内者捕拿，先行查封备抵。⑤

32. "Enemy's property found in the territory on the commencement of war, how far liable to confiscation. it would seem to fpllow as a consequence, that the property belonging to him and found within the territory of the belligerent State at the commencement of hostilities, is liable to the same fate with his other property wheresover situated. —With the Romans, who considered it lawful to enslave, or even to kill an enemy found within the territory of the State on the breking out of

---

① ［美］惠顿：《万国公法》，［美］丁韪良译，何勤华点校，中国政法大学出版社2003年版，第164、165页。
② Henry Wheaton, *Elements of International Law*, Boston: Little, Brown and Company, 1855, p. 344.
③ ［美］惠顿：《万国公法》，［美］丁韪良译，何勤华点校，中国政法大学出版社2003年版，第167页。
④ Henry Wheaton, *Elements of International Law*, Boston: Little, Brown and Company, 1855, p. 361.
⑤ ［美］惠顿：《万国公法》，［美］丁韪良译，何勤华点校，中国政法大学出版社2003年版，第177页。

287

war. —*If he confiscates property found within his territory, or debts due to our subjects on the breaking out of war, it would certainly be just, and it may, under certain circumstances, be politic, to retort upon his subjects by a similar proceeding.*"①

  敌货在我疆者。敌国货物无论何在，既可捕为战利，则其疆内货物与疆外者，或当从一律俱可捕拿也。……古罗马常例，始战之时，敌国人尚在我疆内者，或捕为奴仆，或竟杀之，尚不以为背理。……若敌人捕拿我民之货物在其疆内者，或将所欠我民之债负入公，则我照彼所行而行，不为不义，而且或有益也。②

33. "*It was true that this rule was, in terms, applied by Vattel to the property of those only who are personally within the territory at the commencement of hostilities.*"③

  发氏此论，但指人民现居疆内者而言。④

34. "*They declared that the neutrality and inviolability of Switzerland, and her independence of all foreign influence, were conformable to the true interests of policy of all Europe, and that no influence unfavorable to the rights of Switzerland, in respect to her neutrality, ought to be drawn from the circumstances which had led to the passage of a part of the allied forces across the Helvetic territory.*"⑤

---

  ① Henry Wheaton, *Elements of International Law*, Boston: Little, Brown and Company, 1855, pp. 366, 369.
  ② [美]惠顿：《万国公法》，[美]丁韪良译，何勤华点校，中国政法大学出版社2003年版，第182页。
  ③ Henry Wheaton, *Elements of International Law*, Boston: Little, Brown and Company, 1855, p. 375.
  ④ [美]惠顿：《万国公法》，[美]丁韪良译，何勤华点校，中国政法大学出版社2003年版，第186页。
  ⑤ Henry Wheaton, *Elements of International Law*, Boston: Little, Brown and Company, 1855, p. 486.

倘后诸国有交战事，必准瑞士谨守局外，不准别国兵马据其地，或过其疆。①

35. "The minister of France asserted the right of arming and equipping vessels for war, and of enlisting men, within the neutral territory of the United States. —the right of raising troops being one of the rights of sovereignty, and consequently appertaining exclusively to the nation itself, no foreign power can levy men within the territory without its consent. —The rights of war can be exercised only within the territory of the belligerent powers, upon the high seas, or in a territory belonging to no one."②

法国钦差倚恃前约，意欲在美国疆内招兵备船。……招兵一事，专属君国上权，君苟不许，则别国不能借其疆内而行此矣。……战权所行之处有三：战者疆内，一也；海上，二也；无主之地，三也。③

36. "Where a belligerent ship, lying within neutral territory, made a capture with her boats out of the neutral territory, the capture was hold to be invalid; for though the hostile force employed was applied to the captured vessel lying out of the territory, yet no such use of a neutral territory for the purposes of war is to be permitted. —It is said may, in the pursuit, be chased within the limits of a neutral territory."④

---

① ［美］惠顿：《万国公法》，［美］丁韪良译，何勤华点校，中国政法大学出版社 2003 年版，第 223 页。
② Henry Wheaton, *Elements of International Law*, Boston: Little, Brown and Company, 1855, p. 491.
③ ［美］惠顿：《万国公法》，［美］丁韪良译，何勤华点校，中国政法大学出版社 2003 年版，第 226 页。
④ Henry Wheaton, *Elements of International Law*, Boston: Little, Brown and Company, 1855, pp. 492, 493.

战船停泊在局外之地。若舢板出疆捕拿船只、货物，法院亦以为不妥。盖战力虽在疆外而用，实为倚恃兵船停泊疆内而行也。……遇有敌船在大海者，即追过局外之疆而捕之可也。①

37. "Where a capture of enemy's property is made within neutral territory, or by armaments unlawfully fitted out within the same, it is the right as well as the duty of the neutral State, where the property thus taken comes in its possession, to restore it to the original owners. —When voluntarily brought within the territory, and does not extend to the infliction of vindictive damages, as in ordinary cases of maritime injuries."②

局外者不但将疆内所捕之货交还，即战者有借地私备船只、兵丁，无论何往而捕货者，该货既入局外者之手，亦当交还原主。……若所捕之船已带至敌国境内，被法院照例定为战例。③

38. "The usage of nations, as testified in their marine ordinances, sufficiently shows that this is a rightful exercise of the sovereign authority which every State possesses, to regulate the police of its own sea-ports, and to preserve the public peace within its own territory."④

盖各国莫不有权以管理己之海口，以保护己之疆界故也。⑤

---

① ［美］惠顿：《万国公法》，［美］丁韪良译，何勤华点校，中国政法大学出版社2003年版，第228页。
② Henry Wheaton, *Elements of International Law*, Boston: Little, Brown and Company, 1855, pp. 494, 497.
③ ［美］惠顿：《万国公法》，［美］丁韪良译，何勤华点校，中国政法大学出版社2003年版，第229、230页。
④ Henry Wheaton, *Elements of International Law*, Boston: Little, Brown and Company, 1855, p. 498.
⑤ ［美］惠顿：《万国公法》，［美］丁韪良译，何勤华点校，中国政法大学出版社2003年版，第231页。

39. "*The unlawfulness of belligerent captures, made within the territorial jurisdiction of a neutral State, is incontestably established on principle, usage, and authority. —We have already seen, that both the public and private vessels of every independent nation on the high seas, and without the territorial limits of any other State, are subject to the municipal jurisdiction of the State to which they belong.*"①

在局外疆内捕拿船只、货物，即是犯法。……自主之国，其公船、私船驶于大海，不在别国疆内者，专服本国管辖，早已明言。②

40. "*Still it is believed that, according to the general understanding of French public jurists, the assent of the Chambers, clothed with the forms of a legislative act, is considered essential to the ultimate validity of a treaty ceding any portion of the national territory. The extent and limits of the territory being defined by the municipal laws, the treaty-making power is not considered sufficient to repeal those laws.*"③

法国公师有云：王倘分让国土，必须众省之国会允准，方为坚固。疆界系在国法内录定者，立约之权不足以废国法，而改疆界也。④

《公法便览》《公法会通》中，Territory 译为"疆"也多处可见：

侵占疆土，在欧洲界外者，不归此论。……凡一国所有陆地及

---

① Henry Wheaton, *Elements of International Law*, Boston: Little, Brown and Company, 1855, p. 503.
② [美] 惠顿：《万国公法》，[美] 丁韪良译，何勤华点校，中国政法大学出版社 2003 年版，第 233、234 页。
③ Henry Wheaton, *Elements of International Law*, Boston: Little, Brown and Company, 1855, p. 609.
④ [美] 惠顿：《万国公法》，[美] 丁韪良译，何勤华点校，中国政法大学出版社 2003 年版，第 255 页。

江湖河海,一切水道之在疆内者,……若江河决而他流,其疆界不随之改移。①

使臣享外国格外权利,自入疆始,至出疆而后已。若所往之国辞而不接,该使仍听退出,不可稍为欺辱。如经本国撤回,必听自行出疆。……盖我国教礼,若不得行于彼国疆内,则两国难以往来。……公使之国人在某国疆内得邀保护,则公使入境,应更加优待。②

且敌人财产在疆内者,亦可入官。然非为报复起见,从无如此苛政,近例待敌民最严者,不过给与期限,令其出疆而已。……近时之例,除报复外,凡敌国人民安分守己者,准其留于疆内,一切货物概不入官。即或欲其出疆,亦必先行出示,给与限期。又云:交战之后,若敌国人民安分守己,不犯律法,则准其居住疆内,不得搅扰。即欲令其出疆,亦必限以一年之期。……宾氏曰:凡有恒产在敌疆内,若严从战例,可以变卖入官。③

德瑞分疆,其要端有五。德法分疆,其要端有二。……彼此侵占之疆土,酌量归还,以复二十四年前情形。按约内所载,仍有人侵地,而言明永不归复者,有割弃本疆,而得他地以为偿者。……法所占踞之荷国疆土,尽行归还,并将法疆内奥兰治等处,归于荷兰君主。④

普天之下,凡有设官以治民,画野以分疆,而为长久之计者,公法即谓之为国。……邦国弃其本土而他徙者,亦以是例处之。但疆界未定之时,不得谓之为国。……如二百年前,英国君主槎耳第一被弑,而内政变。又百五十年前,雅各第二被逐,而内政变,究未失为英国。法国百年以来,内政屡经变更亦终未失为法国,盖先后仍保其民庶,守其疆土,根本未失,是以虽遭大变,依然为国。⑤

一千八百七十年,法君被俘,诸大臣率民抵敌以守疆土。适布

---

① [美]丁韪良等:《公法便览》卷1,光绪四年同文馆聚珍版,第10、35、40页。
② [美]丁韪良等:《公法便览》卷2,光绪四年同文馆聚珍版,第15、20、26页。
③ [美]丁韪良等:《公法便览》卷4,光绪四年同文馆聚珍版,第13、27、78页。
④ [美]丁韪良等:《公法便览》续卷,光绪四年同文馆聚珍版,第7、8、17页。
⑤ [美]丁韪良等:《公法会通》卷1,光绪六年同文馆聚珍版,第7、8、14页。

相行文法国执政大臣，内称若法国人民认之，则我国亦认之。……邦国各主疆土，岂容外国之君擅入，是以禁其入境，令其出境，皆不背于公法。……邦国部院遣员会议公事，如开通河渠、修补道路、建立信局、安设电线以及划定疆界、办理赛奇会等事，均属此类。①

江河被沙淤浅，船行之道少有变迁，则疆界因之改移。若漫口改道，则仍以古道为界。②

某国若设有国会，不当准疆外者派人前来一体与议。③

其疆内安民之责，惟本国自在任之。④

其不失和而以力争者有八：彼国之物产在我疆内者，拘留为质，以待其偿，一也；彼国扰害我民之物产，我即将彼民之物产在我疆内者，拘留以为抵偿，二也；与彼国绝交，令通商邮驿等事一概暂停，三也；驱除彼国之民侨居我疆内者，将其侨居我疆内之官民拘留以为质者，五也；彼国若已将我之官民先行拘禁，则我将彼之官民拘禁，以为报复，六也；或将其条约废弛，或明言嗣后不能照约，七也；将其官民侨居我疆内之权利收而不与，八也。……一千八百三十八年，法人将墨西哥海疆封堵，不准局外通商。⑤

两国战时，有唆使彼国疆内某党，使之作乱，或收其出亡之绅民入队充军，皆属恒见。⑥

因战而废约者有二，其义与新约不合者，如前约画定疆界，新约若改易之，则前约自废。⑦

局外恐战国犯其疆界，恒有设兵防堵，谓之持兵旁观。……局外者怜恤败军，容留疆内，必不任其借地复战。……战国不得稍犯

---

① ［美］丁韪良等：《公法会通》卷2，光绪六年同文馆聚珍版，第2、6、40页。
② ［美］丁韪良等：《公法会通》卷3，光绪六年同文馆聚珍版，第9页。
③ ［美］丁韪良等：《公法会通》卷4，光绪六年同文馆聚珍版，第11页。
④ ［美］丁韪良等：《公法会通》卷5，光绪六年同文馆聚珍版，第5页。
⑤ ［美］丁韪良等：《公法会通》卷6，光绪六年同文馆聚珍版，第13、17页。
⑥ ［美］丁韪良等：《公法会通》卷7，光绪六年同文馆聚珍版，第19页。
⑦ ［美］丁韪良等：《公法会通》卷8，光绪六年同文馆聚珍版，第19页。

局外疆界，虽御害得利之情急，亦不可为之。①

《公法总论》中所见"疆"一词：

如欧罗巴有一国欲拓开疆界，无论现在或将来举行，如与邻国大有妨碍，则别国亦可预闻。②

除了"疆"之外，Territory 还有"境""土地""地舆"等不同的译名：

Territory 译为"境"：

故凡与使臣往来公文，无论在驻扎之国境内，或在假道之国境内，有阻扰寄送之人者，即系显违公法。③

西洋各国知某使一经入境，直至出境，莫不慎为保护。……彼之谋害情节，无论如何重大，断无不顾其职守，居然拘执惩治之理，其惩治殊无他法，遂逐出境外而已．昔英国查得日国公使，有引敌入境，谋逐君主爱里萨白之意。……使臣之署内，即如使臣在本国之境内。既在本国犯法，仍归本国惩治。④

会诸国以逐法人于境外，此所以为自卫计，其心近公。……外民徙居境内，尚不可禁则无害之假道，尤非可阻。缘阻之不独有损于行人，且有损于所往之国也。至他国假道过兵，及兵船入口，情殊势异，不在此例，盖外兵在境，容有可危，故或许或否，未可一概而论。……民有愿迁徙者，可预令申报，由保人具结，候一切欠债清理后，然后准其出境。⑤

按照西国常例，国君与其眷属，或入境游历，或假道我国，或沿海经过，不但免于地方管辖，且以厚礼遇之，盖敬自主之国故也。……越

---

① ［美］丁韪良等：《公法会通》卷9，光绪六年同文馆聚珍版，第3、13、17页。
② ［英］傅兰雅、汪振声编译：《公法总论》，江南机器制造总局1898年版，第8页。
③ ［美］丁韪良等：《星轺指掌》卷1，光绪二年同文馆聚珍版，第39页。
④ ［美］丁韪良等：《星轺指掌》卷2，光绪二年同文馆聚珍版，第3、8、12页。
⑤ ［美］丁韪良等：《公法便览》卷1，光绪四年同文馆聚珍版，第12、40、41页。

数年，有日国公使驻扎英国，暗自引敌兵入境，谋逐女主。①

其军旅渐归仁义之道，因诸统帅会议，敌军据境，征收协济款项若干，两国将帅委员核定，不得逾数滥收。……谓战国据地而掠境者有三，敌人不战不和，即可掠境以服之，虽有此论，然除情不容已之举一二事外，未见有坚持掠境之权者。……故在敌境勒捐之事，流弊最易。而于义战之意，亦不符合。②

使于彼此均假以入境治军之权利，在此得之，深有裨益。在彼或无所用之，譬如美国遇英俄两国用兵，许彼此入境招募，似非偏助也。……局外违例之事不一，如借银助兵，开海口，以为备战地步，容战国人民船只在境内设计伤敌，许兵民投效助战，代造战船战具等事，皆为公法所禁……战国不得侵犯局外之境，亦不得干冒其主权也。③

波郡南境之余地，若白兰登堡宗嗣之乏绝，则并归瑞国，而波郡全境，尽属瑞有。……阿托斯郡、富兰德郡内二邑，暨日国边境二郡，纳归法国。……德皇所据意大利境内各地，法许为德有。④

邦国因事而不准公使入境，或已入境，或已经入境而限定时日，令其出境皆可。……是以甫经抵任，被地方官捕获，驱除出境。……领事官若非彼国之人，遇本国撤任，或彼国撤销准行文凭，应由彼国保其平安出境。⑤

江河流过某国境内者，其水面即作为某国土地论。江河流贯数国之境者，诸国应同享其水利，且应会定章程。……外国船只入境与外人游历入境之例相似，皆不免于地方管辖。……然国主之优免，必先允准入境方可，战船亦然。战船优免专指船内案情，若船内之人滋事扰害他人，则失优免之利，虽逐之出境可也。⑥

邦国禁止客民入境，或不准己民通商外国者，皆系违越人民本

---

① ［美］丁韪良等：《公法便览》卷2，光绪四年同文馆聚珍版，第3、24页。
② ［美］丁韪良等：《公法便览》卷3，光绪四年同文馆聚珍版，第35、36、38页。
③ ［美］丁韪良等：《公法便览》卷4，光绪四年同文馆聚珍版，第5、8、12页。
④ ［美］丁韪良等：《公法便览》续卷，光绪四年同文馆聚珍版，第7、14、27页。
⑤ ［美］丁韪良等：《公法会通》卷2，光绪六年同文馆聚珍版，第11、17、48页。
⑥ ［美］丁韪良等：《公法会通》卷3，光绪六年同文馆聚珍版，第13、15、16页。

有之权利。……邦国因故禁止客民入境,亦属可行,系择而行之,非一概禁绝也。客民入境暂居者,苟与国计民生有碍,则可驱逐。客民照例入境者,其国或无故禁止,或无故驱逐,或加以凌辱,则本国得凭公法理论,并可讨索赔补。客民入境生理,或购地置产,其章程均由该国自定。……外人所请利益,若与该国法律不符,则不必允准。惟外国君主公使等境内所享权利不在此例。①

如有遵旧例而投军本国者,均应籍没资产充公,本身科以流徒,不准回境。……两国失和之后,他国公使随员人等,不可以军营情形达之敌国,违者,轻则驱除出境,重则拘留囚禁。凡宾客入营以及报馆遣人随军采访战事,皆当谨慎。将帅非惟禁其泄露某事,即令将往来信函呈阅,亦无不可。违者,轻则驱逐出境,重则照例议罚。……军旅占据敌境,得令居民捐输军需,并助力运载兵卒等事。②

若战境以外,募勇筑城等事,则无不可。……战前所犯案情及在局外境内所犯者,均不得藉大赦而免追究。……敌国班师出境,其地方法律遂复。③

此国于彼国境内,不得擅行招募兵勇,战国于局外境内为之,尤属不可。……局外若准两战国均于境内募兵,则不失局外之分。局外之国不但不得以战船助战国,即其子民欲于境内私行者,亦当严禁。……局外境内商民制备船只,显有助战之意,其炮火虽未装载,亦作为犯禁论,该国例应禁阻。④

军旅占据地方,其境内居民之身家财产,无论系属战国,或他国侨寓者,悉归军例管辖。……凡地方律法所禁之罪恶,如凶杀、残伤、放火、抢劫、侮辱妇女等事,美国兵卒在敌境为之,不但在所必惩,且按彼处律法,其应得罪名如较本国为重,而罪不至死者,即当照行。⑤

---

① [美] 丁韪良 等:《公法会通》卷4,光绪六年同文馆聚珍版,第9、10、11页。
② [美] 丁韪良 等:《公法会通》卷7,光绪六年同文馆聚珍版,第10、42、47页。
③ [美] 丁韪良 等:《公法会通》卷8,光绪六年同文馆聚珍版,第9、17、22页。
④ [美] 丁韪良 等:《公法会通》卷9,光绪六年同文馆聚珍版,第7、8、9页。
⑤ [美] 丁韪良 等:《公法会通》卷10,光绪六年同文馆聚珍版,第2、12页。

第四章　近代法学术语的译定（二）

有数款为英国所不佩服，谓不但不能息兵争，反令受害之国难将敌国人逼出本国境内。①

Territory 译为"土地"：

"*Thus the city of Cracow, in Poland, with its territory, was declared by the Congress of Vienna to be a perpetually free, independent, and neutral State, under the protection of Russia, Austria, and Prussia.*"②

即如波兰之戈拉诰一城，并其辖下土地，维也纳公使会，公议立为国，出告示，许其永为自主、自立局外之国，凭俄、奥、普三国之保护也。③

"*Every merchant vessel on those seas was rightfully considered as part of the territory of the country to which it belonged.*"④

今商船行于大海者，按公法可谓本国之土地。⑤

"*Even in the case of a supereme federal government, or composite State, like that of the United States of America, it may, perhaps, be doubted how far the mere general treaty-making power, vested in the federal head, necessarily carries with it that of alienating the territory of any member of the union without its consent. —The proprietary right cannot be transferred by the conquror to a third party, so as to entitle him to claim against the former owner, on the restoration of*

---

① ［英］傅兰雅、汪振声编译：《公法总论》，江南机器制造总局1898年版，第17页。
② Henry Wheaton, *Elements of International Law*, Boston: Little, Brown and Company, 1855, p. 46.
③ ［美］惠顿：《万国公法》，［美］丁韪良译，何勤华点校，中国政法大学出版社2003年版，第38页。
④ Henry Wheaton, *Elements of International Law*, Boston: Little, Brown and Company, 1855, p. 162.
⑤ ［美］惠顿：《万国公法》，［美］丁韪良译，何勤华点校，中国政法大学出版社2003年版，第104页。

the territory to the original sovereign. If, on the other hand, the conquered territory is ceded by the treaty of peace to the conqueror, such an intermediate transfer is thereby confirmed, and the title of the purchaser becomes valid and complete."①

　　美国即是合成之国，总权归于上国，然其众邦之一若不应允，则立约之权犹不足以让其土地于别国矣。……胜者暂权，不能转授于他人。土地复还原君时，田产、房屋等件亦必归还原主。但若胜者已售于他人，后立和约时其土地倘有退让于得胜之国，则卖产之事即为坚固，买者之权亦妥矣。②

　　若视公署与外国土地无异，则不可入公署追捕逃犯，必请使臣按照外国交出逃犯之例，缴还彼国。但公署作为外国土地之说，虽然渐兴，而使臣庇护逃犯之权，较之中古少杀。……今日所用，如以地为质者，或城邑，或卫所，质于彼国，俟完约乃归。间亦有只凭明文为据，而无交割土地者。③

　　国产则系乎土地人民而不能相离，故如何分取，必视情形按公法而判定。……遇此国加增土地，彼国不得托公法有均势之义，遂求加增。……义大利，新立之国也。其土地苟能久合不分，且能清厘公债，以取信于他国，亦可称为大国矣。④

　　湖泽在某国境内者，其水面即作为某国土地论。……船属某国而例准竖国旗者，即作为某国土地论。……船在此国海面，除遵安民定章外，均得自由。与在大海无异．故谓之浮海之土地。⑤

　　盖船只既与本国土地略同，若于大海阻截，即为犯其疆界，损其主权。⑥

---

　　① Henry Wheaton, *Elements of International Law*, Boston: Little, Brown and Company, 1855, pp. 610, 618.
　　② [美] 惠顿：《万国公法》，[美] 丁韪良译，何勤华点校，中国政法大学出版社2003年版，第256、257页。
　　③ [美] 丁韪良等：《公法便览》卷2，光绪四年同文馆聚珍版，第19、58页。
　　④ [美] 丁韪良等：《公法会通》卷1，光绪六年同文馆聚珍版，第20、34、36页。
　　⑤ [美] 丁韪良等：《公法会通》卷3，光绪六年同文馆聚珍版，第14、15、17页。
　　⑥ [美] 丁韪良等：《公法会通》卷9，光绪六年同文馆聚珍版，第30页。

Territory 译为"地舆",与"舆地"含义相同,即"地"之意:

> 邦国之地舆,其例有四:凡一国所有陆地及江湖河海一切水道之在疆内者,如阿索富海,专属俄国,密吉干湖,专属美国,马木拉海,专属土国是也。一国地舆,有隔而不相连者,如布国连纳江滨诸省,为海西国所界隔,幅员遂分。亦有此国地舆而介处他国疆内者,日耳曼诸邦,往往有之。又如昔教皇属地阿斐能,及斐乃辛地方,介处于法国境内,法人谓之恩克腊富,译言环中地也。……凡沿某国海涯,宽十里内之洋面,应属某国地舆。……本国官船无论在何处,及民船在他国海界以外者,均视与本国地舆略同。本国船只在他国海口,有因盗案或犯税例被掳充公,或因负欠不偿,扣归债主等情,断无以为地舆被侵,一也;本国船只在他国海口犯法逃逸,他国可以追缉,虽踰其海界,亦无冒犯本国主权之嫌。非若追捕罪犯,或过其疆而于邻境获之,则为大犯其主权,二也;某国民船行抵他国海口,除载明条约别论外,则不复视为某国之地舆,只作某国之物产论。船行他国海界之外,他国人绝无管辖之权,与本国地舆无异。①

> 英法奥三国与土国另立一款,保护土国永远自主,地舆并不分裂。②

四 从"疆""境""土地"到"领土"

古代汉语中,"疆""境""土地"的含义与 Territory 颇为接近,但作为国家三要素之一,源于19世纪中叶丁韪良等人的译介,20世纪初,才逐渐传播开来,尤其是"土地"一词使用得颇为频繁。但是,"土地"除了"领土"一义外,还指自然的田地、土壤。在同一篇文章中,其含义交叉使用,模糊不清。辛亥革命前后,"领土"逐渐成为 Territory 的专门译词。领土之"领"古汉语义为:治理(《礼·乐记》:"领父子君臣之节。")、统率(《汉书·魏相传》:"宣帝始亲万机……而相总领众职,堪称上意。")

---

① [美]丁韪良等:《公法便览》卷1,光绪四年同文馆聚珍版,第28、29、30、40页。
② [美]丁韪良等:《公法便览》续卷,光绪四年同文馆聚珍版,第61页。

1901年,《清议报》载"论帝国主义之发达及二十世纪之前途":"我全国之人民土地,皆在于束薪之上,将来全体之大动,不更利害万千倍耶!"①

1901年,《国民报》载"原国":"国民曰:是所谓土地也,非国也。土地之上,忽有霸王焉,用其兵力,窃土地以为霸王有;又忽有盗贼焉,率其徒众,窃土地以为盗贼有;又忽有汉奸焉,欺人孤儿寡妇,窃土地以为汉奸有;又忽有胡虏焉,恃其犷悍善战,窃土地以为胡虏有;土地之上,忽而有兵刑,忽而又钱谷,忽而又内政,忽而又外交,苟无人以经理之,则土地不治。故所谓君者出焉,所谓臣者出焉,皆为民理事者也。然历时既久,彼所谓君者,忘其所以,举土地为一己之私产,举人民为一己之私奴,而悍然自称曰国。然则所谓国者将如何?曰:自其外视之,则土地虽割而国不亡,朝代虽易而国不亡,政府虽复而国不亡,惟失其主权者则国亡。"②

1901年,《国民报》载"中国灭亡论":"且国之所以立者,赖有一定不移完全无缺之疆域,故国之有疆域犹室之有界址也。故瑞士虽小,围于众大国之间,其疆域如故也;葡萄牙虽弱,翘于大西洋之滨,而疆域如故也。"③

1902年,《游学译编》载杨度"《游学译编》序":"有人民、有土地、有生产而后成国;人民者,所以利用此土地生产以自供奉者也。……各国于支那问题,大率不外三策,一曰瓜分其土地,二曰变更其皇统,三曰扶植满洲政府。"④

1902年,《大陆》载"《大陆》发刊辞":"结某地不让某国之约,大陆之土地权何在;港湾尽割于外人,大陆之海权何在;外人承办铁路、

---

① 张枬、王忍之编:《辛亥革命前十年间时论选集》第1卷,上册,生活·读书·新知三联书店1960年版,第57页。
② 张枬、王忍之编:《辛亥革命前十年间时论选集》第1卷,下册,生活·读书·新知三联书店1960年版,第63页。
③ 张枬、王忍之编:《辛亥革命前十年间时论选集》第1卷,下册,生活·读书·新知三联书店1960年版,第80页。
④ 张枬、王忍之编:《辛亥革命前十年间时论选集》第1卷,下册,生活·读书·新知三联书店1960年版,第252、254页。

承办矿山，大陆之路权、矿权何在。"①

1902年，《新广东》载"新广东"："试问彼朝廷所居之地，非强借吾中国祖先之土地而谁乎？夫借居我中国人之土地，则应守之，既不能守，则应以土地还之中国人，岂得以势力衰弱，求好他邦，私以吾土地赠之？夫中国者中国人之中国也，中国人以土地与人，尚且不可，何况其他？……盖以此二十一行省者，乃我中国汉人之土地，为彼满洲祖宗兵力所厌服盗取。……虽然广东人有心，而湖南人未必允也，既未必允，则就两粤之土地人民自立，亦泱泱乎大风矣。"②

1903年，《浙江潮》载"敬告我乡人""四客政论"："以中国疆域之寥远，风俗之异宜，政府不能为地方得相宜之人，此无论矣。""有异种人别于我种人而称为蛮夷戎狄之患也，古先圣王亦已挞之伐之、惩之膺之，犹以为未足也，著书而诏子孙示来兹，使知有夷夏之防，而异种人之不可邢膻吾土地也。"③

1903年，《童子世界》载"二十世纪之中国"："中国者，吾黄帝子孙之国，非白种之国也。土地者，吾国人之土地，非满洲之土地也。然而今日之中国，为白种之国矣；今日之土地。为满洲之土地矣。"④

1903年，《江苏》载"政体进化论""新政府之建设"："此外若拉丁、斯拉夫、条顿诸族，挟其殖民政策，高掌远蹠相偪而来，举我全部之土地人民，骎骎乎入其势力范围之内，而莫能伸缩，则异日受祸之惨不至于淘汰而无孑遗不止，我国民将何以待之。""有二万里之土地，有四千年之历史，有朝廷、有州县，非俨然一国之形式耶，而吾乃曰无国之民，斯何言也？殊不知国之所以成国有而元素焉：一为有一定之国家名称，一为有民族之政治机关。此二者具，而后始得谓之国家。"⑤

---

① 张枬、王忍之编：《辛亥革命前十年间时论选集》第1卷，下册，生活·读书·新知三联书店1960年版，第263页。
② 张枬、王忍之编：《辛亥革命前十年间时论选集》第1卷，下册，生活·读书·新知三联书店1960年版，第273、282、309页。
③ 张枬、王忍之编：《辛亥革命前十年间时论选集》第1卷，下册，生活·读书·新知三联书店1960年版，第499、504页。
④ 张枬、王忍之编：《辛亥革命前十年间时论选集》第1卷，下册，生活·读书·新知三联书店1960年版，第528页。
⑤ 张枬、王忍之编：《辛亥革命前十年间时论选集》第1卷，下册，生活·读书·新知三联书店1960年版，第548、579页。

1903年,《黄帝魂》载"复张之洞书":"何谓国家?国家有定义焉,国家云者,即人民集合之区域,以达共同之志愿,居一定之疆土,组织一定之政治,而有独立无限之主权者也。是故国家之土地,吾民集合之区域也;国家之庶务,吾民共同之志愿也;国家一定之疆土,吾民与他国人民之界限也;国家一定之政治,吾民之机械也;国家独立无限之主权,集合吾民之权力而成者也。由此观之,国家之土地、疆域、庶务、政治、主权,何一非本于吾民,故曰国家者,民众之国家也。非一人之私产也。何谓朝廷?朝廷亦有定义焉,朝廷云者,指君主于国家中所占之地位而言,属于一姓者也。故不尔奔家者,法国之朝廷也,而今亡矣,法国犹强大于地。日皇居东京,日本之朝廷也,据皇室典范所载,有世传御料、皇室经费二款,田产有定,经费有制,与国家民众之土地毫不淆乱,未闻全国之土地人民俱朝廷所有也。……中国之人,以国家为朝廷之私物,视朝廷即为国家者不独公一人,故于国家之兴亡亦视为朝廷之私事。于是国家之土地听朝廷之割让,国家之庶务听朝廷之荒废,国家之疆域听朝廷之淆乱,国家之政治听朝廷之败坏,国家之主权听朝廷之放弃。甚至朝廷败亡为异族人所据有,吾国人亦遂安然奉之为朝廷,且奉之为国家,而靦然号于人曰,吾中华也。此地球诸国所鄙夷为支那人之特别性质也。且不论此,及就今日之中国而言,自公视之,固犹印度之民,以为朝廷尚在而国家未亡也。然试问土地如何矣?庶务如何矣?疆域如何矣?政治如何矣?主权如何矣?尚可一一诿之为朝廷私事乎?故今日而忍中国之亡则已,如不忍中国之亡,必自辨朝廷与国家之区别始。"①

1907年,《云南杂志》载"论国民保存国土之法",使用"土地""国土"时,也使用了"领土"一词:"孟子曰,诸侯之宝三,土地,人民,政事。近世国家学者曰,国家成立之三元素,有团结之人民,有一定之土地,有统治人民土地之国权。则保存土地之责,宜莫若国家之总揽国权者也。今世界各国之总揽国权者,或在元首,或在国会,或在元首与国会,而要之必能维持此权,发达此权。对于内能开发土地之利益,

---

① 张枬、王忍之编:《辛亥革命前十年间时论选集》第1卷,下册,生活·读书·新知三联书店1960年版,第771、772页。

增进人民之幸福，而实行其统治之方；对于外能巩固其国土之完全，保护其国民之人格，而确有独立不羁之实。如此始无负于国权止总揽。若总揽国权者，不能完全其公法上之领土权，则国民宜自保其私法上之所有权。……我国民所宜尽心竭力，家喻户晓，合群策群力以保存之者，即我国未失将失之土地也。我国未失将失之土地，其失之也，不必由占取也，不必由割让也，亦不必由租借也。"①

1907年，《中国新女界》"发刊词"："国于地球之上，无论疆域之大小、人口之多寡，其女界恒居全国民数之半，此常例也。"②

1908年，《民报》载"心理的国家主义"："夫法理上人不可无国家也，于是以其出生地或血统定其国籍。以人之附著于此地也，故国家有领土之变更，即其所变更领土内之臣民随之有国籍之变更。"③

1909年，《外交报》载"论今日中国对于国籍投资之可危"："惟方今文明国多有领土以外之财产，不问版图内外，此财产权悉在其国旗之下，因国际公法上固认国家有唯一之人格之原则也。然则以其国有之财产权置于我领土以内，即不止彼国有领土以外之领土矣。更据国际法自卫权言之，有对于他国为保护自国人民之干涉，及保护自国利益之干涉。"④

京师法律学堂、朝阳大学教科书《国际公法》《平时国际公法》，从国际法意义上全面阐释"领土"一词的内涵，"领土"与"国家""主权""人民"密切相连：

> 领土为国家之根本要素，无此，则国家不能存在，故依此意思言之，领土在法律关系上，乃主体之一部，非为权利之目的。……国家之领土，常有变形，故其范围，时有增减。……任意的让渡，

---

① 张枬、王忍之编：《辛亥革命前十年间时论选集》第2卷，下册，生活·读书·新知三联书店1963年版，第823、824页。

② 张枬、王忍之编：《辛亥革命前十年间时论选集》第2卷，下册，生活·读书·新知三联书店1963年版，第895页。

③ 张枬、王忍之编：《辛亥革命前十年间时论选集》第3卷，生活·读书·新知三联书店1977年版，第58页。

④ 张枬、王忍之编：《辛亥革命前十年间时论选集》第3卷，生活·读书·新知三联书店1977年版，第508页。

即因两当事者之利益，无所强迫，双方合意后，以一方或双方领土之一部及全部让渡于他一方或双方之方法也。任意以领土之全部让渡于他国者，曰国家之合并，任意以双方领土之一部互为让渡者，曰领土之交换。以领土为有偿之让渡者，曰领土之买卖，为无偿之让渡者，曰领土之让与。……先占云者，即一国以领有之意思，占有无主土地，而增加领土之行为也。先占之有效条件：（1）须先通牒国际团体各国，以表得以先占之旨。（2）为先占之事，必系国家。……领土本为一国主权圆满活动之范围，若无特别原因，决无领土权竞合之事。……国际地役云者，一国在他国领土上，以特定之目的，行其一部领土权之国际法上关系也。……积极的地役云者，在他国领土上积极的行其一部领土权之国际法上关系也。①

领土为国权活动之范围。国家主权，本不能越领土而活动，若在领土以外，欲事活动，必出于占领或承认，国法上主权在领土之上，得为积极及消极之活动，而国际法上，则第得拒绝他国主权行使于自国。……领土权与所有权，同为关于场所之权，故对空间及水上，亦有关系，然国家之主权，乃附立于一定土地之上，非仅存于空间及水上。……领土权存于土地之上下，故一国对他国之地之上下，均不得侵其主权。领土权在水上所及之范围，曰领水。在一国领土权内之湖水河水及海水，曰内水。……让渡云者，即一国对其领土之一部或全部，抛弃其领土权，而同时承认对手国在领图之上，生有领土权之国际行为也，故以让渡为领土权之让渡者，实属谬误，盖领土权为主权之作用，非一特种权利也。②

然国家之领土权，对在领土上一切之人均得活动，若是，则国家对在外人民，若实行其主权，必侵害他国之领土权，反之在外人民，其本国与滞在国间，若无国际法上之关系，则无使违背本意服从滞在国法律之义务。因其为国民，故有服从国家之义务，或疑服

---

① 何勤华主编，［日］岩井尊闻口述，熊元翰、熊元襄记录：《清末民国法律史料丛刊京师法律学堂笔记》之《国际公法》，上海人民出版社2013年版，第78、87、89、93、95、96、97页。
② 何勤华主编，［日］岩井尊闻口述，熊元翰、熊元襄记录：《清末民国法律史料丛刊京师法律学堂笔记》之《国际公法》，上海人民出版社2013年版，第78、79、80、88页。

从义务,既以国民为限,则非本国人民,即无服从之义务。①

领土为一国之主权及于陆地之范围。国家各以地球表面上一定之范围为其领域,故必设一确定之区域划使主权之范围不致混淆。……领海者,海洋之一部而属于一国主权之下者是也。濒海之国家,对于沿海之一部,不可不保其主权,故国际法上以领海准乎领土,视为领域之一部。以原则论,国家对于领土,得以行使绝对、无限之权力,然领海则非乐意严重适用此原则。海洋之一部,何以作为领海专属于一国主权,其理由如下。②

1923年1月,《国际公法要略》阐述"领土":"领土上各种程度不同之权,国家之于土地也,不独经营其所有者,其于现在未经行使主权之地,且起而保留之。于是对于土地所施之权力,究竟其性质若何,乃为一新问题矣。"③

1927年李祖荫主编《法律辞典》以及1933年汪翰章主编《法律大辞典》,定义"领土":

> *Territory*、*Territorium.* 为一国主权及于陆地之范围也。所以表示国权之限界,自积极方面言,在自国领土内之一切团体及个人,不问其属于内国籍或外国籍,皆当服从自国之权利,自消极方面而言,自国之领土内绝不许他国统治权之行使。
>
> (英)*Territory*、(德)*Staatsgebiet*、(法)*Territoire*、(意)*Territorio*、(拉)*Territorium.* 国家主权为永续的全一的所行之地域也。一称领地。与领水、领空等,共构成国家之领域也。但领土有时亦与领域同义使用,于此时称领土,则指国家为明确其范围,设陆地的区划为界限之国境也。国境不限与他国之界限,同时为与公海及无

---

① 何勤华主编,[日]岩井尊闻口述,熊元翰、熊元襄记录:《清末民国法律史料丛刊京师法律学堂笔记》之《国际公法》,上海人民出版社2013年版,第102页。
② 李秀清主编:《清末民国法律史料丛刊·朝阳法科讲义》之《平时国际公法》,上海人民出版社2013年版,第47、50页。
③ 李天纲主编,[英]卢麟斯(T. J. Lawrence)著:《国际公法要略》,钟建闳译,上海社会科学院出版社2017年版,第35页。

主地域之界限。而在此范围内，国家得以其主权排他的行其领土权（或称领土主权及领有权）。所谓领土权者，有二种意义：一为公权的，因其统治上必然的结果，从其领土排除他之国家及必要场合得收用个人之财产之权利是也。二为私权的，等于个人之所有权，即国家得为道路、河川、森林、矿山、建筑物及一般公有地之所有者之权利也。①

1945年6月，《联合国宪章》："联合国各会员国，于其所负有或承担管理责任之领土，其人民尚未臻自治之充分程度者，承认以领土居民之权利为至上之原则，并接受在本宪章所建立之国际和平及安全制度下，以充量增进领土居民福利之义务为神圣之信托，且为此目的：按各领土及人民特殊之环境，及其进化之阶段发展自治，对各该人民之政治愿望予以适当之注意，并助其自由政治制度之逐渐发展。"②

中华民国以及中华人民共和国历次宪法条文中，均以"领土"指称国家疆域：

1912年，《中华民国临时约法》："第三条　中华民国领土为二十二行省、内外蒙古、西藏、青海。（注：新疆省在二十二行省里面）"

1914年，《中华民国约法》："中华民国之领土，依从前帝国所有之疆域。"（此前1913年颁布的《中华民国宪法草案》中使用"国土"一词："第二章　国土　中华民国国土依其固有之疆域。国土及其区划，非以法律不得变更之。"1923年"曹锟宪法"："第三章　国土　中华民国国土依其固有之疆域，国土及其区划非以法律不得变更之。"）

1936年，《中华民国宪法草案》："第四条　中华民国领土为江苏、浙江、安徽……蒙古、西藏等固有之疆域。中华民国领土，非经国民大会议决不得变更。"

---

① 李秀清主编：《清末民国法律史料丛刊·法律辞书》之《法律大辞典》，上海人民出版社2013年版，第901页。
② 林纪东等编：《新编六法（参照法令判解）全书》，五南图书出版公司1965年版，第1638页。

第四章 近代法学术语的译定（二）

1946年，《中华民国宪法》："第四条 中华民国领土依其固有之疆域，非经国民大会之决议，不得变更之。"

1954年，《中华人民共和国宪法》："我国根据平等、互利、互相尊重主权和领土完整的原则同任何国家建立和发展外交关系的政策，已经获得成就，今后将继续贯彻。"

1982年，《中华人民共和国宪法》："中国坚持独立自主的对外政策，坚持互相尊重主权和领土完整、互不侵犯、互不干涉内政、平等互利、和平共处的五项原则，发展同各国的外交关系和经济、文化的交流；坚持反对帝国主义、霸权主义、殖民主义，加强同世界各国人民的团结，支持被压迫民族和发展中国家争取和维护民族独立、发展民族经济的正义斗争，为维护世界和平和促进人类进步事业而努力。"

参考文献

一 史料类

《北齐书》,中华书局 1977 年版。
《管子》,广西师范大学出版社 2005 年版。
《郭嵩焘日记》,湖南人民出版社 1981 年版。
《海上墨林 广方言馆全案 粉墨丛谈》,上海古籍出版社 1985 年版。
《韩非子》,山西古籍出版社 199 年版。
《汉书》,中华书局 1977 年版。
《淮南子集释》,中华书局 1998 年版。
《康熙与罗马使节关系文书影印本》,北京故宫博物院 1932 年版
《康有为大同论二种》,生活·读书·新知三联书店 1998 年版。
《老子》,中华书局 1962 年版。
《毛泽东选集》(第 3 卷),人民出版社 1991 年版。
《明史》,中华书局 1977 年版、
《墨子》,中华书局 1960 年版。
《清史稿》,中华书局 1977 年版。
《日知录》,上海古籍出版社 1985 年版。
《三国志》,中华书局 1977 年版。
《商君书》,中华书局 1976 年版。
《尚书》,中华书局 1985 年版。
《十三经注疏》,中华书局 1980 年版。
《史记》,中华书局 1977 年版。
《孙中山全集》(第 2 卷),中华书局 1982 年版。
《弢园文录外编》,中华书局 1959 年版。

《新民说》，中州古籍出版社1998年版。
《严复集》，中华书局1986年版。
《盐铁论》，中华书局1991年版。
《郑成功收复台湾史料选编·被忽视的福摩萨》，福建人民出版社1982年版。
《郑观应集》，上海人民出版社1982年版。
《中国近代史资料丛刊》（《第二次鸦片战争》），上海人民出版社1978年版。
《周礼》，岳麓书社2001年版。
《庄子》，中华书局2007年版。
《资治通鉴》，中华书局2007年版。
《左传》，中华书局1991年版。
爱汉者：《东西洋考每月统记传》，中华书局1997年版。
斌椿著，钟叔河点校：《西海纪游草》，岳麓书社1985年版。
陈炽：《盛世危言》，中州古籍出版社1998年版。
陈飞霞译：《张诚日记》，商务印书馆1973年版。
陈学恂：《中国近代教育史教学参考资料》，人民教育出版社1987年版。
陈义杰点校：《翁同龢日记》，中华书局1979年版。
崔国英：《出使美日秘日记》，黄山书社1988年版。
丁守和主编：《辛亥革命时期期刊介绍》第1集，人民出版社1982年版，
何启、胡礼垣：《新政通诠》，中国经济出版社1998年版。
何勤华主编，［日］岩井尊闻口述，熊元翰、熊元襄记录：《清末民国法律史料丛刊京师法律学堂笔记》之《国际公法》，上海人民出版社2013年版。
何如璋：《使东述略》，湖南人民出版社1983年版。
花之安：《自西徂东》，上海书店出版社2002年版。
黄庆澄：《东游日记》，上海古籍出版社2005年版。
黄遵宪：《日本国志》，上海古籍出版社2001年版。
惠顿：《万国公法》，［美］丁韪良译，何勤华点校，中国政法大学出版社2003年版。
李书源整理：《筹办夷务始末》，中华书局1979年版。

李天纲主编，［英］卢麟斯（T. J. Lawrence）著：《国际公法要略》，钟建闳译，上海社会科学院出版社 2017 年版。

李秀清主编：《清末民国法律史料丛刊·朝阳法科讲义》之《平时国际公法》，上海人民出版社 2013 年版。

李秀清主编：《清末民国法律史料丛刊·法律辞书》之《法律辞典》，上海人民出版社 2013 年版。

李秀清主编：《清末民国法律史料丛刊·法律辞书》之《法律大辞典》，上海人民出版社 2013 年版。

梁启超：《饮冰室合集》，中华书局 1989 年版。

梁启超著，范中信选编：《梁启超法学文集》，中国政法大学出版社 2000 年版。

梁廷楠：《海国四说》中华书局 1933 年版。

林纪东等编：《新编六法（参照法令判解）全书》，五南图书出版公司 1965 年版。

刘锡鸿：《英轺私记》，岳麓书社 1986 年版。

刘锡鸿著，朱纯校点：《英轺私记》，湖南人民出版社 1981 年版。

齐如山：《齐如山回忆录》，北京宝文堂书店 1989 年版。

孙宝瑄：《忘山庐日记》，上海古籍出版社 1983 年版。

汤志钧编：《康有为政论集》，中华书局 1981 年版。

王铁崖编：《中外旧约章汇编》，生活·读书·新知三联书店 1982 年版。

魏源：《海国图志》，海南国际新闻出版中心 1996 年版。

吴汝纶撰，施培毅、徐寿凯校点：《吴汝纶全集》，黄山书社 2002 年版。

徐继畬：《瀛环志略》，上海书店 2001 年版。

薛福成：《出使英法意比四国日记》，岳麓书社 1985 年版。

薛福成：《庸文别集》。上海古籍出版社 1985 年版。

阎广耀：《美国对华政策文件选编》，方生选译，人民出版社 1990 年版。

于宝轩：《皇朝蓄艾文编》，上海书局 1903 年版。

载泽：《考察政治日记》，岳麓书社 1986 年版。

曾纪泽著，喻岳衡点校：《曾纪泽集》，岳麓书社 2005 年版。

张德彝：《航海述奇》，湖南人民出版社 1981 年版。

张静庐辑注：《中国近代出版史料》（二编），群联出版社 1954 年版。

张枬、王忍之编：《辛亥革命前十年间时论选集》第1卷，下册，生活·读书·新知三联书店1960年版。

赵树贵、曾丽雅编：《陈炽集》，中华书局1997年版。

钟叔河主编：《出使英法俄国日记》，岳麓书社1985年版。

钟叔河主编：《出使英法意比四国日记》，岳麓书社1985年版。

邹容：《革命军》，中华书局1958年版。

［法］卢梭：《社会契约论》，何兆武译，商务印书馆1997年版。

［法］孟德斯鸠：《论法的精神》，张雁深译，商务印书馆1995年版。

［荷］斯宾诺莎：《神学政治论》，温锡增译，商务印书馆1982年版。

［美］丁韪良：《公法便览》，光绪四年同文馆聚珍版。

［美］丁韪良：《公法会通》，光绪六年同文馆聚珍版。

［美］丁韪良：《花甲记忆》，广西师范大学出版社2002年版。

［美］丁韪良：《陆地战例新选》，上海书局石印1897年版。

［美］丁韪良：《天道溯源》，伦敦圣教书类会社1880年版。

［美］丁韪良：《西学考略》，光绪九年同文馆聚珍版。

［美］丁韪良：《星轺指掌》，光绪二年同文馆聚珍版。

［美］托马斯·潘恩：《潘恩选集》，马清槐等译，商务印书馆1981年版。

［意］阿奎那：《阿奎那政治著作选》，马清槐译，商务印书馆1997年版。

［意］艾儒略著，谢方校释：《职方外纪》中华书局1996年版。

［意］马基雅维里：《君主论》，潘汉典译，商务印书馆1997年版。

［意］西塞罗：《论共和国论法律》，王焕生译，中国政法大学出版社1997年版。

［英］傅兰雅、俞世爵编译：《各国交涉公法论初集》，江南机器制造总局1898年版。

［英］傅兰雅口译，应祖锡笔述：《佐治刍言》，上海书店出版社2002年版。

［英］霍布斯著，黎思复：《利维坦》，黎廷弼译，商务印书馆1996年版。

［英］洛克：《政府论》，叶启芳译，商务印书馆1996年版。

Henry Wheaton, Elements of International Law, Boston: Little, Brown and Company, 1855.

二 论著类

陈顾远:《中国国际法溯源》,商务印书馆1933年版。
陈向阳:《晚清京师同文馆组织研究》,广东高等教育出版社2004年版。
程道德主编:《近代中国外交与国际法》,现代出版社1993年版。
丁守和主编:《辛亥革命时期期刊介绍》,人民出版社1982年版。
丁伟志、陈崧:《中西体用之间》,中国社会科学出版社1995年版。
范文澜:《中国近代史》,人民出版社1955年版。
范忠信:《中西法文化的暗合与差异》,中国政法大学出版社2001年版。
冯天瑜:《新语探源》,中华书局2004年版。
冯天瑜、周积明、何晓明:《中华文化史》,上海人民出版社1990年版。
冯天瑜《封建考论》,武汉大学出版社2006年版。
谷春德、史彤彪:《西方法律思想史》,中国人民大学出版社2000年版。
郭世佑:《晚清政治革命新论》,湖南人民出版社1997版。
何勤华:《西方法学史》,中国政法大学出版社1996年版。
赫尔德:《民主的模式》,燕继荣等译,中央编译出版社1998年版。
李宏图:《语境·概念·修辞——欧洲近代思想史研究的方法与实践》,复旦大学出版社2016年版。
李华兴:《中国近代国家观念的形成与发展》,安徽教育出版社2005年版。
李细珠:《晚清保守思想的原型——倭仁》,社会科学文献出版社2000年版。
梁治平:《法律的文化解释》,三联书店1994年版。
刘禾:《跨语际实践》,生活·读书·新知三联书店2002年版。
吕世伦、谷春德:《西方政治法律思想史》,辽宁人民出版社1986年版。
南炳文:《南明史》,南开大学出版社1992年版。
戚其章:《国际法视角下的甲午战争》,人民出版社2001年版。
孙江等:《亚洲概念史研究》第一、二、三辑,生活·读书·新知三联书店2013年、2014年、2017年版。

孙玉荣：《古代中国国际法》，中国政法大学出版社 1999 年版。

田涛：《国际法输入与晚清中国》，济南出版社 2001 年版。

王健：《沟通两个世界的法律意义》，中国政法大学出版社 2001 年版。

王铁崖主编：《国际法》，法律出版社 1995 年版。

王向明编著：《宪法若干理论问题的研究》，中国人民大学出版社 1983 年版。

夏勇：《人权概念起源》，中国政法大学出版社 2001 年版。

肖佳灵著：《国家主权论》，时事出版社 2003 年版。

谢俊美：《翁同和传》，中华书局 2000 年版。

熊月之：《中国近代民主思想史》，上海人民出版社 1986 年版。

熊月之主编：《西制东渐：近代制度的嬗变》，长春出版社 2005 年版。

徐爱国：《破解法学之谜——西方法律思想和法学流派》，学苑出版社 2001 年版。

徐大同：《西方政治思想史》，天津人民出版社 2005 年版。

阎照祥：《英国史》，人民出版社 2003 年版。

杨玉荣：《中国近代伦理学核心术语的生成研究》，武汉大学出版社 2013 年版。

杨泽伟：《主权论》，北京大学出版社 2006 年版。

张凤阳等：《政治哲学关键词》，江苏人民出版社 2006 年版。

张晋藩：《中国宪法史》，吉林人民出版社 2004 年版。

张枬、王忍之编：《辛亥革命前十年间时论选集》，生活·读书·新知三联书店 1997 年版。

朱勇：《中国法制史》，法律出版社 1999 年版。

邹振环：《影响中国近代社会的一百种译作》，中国对外翻译出版公司 1996 年版。

[美] 威罗贝：《外人在华特权和利益》，王绍坊译，生活·读书·新知三联书店 1957 年版。

[意] 马西尼：《现代汉语词汇的形成——十九世纪汉语外来词研究》，黄河清译，汉语大词典出版社 1997 年版。

[英] 雷蒙·威廉斯：《关键词》，刘建基译，生活·读书·新知三联书店 2005 年版。

[英]约翰·霍夫曼：《主权》，陆彬译，吉林人民出版社 2005 年版。

三 论文类

曹刚华、张美华：《清末传教士丁韪良早期对中国传统文化的理解》，《历史教学问题》2005 年第 6 期。

段琦：《丁韪良与西学东渐》，《世界宗教研究》2006 年第 1 期。

方维规：《东西洋考自主之理》，《中外法学》2000 年第 3 期。

郭世佑：《近代法制与中国社会转型的互动》，《史学月刊》2004 年第 8 期。

郭吾真：《略论京师同文馆的设置》，《山西师范学院学报》1957 年第 2 期。

韩礼刚：《丁韪良生平简介以及对他的重新评价》，《内蒙古师范大学学报》2005 年第 3 期。

何芳川：《华夷秩序论》，《北京大学学报》1998 年第 6 期。

何勤华：《法律翻译在中国近代的第一次完整实践——以 1864 年〈万国公法〉的翻译为中心》《比较法研究》2014 年第 2 期。

何勤华：《万国公法与清末国际法》，《法学研究》2001 年第 5 期。

赖骏楠：《"万国公法"译词研究——兼论 19 世纪中日两国继受西方国际法理念上的差异》，《法律科学》2011 年第 2 期。

李长莉：《晚清同文馆对人才的培养》，《河北师范大学学报》1987 年第 1 期。

李贵连：《法国民法典的三个中文译本》，《比较法研究》1993 年第 1 期。

李里峰：《概念史研究在中国——回顾与展望》《福建论坛》2012 年第 5 期。

李祝环：《清末翻译外国法学著作述评》，《中外法学》2000 年第 3 期。

聂长顺：《中西对译间古典词的近代转义——以丁韪良译〈万国公法〉为例》，《长江学术》2013 年第 2 期。

田涛：《晚清国际法输入述论》，《天津社会科学》1999 年第 6 期。

王开玺：《1864 年清廷翻译万国公法所据版本问题考异》，《北京师范大学学报》2005 年第 6 期。

王美秀：《丁韪良的中国宗教观》，《北京大学学报》1995年第2期。

王维俭：《普丹大沽口船舶事件和西方国际法传入中国》，《学术研究》1985年第5期。

文正邦：《论权利及权力》，《外国法学研究》1996年第1期。

余来明：《历史文化语义学：理论与实践》，《光明日报》2007年3月30日。

张燕清：《丁韪良与万国公法》，《新闻出版交流》2003年第2期。

四 辞书类

《辞海》，上海辞书出版社1985年版。

《辞源》，上海商务印书馆1979年版。

郝懿行：《尔雅义疏》，上海古籍出版社1983年版。

罗竹风等：《汉语大字典》，湖北辞书出版社1995年版。

谢大任：《拉丁语辞典》，商务印书馆1988年版。

许慎：《说文解字》，上海古籍出版社1983年版。

杨春洗等：《北京大学法学百科全书》，北京大学出版社2000年版。

［德］罗存德：《英华字典》，香港1866年版。

［英］马礼逊：《华英字典》，澳门1822年版。

［英］麦都思：《英汉字典》，上海1847年版。

Black's Law Dictionary St. Paul, Minn.: West Pub. Co., 1979.

后　　记

　　本书是国家社科基金的结题成果。2004年秋天，我进入武汉大学，跟随人文社科资深教授冯天瑜先生研习中国文化史，专攻"历史文化语义学"方向。冯先生是我十分敬慕的老师，20世纪80年代求学期间，我就聆听先生讲授中国文化史、明清文化史等课程。先生学术演讲时，窗台上趴满听众的盛况，至今历历在目。本书从选题的酝酿，材料的收集到最后完稿，得到了先生的悉心指导与教诲。

　　由于生性愚钝，又心多旁骛，少有成果问世。写作期间，工作屡屡变动，个人生活也一波三折。一路走来，得到了许多朋友的支持与鼓励，他们是：聂长顺君、罗惠缙君、缪偲君、柳素平女士、戚学英女士、林韵薇女士（中国澳门）、赖少英女士（中国澳门）、鲁家亮君、祁怀高君、关培凤女士……。同时，还要感谢先后与我同住枫园12—517舍的林志鹏（中国台湾）、王书强（马来西亚）、唐祥勇诸君，他们讲述的异地风情，让紧张的学习生活变得轻松而愉悦。迁居惠州后，又结交了许多新朋友，工作之余的娱乐活动每每催生灵感，不亦乐乎！本书的出版还得到了惠州学院科研处以及历史系中国史重点学科组同仁的大力支持，一并表示感谢！

万齐洲
2020年5月6日夜